Axel Bolder · Stefan Naevecke · Sylvia Schulte

Türöffner Zeitarbeit?

Soziale Chancen
Schriftenreihe des ISO-Instituts, Köln
Band 3

Herausgegeben von Walter R. Heinz

In der Reihe „Soziale Chancen" erscheinen Publikationen, die den Zusammenhang zwischen gesellschaftlichem Wandel und den Arbeits- und Lebensbedingungen analysieren.
Das Institut zur Erforschung sozialer Chancen (ISO) in Köln will durch die Verbindung sozialwissenschaftlicher Grundlagenforschung mit praxisbezogener und politikrelevanter Forschung sowie Beratung zur Debatte um die Gestaltungschancen von Lernen und Partizipation in Aus- und Weiterbildung, Beruf und Lebenswelt, Erwerbsarbeit und Betriebspolitik, sowie zu einer sozialverträglichen und ökologisch nachhaltigen Organisationsentwicklung beitragen.

Axel Bolder · Stefan Naevecke
Sylvia Schulte

Türöffner Zeitarbeit?

Kompetenz und Erwerbsverlauf
in der Praxis der Leiharbeit

VS VERLAG FÜR SOZIALWISSENSCHAFTEN

VS VERLAG FÜR SOZIALWISSENSCHAFTEN

VS Verlag für Sozialwissenschaften
Entstanden mit Beginn des Jahres 2004 aus den beiden Häusern
Leske+Budrich und Westdeutscher Verlag.
Die breite Basis für sozialwissenschaftliches Publizieren

Bibliografische Information Der Deutschen Bibliothek
Die Deutsche Bibliothek verzeichnet diese Publikation in der Deutschen Nationalbibliografie;
detaillierte bibliografische Daten sind im Internet über <http://dnb.ddb.de> abrufbar.

1. Auflage Juni 2005

Umschlaggestaltung: KünkelLopka Medienentwicklung, Heidelberg
Druck und buchbinderische Verarbeitung: Rosch-Buch, Scheßlitz
Gedruckt auf säurefreiem und chlorfrei gebleichtem Papier
Printed in Germany

ISBN 3-8100-3977-2

Inhalt

Vorwort des Herausgebers

Zwischen dem Postulat der lernenden (Wissens-)Gesellschaft und der Realität der berufsbegleitenden Weiterbildung entsteht eine immer tiefer werdende Kluft in dem Maße, wie die Arbeitsuchenden und Beschäftigten auf eigene Rechnung und Verantwortung ihre Weiterqualifizierung übernehmen müssen. Dies betrifft vor allem die am Rande des ersten Arbeitsmarkts stehenden Erwerbstätigen, die durch Personaldienstleister, nämlich Zeitarbeitfirmen und neuerdings Personal-Service-Agenturen, in Beschäftigung vermittelt werden. Für diesen wachsenden Personenkreis ist gerade die Erweiterung ihrer Kompetenzen entscheidend für die Überwindung der Barrieren, die einer längerfristigen Beschäftigung entgegenstehen.

Exemplarisch für den Strukturwandel der mehr oder weniger stabilen Erwerbsverläufe in Deutschland zu diskontinuierlichen Beschäftigungsepisoden ist die Zunahme von Zeitarbeit. Seit 1995 hat sich die Anzahl der über Zeitarbeitfirmen Beschäftigten auf zirka 350.000 verdoppelt. Im stark umkämpften Markt der Personaldienstleister kommt es aber auch zu einer langsamen Einführung von tarifvertraglichen Regelungen, bei denen, folgt man den Ergebnissen der Untersuchung von Axel Bolder, Stefan Naevecke und Sylvia Schulte, in Zukunft die Frage der Qualifizierung eine wichtige Rolle spielen müsste.

Die vorliegende Studie untersucht die Interessengegensätze im Handlungsfeld der Zeitarbeiter und Zeitarbeiterinnen, der Zeitarbeitfirmen und der Betriebe, die sich der Zeitarbeit bedienen, und deren Folgen für die Erwerbs- und Qualifizierungsbiographien der in diesem Segment Beschäftigten. Die ausführlich zur Wort kommenden biographischen Bilanzen von Zeitarbeitern und Zeitarbeiterinnen über ihre Arbeits(markt)- und Bildungserfahrungen verdeutlichen, wie eingeschränkt deren Zugangs- und Beteiligungschancen sind. Es gibt sogar Belege dafür, dass mit der Häufigkeit von Zeitarbeitstätigkeiten das individuelle Risiko einer Dequalifizierung steigt.

Das doppelte Versprechen erweiterter persönlicher Gestaltungsspielräume und sich eröffender Integrationschancen im ersten Arbeitsmarkt wird nach den Ergebnissen der Studie für die Allermeisten der Befragten nicht erfüllt. Die Zeitarbeitfimen jedoch und die entleihenden Betriebe können mit dieser Form der Personalbewirtschaftung ihre Flexibilitätserwartungen realisieren: Dass sie dabei weitgehend auf eine Strategie der Kompetenzförderung verzichten, ist der kurzen Dauer der Beschäftigung im Zeitarbeitsverhältnis und den kurzfristigen Rentabilitätskalküls bei Verleihfirmen und Entleihbetrieben geschuldet.

Auch wenn die Autoren auf Grund ihrer empirisch untermauerten Ergebnisse zu einer durchaus kritischen Einschätzung der Qualifizierungs- und Erwerbschancen im Feld der Zeitarbeit kommen, so liefert doch ihre Studie vielfältige Ansatzpunkte für tarfivertragliche Regelungen auch in diesem Feld hoch flexibler Arbeitsbeziehungen.

Walter R. Heinz
Direktor des ISO
Institut zur Erforschung sozialer Chancen

1. Einleitung

Zeitarbeit[1] ist eine in den letzten Jahren deutlich wachsende Arbeitsform, die wie geringfügige Arbeit, befristete Arbeit und freie Tätigkeit auf Werkvertragsbasis zu den insgesamt zunehmenden atypischen Beschäftigungsverhältnissen zählt. Die auch als Phänomen der Erosion des Normalarbeitsverhältnisses diskutierte Entwicklung steht im Zusammenhang mit Unternehmensstrategien und Arbeitsorganisationskonzepten, die als Dezentralisierung und Flexibilisierung der Organisation in Verbindung mit einer Vermarktlichung der Arbeitsbeziehungen innerhalb der Unternehmen beschrieben werden, in deren Folge die einzelnen Beschäftigten verstärkt innerbetrieblicher Konkurrenz ausgesetzt werden. Neben einer gesicherten Kernbelegschaft werden Belegschaftssegmente mehr oder weniger systematisch aufgebaut, die ständig ihre Support-Funktion für den Kern unter Beweis stellen, zugleich aber, als alltäglich bedrohte Randbelegschaften, darauf verwiesen sind, ihre Marktgängigkeit dauerhaft zu erhalten (so etwa *Sattelberger* 1998). Diese „fluiden" Belegschaftsteile (ausgeliehene Arbeitskräfte, freie Mitarbeiter, Werkvertragsnehmer/innen) werden bei Bedarf als Reserve zum Ausgleich von Auftragsschwankungen oder als Vertretungen bei vorübergehenden Personalengpässen eingesetzt; zeitliche Befristung des Anstellungsverhältnisses, des Werk- oder Leihvertrages eröffnen den Betrieben dabei den erwünschten Flexibilitätsspielraum. Diesem Segment zunehmend diskontinuierlich Beschäftigter sind auch die Beschäftigten in Zeitarbeit zuzuordnen.

Die Flexibilisierung des betrieblichen Humankapitals stellt sich auf der Seite der Arbeitnehmer als Erosion des Normalarbeitsverhältnisses dar, als Tendenz zur Destabilisierung der biographischen Kontinuität von Bildung, Ausbildung, Erwerbstätigkeit und Familienleben (hierzu *Behringer u.a.* 2004). Sie hat einerseits eine größere Variation von Lebenslaufmustern zur Folge, bringt andererseits aber auch größere individuelle Risiken insbesondere bei Statuspassagen und Übergängen im Erwerbsleben mit sich (*Heinz/Lutz* schon 1992). Besondere Relevanz erlangt dieses Szenario für Zeitarbeitsbeschäftigte: Ihre Erwerbsverläufe sind besonders häufig unterbrochen; Zeitarbeit ist selbst eine diskontinuierende instabile Beschäftigungsform, zugleich aber auch Teil eines „Diskontinuitätsmanagements", mit dem versucht wird, „normalisiert instabile" Erwerbsverläufe

---

[1] Dieser Begriff hat sich mittlerweile im offiziellen Sprachgebrauch gegenüber dem früher gebräuchlichen Begriff „Leiharbeit" weitgehend durchgesetzt – obwohl es sich *sachlich-tatsächlich* um Arbeitnehmerverleihung handelt. *Arbeitsrechtlich* korrekt ist der Begriff „Arbeitnehmerüberlassung" des Arbeitnehmerüberlassungsgesetzes.

(*Mutz u.a.* 1995) zu stabilisieren, die Fähigkeit zum Umgang mit Brüchen und Diskontinuitäten zu erlernen. *Walter Heinz* und *Axel Bolder* (1985) haben dieses Erfordernis als im Zuge der „Arbeitsmarktsozialisation" zu erlangende „Arbeitsmarktqualifikation" beschrieben.

Aus dieser Entwicklung werden auf die Organisation der Qualifizierung des Arbeitsvermögens zielende Forderungskataloge abgeleitet: Die Verantwortung für die Kompetenzentwicklung wird – wie für die Paßfähigkeit des eigenen Arbeitskraftangebotes überhaupt – zunehmend individuell zugewiesen; gefordert wird die Entwicklung strategischer „unternehmerischer" Kompetenzen: die Fähigkeit zu Selbstmanagement, zu Selbstmotivierung und Selbstvermarktung, zur Optimierung des Einsatzes privater Ressourcen – dies alles in meist abhängiger Beschäftigung oder mit dem Ziel der (Re-)Integration in abhängige Beschäftigungsverhältnisse.

Die neuen Anforderungen, die eigene Biographie selbstorganisierend zu entwerfen, Statuspassagen relativ autonom zu meistern, Selbstanpassung an den Wandel und Selbstvermarktung zu leisten, stellen aber gerade Beschäftigte in atypischen und prekären Beschäftigungsverhältnissen vor erhebliche Probleme. In ihrer unsicheren Beschäftigungssituation sind sie in besonderem Maße auf marktgängige Qualifikationen und Kompetenzen angewiesen, weil sie, anders als in „Normalarbeitsverhältnissen", gezwungen sind, ihre Arbeitskraft andauernd auf dem Arbeitsmarkt anzubieten. Gerade prekäre Beschäftigungsverhältnisse sollten aber aufgrund ihrer nur lockeren Anbindung an betriebliche Entwicklungen kaum Gelegenheit bieten, an arbeitplatztypischen Lernprozessen zu partizipieren, wie sie im jüngeren deutschen Kompetenzentwicklungsdiskurs als wichtiger, wenn nicht gar zentraler Modernisierungsfaktor und Wettbewerbsvorteil der Zukunft thematisiert werden.

Die Frage nach den Chancen der Qualifikationsentwicklung von Beschäftigten in Zeitarbeit trifft auf ein Institutionensystem, das im wesentlichen zwei Zugänge zu betrieblich-beruflicher Weiterbildung vorsieht und über diese Zugänge reguliert wird: das Unternehmen, das Weiterbildung den Stammbelegschaften ermöglicht, und die Arbeitsverwaltung, die sie immer konsequenter – und auch das immer seltener – nur Arbeitslosen zugänglich macht. Beide schließen betrieblich nur gering integrierte Randbelegschaften systematisch aus. Zeitarbeitskräfte sind also beim Weiterbildungs- ebenso wie beim Arbeitsangebot vornehmlich auf den „freien Markt" verwiesen, auf dem vor allem gewerbliche Anbieter agieren – was zunächst einmal schon rein quantitativ eine wesentliche Restriktion ihrer Chancen bedeutet, arbeitsmarktrelevante Qualifikationen und Kompetenzen zu erwerben oder in ein „normales" Beschäftigungsverhältnis vermittelt zu werden.

Die schon in den ersten depressiven Phasen nach dem Ende der Nachkriegsrestitutionen sich aufbauende Forderungskultur hat im Lauf der letzten dreißig Jahre immer stärker normativen Charakter angenommen. Heute, in Zeiten eines dauerhaft hohen Arbeitslosigkeitssockels, setzt die Arbeitsmarktpolitik denn auch zum erstenmal explizit auf „Fordern und Fördern". Während die Forderungen auf Aktivitäts- und Selbstorganisationsbereitschaft zielen, soll Förderung im Zuge der sogenannten „Hartz-Reformen" – die 2002 auch eine Novellierung des Arbeitnehmerüberlassungsgesetzes (AÜG) mit sich brachten – neben Qualifizierungsmaßnahmen, die auf einem immer engeren Markt qualifizierten Arbeitskraftangebots überhaupt noch Chancen sichern sollen, Eingliederungshilfen bieten[1] – nicht zuletzt über Zeitarbeitsverhältnisse in Zeitarbeitunternehmen oder in den neu eingerichteten „Personal-Service-Agenturen" (PSA) der nun so genannten Bundesagentur für Arbeit.

Es war das Ziel des Projekts „Kompetenzentwicklung in Zeitarbeit",[2] dessen Ergebnisse Gegenstand dieses Berichts sind, zu ergründen und zu beschreiben, inwieweit das Zeitarbeitsverhältnis, aus der Beschäftigungsperspektive betrachtet, die ihm immer wieder zugesprochene Funktion eines „Türöffners" in den ersten Arbeitsmarkt erfüllt (vgl. z.B. *Jahn/Rudolph* 2002; *Galais* 2003) und welche Chancen der Kompetenzentwicklung es den Beschäftigten in Zeitarbeit bietet (vgl. hierzu z.B. *Pietrzyk* 2003). Die Optimierung der arbeitsmarkt- und personalpolitischen Funktion der Beschäftigungsform Zeitarbeit und die Stabilisierung der von Prekarität bedrohten Erwerbsbiographien der Zeitarbeitsbeschäftigten waren dabei die zentralen Bezugspunkte.

Ansatzpunkte für eine verbesserte Praxis lassen sich nur in Kenntnis der Interessen, Handlungsmotivationen und -strategien aller im jeweiligen Handlungsfeld auftretenden Akteure bestimmen. Für das Phänomen „Zeitarbeit" bestimmt das Dreiecksverhältnis zwischen Beschäftigten, Zeitarbeits- und Entleihunternehmen das Handlungsfeld, das durch den institutionellen Kontext, in den es eingebettet ist, weitgehend vordefiniert ist. Deshalb hatten die empirischen Arbeiten diesen Kontext systematisch zu berücksichtigen und zu analysieren.

So ergaben sich für das Forschungsprojekt drei Untersuchungsfelder, auf denen die benötigten Daten zu erheben und die Hintergründe für Übernahmechancen, mögliche Qualifizierungsbedarfe und die Bedingun-

---

[1] Dabei ist keineswegs ausgemacht, daß fachliche Höherqualifizierung die Beschäftigungschancen systematisch erhöht. Es häufen sich nämlich – auch in dieser Arbeit – die Hinweise, daß neben den Trägern besonderer „Arbeitsmarktqualifikationen" und „sozialer Fertigkeiten" (*Galais* 2003) gerade auch billige – und das ist in der Regel noch minderqualifizierte – Arbeitskraft in Residualsegmenten über größere Arbeitsmarktchancen verfügt. Insofern ist die überwiegend als „zynisch" konnotierte Vermittlung in „Ein-Euro-Jobs" nur konsequent.

[2] An dem Projekt beteiligt waren außer den Autoren u.a. *Melanie Hahn, Maria Icking, Christina Schulz* und *Heike Wiemert*, denen unser besonderer Dank gilt.

gen für deren Umsetzung in Beschäftigung und Weiterbildung zu klären waren: die „Entleiher" als Nachfrager und Nutzer von Zeitarbeit und als potentielle Anbieter unbefristeter Beschäftigungsverhältnisse, die Zeitarbeitunternehmen als „Verleiher" und die Zeitarbeitskräfte selbst. Das Untersuchungsdesign setzte demzufolge bei allen drei Akteursgruppen an (Kap. 2).

Expertengespräche mit Vertretern arbeitsmarktrelevanter institutioneller Akteure in Arbeitsverwaltungen, Gewerkschaften, Verbänden, Industrie- und Handelskammern und bei Bildungsträgern sollten einen möglichst aktuellen Informationsstand und einen weiten Überblick über die Aktivitäten und Interpretationen der *gatekeeper* rund um das Thema Zeitarbeit in Nordrhein-Westfalen sichern sowie einen Einblick in die aktuellen Diskurse über Chancen und Risiken von Zeitarbeit vermitteln (Kap. 3).

Um die Praxis der Entleihfirmen einschätzen zu können, wurde die repräsentative Betriebsbefragung des ISO zu „Arbeits- und Betriebszeitenmanagement" (*Bauer u.a.* 2002) um ein Fragenmodul zum Problemkomplex „Zeitarbeit" erweitert, in dessen Mittelpunkt Fragen zu den Qualifikationsbedarfen der Entleiher standen. In einem weiteren Schritt wurde eine schriftliche Befragung der in Nordrhein-Westfalen ansässigen Betriebe mit einer Verleiherlaubnis nach AÜG durchgeführt, die sowohl die Zeitarbeitunternehmen, deren Kerngeschäft in der Vermittlung von Personal besteht, als auch die sogenannten Mischbetriebe erfaßte, deren Kerngeschäft die Personalvermittlung zwar nicht ist, die aber dennoch zumindest phasenweise nicht benötigte Arbeitskraftkapazitäten verleihen. Bei den Zeitarbeitunternehmen wurden neben den Basisdaten zu Personal- und Nachfragestruktur ergänzende Daten vor allem zu den Qualifikationsprofilen und -defiziten der Beschäftigten erhoben (Kap. 4).

Den Kern der empirischen Untersuchungen bildeten die problemzentrierten bildungs- und erwerbsbiographischen Interviews mit Zeitarbeitskräften. Der Schwerpunkt lag dort auf den Leitthematiken der Erwerbsbiographie, den Erfahrungen und Wünschen, individuellen Strategien im Hinblick auf Reintegration und Kompetenzentwicklung sowie auf den Einschätzungen, ob Zeitarbeit eher zu einer Integration in stabilere Beschäftigung führt oder eher Diskontinuitätspfade verstärkt und ob Weiterbildung in diesen Prozessen eine Rolle spielen könnte (Kap. 5).

Schlüsse, die aus den Untersuchungen des Phänomens Zeitarbeit unter den Bedingungen des Arbeitnehmerüberlassungsgesetzes zu ziehen wären, stellt das letzte, sechste Kapitel vor. Es wäre wünschenswert, daß die Empirieresistenz zeitgenössischer Arbeitsmarktpolitik sich als nicht gar so hermetisch erweisen würde und sie zur Kenntnis nähme.

2. Optionen der Untersuchung des Phänomens Leiharbeit: Das Forschungsdesign

2.1 Fragestellung und methodische Optionen

Ob Zeitarbeit vor allem für längere Zeit aus dem Erwerbsleben Ausgeschiedenen als Türöffner in den ersten Arbeitsmarkt dient und sie in ein „normales" unbefristetes Arbeitsverhältnis führt, wird in dieser Untersuchung nicht in der Perspektive der arbeitsmarktpolitischen Verbleibsforschung thematisiert. Das heißt, es geht hier nicht lediglich darum, ob und in welchem Ausmaß Zeitarbeitsverhältnisse nach einer gewissen Zeitspanne in irgendein Beschäftigungsverhältnis übergeführt werden. Das ist gewiß auch Thema aus der Perspektive subjektorientierter Qualifikationsforschung, deren Erkenntnisinteresse grundsätzlich auf nachhaltige Entwicklungen gerichtet ist, reicht aber nicht hin. Es stellt sich nämlich aus dieser Perspektive die über den bloßen, meist aus forschungsökonomischen Gründen nur kurzfristig kontrollierten Verbleib hinausweisende Frage, welche längerfristigen Auswirkungen Zeitarbeitsverhältnisse auf den Erwerbsverlauf haben. Ein ganz entscheidender Stellenwert kommt hier der für die Arbeitsmarktposition des einzelnen zentralen Frage des Erhalts und der Weiterung der Qualifikationen zu.

Zwei Gesichtspunkte sind es vor allem, die zu dieser forschungsstrategischen Entscheidung geführt haben. Da ist zum einen der empirisch und theoretisch gut belegte Erkenntnisstand der Segmentationsforschung, der die Hypothese nahelegt, daß Zeitarbeitnehmern eher die Funktion fluktuierender Randbelegschaften zugewiesen wird, wenn sie denn tatsächlich in ein „normales" Arbeitsverhältnis überwechseln. Zum anderen tendiert die aktuelle Arbeitsmarktpolitik zur Forcierung der Integration in Erwerbsarbeit um fast jeden Preis (vgl. hierzu z.B. *Icking* 2004). Es steht zu befürchten, daß sich daraus auf längere Sicht ein Bumerangeffekt ergibt, der sich über Dequalifizierungsprozesse gesamtgesellschaftlich gesehen zu einem gravierenden Humanressourcenverlust ausweitet, der in der Wirkungskette wiederum zu multilateralem Marktmachtverlust (der Wirtschaftsgesellschaft) und damit zu einer weiteren Verengung des Arbeitsmarkts und zu weiterer Chancenminderung für potentielle Zeitarbeitnehmer führen könnte.

Gerade in einem politisch derart sensiblen Forschungsfeld, wie es das Phänomen Zeitarbeit darstellt, bei dem es mindestens implizit immer auch um eine Stellungnahme zur Wirksamkeit von Gestaltungsinstrumenten geht, war darauf zu achten, daß die Interessen und Perspektiven der unmittelbar und mittelbar Beteiligten im Forschungsdesign angemessen berücksichtigt werden. In die Untersuchung einzubeziehen waren deshalb neben den beiden Arbeitgebern (den Zeitarbeitunternehmen und den Zeitarbeitskräfte entleihenden Betrieben) sowie den Zeitarbeitern[1] auch die in diesem Feld agierenden intermediären Organisationen (wie Arbeitsämter und Interessenvertretungsverbände).

Während die quantitative Bedeutung des Phänomens Zeitarbeit, die Klumpung von Leiharbeitsverhältnissen in Branchen und Betrieben, die Alltagspraxis der Verleiher und Entleiher zunächst einmal möglichst „repräsentativ" fortzuschreiben waren, war deren Interpretation auf der intermediären Ebene einzuholen. Die Zielpersonen des Leiharbeitsverhältnisses, die Zeitarbeiter, sollten, da es bei ihnen wesentlich um die Deutung des Einflusses von Zeitarbeit auf ihren eigenen Berufslebenslauf ging, wobei Konstruktionen an der Tagesordnung sind und das standardisierte repräsentative Abfragen von Oberflächenmeinungen wenig Erkenntnis verspricht,[2] in biographischen Interviews zu Wort kommen.

Über Umfang und Struktur der *Betriebe, die Zeitarbeit nachfragen*, der Entleihbetriebe, sowie über die „Qualität" der in Anspruch genommenen Zeitarbeit in Gestalt nachgefragter Qualifikationen und Kompetenzen gab es bislang nur wenig gesichertes empirisches Datenmaterial. Um diese Lücken zu schließen, wurde in die 2001 durchgeführte, bundesweit repräsentative Betriebsbefragung des ISO zu „Arbeits- und Betriebszeitmanagement" (*Bauer u.a.* 2002) ein Fragenmodul zum Problemkomplex „Zeitarbeit" aufgenommen.[3] Die hier vorgelegten Ergebnisse bieten damit repräsentative Informationen zur Nutzung von Zeitarbeit durch die Entleihbetriebe. Darüber hinaus liefert der Betriebsdatensatz Hinweise auf ihre aktuellen Qualifikationsstrukturen sowie über Art und Struktur ihrer

---

[1] Wir verwenden hier, obwohl es sich im versicherungsrechtlichen Sinne nicht nur um Arbeiter, sondern vor allem auch im Dienstleistungssektor oft um Angestellte handelt, den Begriff „Zeitarbeiter" als Synonym der Begriffe „Zeitarbeitskräfte" und „Leiharbeiter".

[2] Vgl. hierzu auch Abschnitt 2.2.

[3] Grundgesamtheit dieser Betriebsbefragung sind die Betriebe und Dienststellen der Wirtschaftszweige, die in der Betriebsdatei der Bundesanstalt für Arbeit enthalten waren und mindestens einen sozialversicherungspflichtig beschäftigten Mitarbeiter meldeten. Dienststellen des öffentlichen Dienstes, in denen ausschließlich Beamte beschäftigt sind, und „Ein-Personen-Betriebe", die ex definitione von vornherein aus jedem Sample herausfallen, das Zeitarbeit zum Thema hat, sind in der Betriebsdatei, aus der eine nach Betriebsgrößenklassen, Wirtschaftsbereichen und neuen beziehungsweise alten Ländern geschichtete Stichprobe von 12.500 Adressen gezogen wurde, nicht enthalten. Nähere Angaben zur Anlage der Untersuchung sowie die Beschreibung des methodischen Vorgehens finden sich bei *Bauer u.a.* (2002), Fragebögen(-Module) und Gesprächsleitfäden bei *Bolder u.a.* 2003.

Nachfrage nach Kompetenzen und ermöglicht damit eine Einschätzung der Chancen zu Kompetenzentwicklung in Leiharbeit.

Da der regionale Fokus des Forschungsprojekts auf Nordrhein-Westfalen lag,[1] das als Zentrum des bundesdeutschen Zeitarbeitsmarktes gilt, richtete sich die schriftliche Befragung der *Arbeitnehmer überlassenden Betriebe* an alle in Nordrhein-Westfalen ansässigen Verleiher im Sinne des Arbeitnehmerüberlassungsgesetzes. Etwa jeder vierte Betrieb beteiligte sich an der Untersuchung.[2] Diese Rücklaufquote, die für vergleichbare Befragungen (postalisch, private Betriebe) schon als gut angesehen werden kann, gewinnt dadurch noch an Gewicht, daß es sich bei der Zielgruppe um eine Branche handelt, die sich erstens gesellschaftlich kontrovers diskutiert erfährt und als deren bevorzugtes Arbeitsfeld zweitens das Thema „Weiterbildung" nicht gerade gilt.

Wo es um sachliche, wenn auch interessengeleitete Interpretationen des Geschehens auf den Arbeitsmärkten durch Vertreter der *Institutionen der Mesoebene* geht, bieten sich, vielfach bestätigt, am ehesten Expertengespräche als methodische Option an. Die vierzehn leitfadengestützten Expertengespräche mit Vertretern relevanter arbeitsmarktpolitischer Akteure – unter anderem aus (Landes-)Arbeitsämtern, Verbänden der Zeitarbeitunternehmen, Industrie- und Handelskammern, Arbeitgeberverband, Betriebsräten und Gewerkschaften – bilden den ersten Schwerpunkt der Interpretationen des Phänomens und seiner Auswirkungen. Als Themenfelder standen Bedeutung und zukünftige Rolle von Zeitarbeit, Regulierungs- und Handlungsbedarf im Kontext von Zeitarbeit, Perspekti-

---

[1] Das Forschungsprojekt wurde vom nordrhein-westfälischen Arbeitsministerium gefördert. – Die Untersuchung bezieht sich somit zwar auf Nordrhein-Westfalen, dessen Strukturen im Bereich der Arbeitnehmerüberlassung durchaus auch einige Besonderheiten gegenüber der Situation in den alten Bundesländern bzw. gar im heutigen Bundesgebiet aufweisen, denen aber mit ihrem großen Gewicht in ihren Facetten, typischen Wirkungsweisen und Erscheinungsformen bis auf weiteres exemplarischer Charakter zugesprochen werden kann.

[2] Von den insgesamt 9.700 bundesweit in dieser Liste erfaßten Erlaubnisinhabern entfielen 2.192 auf das Gebiet des Landesarbeitsamtsbezirks Nordrhein-Westfalen. Alle diese 2.192 Betriebe wurden angeschrieben. Damit wurden neben Zeitarbeitunternehmen, die ausschließlich gewerbsmäßige Arbeitnehmerüberlassung betreiben und ihre Arbeitskräfte folglich – mit Ausnahme des eigenen Kernbereichs – ausnahmslos extern, in Kundenbetrieben, beschäftigen, auch die sogenannten Mischbetriebe einbezogen, die im Gegensatz zu den „reinen" Zeitarbeitunternehmen Teile ihres Personals sowohl extern – im fremden – als auch intern – im eigenen Betrieb – einsetzen. Von den 2.192 angeschriebenen Betrieben konnten 2.077 tatsächlich erreicht werden. 501 verwertbare Fragebögen liefen zurück; das entspricht einer Rücklaufquote von 24 Prozent.

ven für Zeitarbeitskräfte und die Vertretung ihrer Interessen, schließlich Kompetenzentwicklungschancen im Vordergrund.[1]

Den zweiten Schwerpunkt bildeten die Interpretationen der auf das Problemfeld Leiharbeit und Kompetenzentwicklung in Leiharbeit zentrierten erwerbsbiographischen Interviews mit *Zeitarbeitern*.[2] Das forschungsleitende Interesse konzentrierte sich hier auf Fragen, wie es zur Beschäftigung in einem Zeitarbeitunternehmen gekommen ist, ob es qualifikationsgerechte Arbeitseinsätze gebe beziehungsweise gegeben habe, auf die Frage des Kompetenzerwerbs durch Zeitarbeit selbst oder Teilnahme an Weiterbildungen, ob Zeitarbeit eher zu einer Integration in stabilere Beschäftigung führe oder eher Diskontinuitätspfade verstärke, ob Weiterbildung in diesen Prozessen eine Rolle spielen könnte, und schließlich auf die resümierenden individuellen, subjektiven Bilanzen und Zukunftsperspektiven der Interviewpartner.

2.2 Exkurs aus gegebenem Anlaß

Die Option für das Problemzentrierte Interview bei der Befragung der Zeitarbeiter ist mehrfach begründet. Zum einen handelt es sich bei ihnen

---

[1] Die Auswertung der wortgetreu transkribierten Gespräche erfolgte themenbezogen in mehreren Stufen und stellt im Ergebnis die Einschätzungen und Positionen zu Zeitarbeit innerhalb und zwischen den Akteursgruppen in Übereinstimmung und Differenz dar. Bezugspunkte der Gespräche waren der rechtlich-formale und der praktische Entwicklungsstand der Zeitarbeitsdiskussion vor Inkrafttreten des JOB-AQTIV-Gesetzes und der Diskussion über das sogenannte Hartz-Konzept und dessen Umsetzung durch die Bundesregierung.

[2] Um die Auswahl der zu Interviewenden nicht von gegebenenfalls unkontrollierbaren Selektionskriterien der Zeitarbeitunternehmen abhängig werden zu lassen, wurden mehrere Wege beschritten, die Zielpersonen zu erreichen. So wurden unter anderem Anzeigen in Tageszeitungen und Stadtmagazinen geschaltet. Dennoch mußte schließlich, um in einem marginalen Feld auf die erforderliche Anzahl erfolgreicher Interviews zu kommen, auf die Zeitarbeitunternehmen zurückgegriffen werden. Mit 26 Zeitarbeitskräften konnten schließlich problemzentrierte Interviews gültig durchgeführt werden. Das Problemzentrierte Interview (*Witzel* 1982, 2000) unterscheidet sich vor allem dadurch vom Leitfadeninterview einerseits und vom narrativ-biographischen Interview andererseits, daß der Leitfaden nicht den Verlauf des Interviews vorzeichnet und der narrative Erzählstrom des Interviewten immer dann wieder initiiert wird, wenn sich nach Wahrnehmung des Interviewenden herausstellt, daß das „Problem" vom Interviewten selbst überhaupt nicht thematisiert wird oder „thematische Vorklärungen" vonnöten sind, die dem Interviewten Gelegenheit geben, unklar erscheinende Passagen *selbst* zu erläutern und nicht allein der Interpretation des Forschers zu überlassen. Vgl. zur hier eingesetzten Variante des Problemzentrierten Interviews die ISO-Studie zu Weiterbildungsabstinenz (*Bolder/Hendrich* 2000).

in der Regel, wie es auch die Experten der Arbeitnehmerseite sehen (s. Kap. 3), um eine erwerbsbiographische Marginalgruppe. In marginalen Situationen Lebende sind mit quantitativen Verfahren zum einen nur schwer, kaum jedenfalls „repräsentativ" erreichbar, zum anderen auch immer schwerer „zugänglich", soll heißen: bereit, sich Fremden gegenüber zu Lebensbedingungen zu äußern, die als diskriminierend empfunden werden, gar in einem – schriftlichen oder mündlichen – Frage-Antwort-Rapport keine veritable Gelegenheit zu bekommen, Biographie – Lebensgeschichte – zu erläutern. Typische Beispiele, bei denen dieses Interesse manifest wird, bringt das fünfte Kapitel (vgl. aber auch *Bolder/ Hendrich* 2000). Standardisiert-quantitative Interviewtechniken stoßen hier definitiv an ihre Grenzen.

Im Grunde sollte es nicht mehr nötig sein, auf einen Sachverhalt hinzuweisen, der mit ein wenig Einfühlungsvermögen auch ohne viel Forschungserfahrung a priori nachvollziehbar sein müßte. Aus gegebenem Anlaß scheint es aber doch nötig, anhand eines aktuellen Beispiels einmal mehr darauf hinzuweisen, daß die Reichweite einerseits standardisierend quantifizierender, andererseits biographischer methodischer Optionen vom Forschungsgegenstand abhängt, in diesem Fall: daß nicht einfach letztere durch erstere ersetzt werden können, weil man gerne schnell politisch verwertbare (gefällige?) Ergebnisse hätte.[1]

Mit einer für eine *quantitative* Studie und ihren Allgemeingültigkeitsanspruch[2] völlig unzureichenden empirischen Basis will eine Untersuchung, die das Deutsche Institut für Wirtschaftsforschung im vergangenen Herbst veröffentlichte, die gängigen sozialwissenschaftlichen und alltagstheoretischen Annahmen über das Phänomen Zeitarbeit widerlegen. Besonders bei Lesern, die mit den methodologischen Implikationen quantitativer Verfahren weniger vertraut sind, dürften die statistischen Finessen vor allem des Fußnotenapparates dennoch den Eindruck gesicherter Repräsentativität erwecken und übersehen lassen, daß die Substanz der „mit erheblicher Stichprobenunsicherheit" belasteten Aussagen zur Zufriedenheit mit dem Zeitarbeitsverhältnis auf der Basis des renommierten Sozioökonomischen Panels (SOEP) letztlich 51 Zeitarbeiter betrifft, von denen zugestandenermaßen nicht einmal bekannt ist, ob es sich wirklich immer um solche handelt, das heißt, ob es nicht zum Teil Angehörige der Kern-

---

[1] Das Ganze wäre kaum noch der Erwähnung wert, dienten nicht immer wieder auf bedenkliche Art und Weise zustande gekommene Thesen der Stützung politischer Entwürfe, die voraussagbar zum Scheitern verurteilt sein dürften. Nicht von ungefähr, darf man vermuten, veröffentlichte das für den prekären Sachverhalt Zeitarbeit zuständige Bundesministerium für Wirtschaft und Arbeit die in dem unten zitierten Aufsatz vertretenen Thesen auf seiner Homepage.

[2] Vgl. hierzu den Sprachduktus sowohl des Fazits als auch der vorgesetzten Zusammenfassung.

belegschaften der Zeitarbeitunternehmen, etwa deren Disponenten sind, die man erfaßt hat (vgl. hierzu Kap. 4 und 5). Quantität ist aber für *quantitative* Ansätze unabdingbare Voraussetzung.

Von der Validität, der inhaltlichen Aussagefähigkeit einer simplen Zufriedenheitsskala ist dabei noch gar nicht die Rede. Wie wenig aussagefähig Frage-Antwort-Schemata zumal in prekären Situationen – wie Leiharbeitsverhältnissen – sind, soll kurz an einem empirischen Fall demonstriert werden. Frage 1 des SOEP 2001, auf die die Autoren ihre Aussagen zur Arbeitszufriedenheit der Zeitarbeiter in Deutschland stützen, das sei zuvor erinnert, fordert die Interviewten auf, ihre Arbeitszufriedenheit auf einer zehnstufigen Skala abzubilden. Das Ergebnis ist ein Mittelwert, der besagen soll, daß die 51 Zeitarbeiter (Kernbelegschaftsteile möglicherweise eingeschlossen) „nahezu ebenso zufrieden" mit ihrer „Arbeit insgesamt" sind wie andere Arbeitnehmer (*Kvasnicka/Werwatz* 2003, 724).

Spätestens seit den siebziger Jahren wurden die Versuche, Arbeitszufriedenheit auf einer Dimension, einer Strecke mit zwei Endpunkten, zu „messen", scharf kritisiert. Neben meßtechnischen Kritikpunkten wurde vor allem auf die Ambivalenz hingewiesen, die dem Phänomen fast zwangsläufig innewohnt. Ambivalenz – Doppelwertigkeit – entsteht hier insbesondere dadurch, daß für die Individuen selbst bei objektiv weit unterdurchschnittlichen Arbeitsbedingungen zumindest partielle Identifikation mit ihrer Arbeitssituation psychisch überlebenswichtig ist – selbst wenn die Bedingungen es „eigentlich", das heißt in ihrem subjektiven Sinne, verbieten. In biographischen, gewiß in zuverlässig durchgeführten Problemzentrierten Interviews, kommt es dann im Regelfall zum Nach-Denken, zu einem *Prozeß* des Über-Denkens eines zentralen Lebensbereichs; und zwar genau dann, wenn im Frage-Antwort-Schema vor allem auch noch schriftlicher Fragebögen die Frage längst abgehakt wäre.

Wer das jemals als Forscher im Feld miterlebt hat, vor allem eben in problematischen Settings, wird Abfragebatterien kaum als situationsangemessene Erhebungsmethode wahrnehmen können. In empathiegestützter Erinnerungsarbeit offenbart sich oft, wie sich aus positiv gefärbten Spontanantworten zu gesellschaftlich stark besetzten und sanktionierten Themen am Ende das genaue Gegenteil entwickelt – wie im Falle des Dieter G., der auf einer zehnstufigen Skala, analog seiner ersten Antwort im biographischen Interview, wahrscheinlich einen hohen (Zufriedenheits-)Wert angekreuzt hätte, obwohl er doch über ein ganz anderes, weit komplexeres Situationsdeutungsmuster verfügt. Natürlich ist irgendeine Arbeit besser als gar keine und ist man insoweit mit der gegebenen Situation zufrieden. Aber eigentlich ...

Bemerkenswert sind neben dem *Prozeß*-Charakter der Selbstvergewisserung die vielen Abbrüche und zum Teil überlangen Pausen, die für das gesamte Interview keineswegs typisch sind. Beachtenswert ist vor allem auch, daß Dieter G. seine Ausführungen zu dieser thematischen Sequenz mit einem resümierenden Hinweis auf – negative – objektive Bedingungen sowohl beginnt als auch beendet.[1]

I. [Interviewer]: „Und würden Sie jetzt sagen daß Sie insgesamt schon zufrieden sind mit Ihrer Tätigkeit, also sowohl von den Arbeitsinhalten als auch von der Bezahlung, und wie das insgesamt so alles läuft?"

G.: „Ja in der heutigen Zeit, was soll man jetzt eh, da groß erwarten? Ich bin eigentlich doch zufrieden. Kann ich sagen, ja: Ich arbeit'. – Ich verdiene vielleicht etwas weniger als vorher. Ja gut. Das ist richtig, aber eh, ich habe dadurch auch weniger eh, Stress. Muß ich ganz ehrlich sagen. Ich muß nicht mehr alles eigenverantwortlich machen. Das ist auch viel so ein bißchen... Man ist ja in einem bestimmten Bereich verantwortlich, den man hat, den macht man. Das hat sich dann ne. Alles was da übergreifend oder was man in so einem großen Unternehmen übergreifend initiiert oder versucht, da, hier und da was zu machen das kann nur nach hinten losgehen. Also das... Ich bin da halt..., das sollte man gar nicht tun. Man sollte gar nicht versuchen sich da irgendwo noch in Bereichen jetzt zu engagieren, weil die..., die Bereiche sind einfach ziemlich abgesteckt, ja. So bis dahin. Und da muß man schon wieder quasi... Das ist wie bei einer Behörde. Da muß man schon wieder einen Antrag stellen. Ob man das überhaupt machen kann. Und wenn der zuvorkommend ist. Das ist nicht gut. Das habe ich gemerkt. Also, man macht sein Ding. Es geht alles so seinen Gang. Und dann hat man seinen ruhigen Job."

I.: „Gibt es denn auch was, was Ihnen nicht so gut gefällt, womit Sie unzufrieden sind?"

G.: „Natürlich. – – – Aber das hat nicht... – – – Ich mein'... – – – Das gibt es überall, sag' ich mal. – Wenn ich die Vor- und Nachteile abwäge bleiben mir nur Vorteile. Ansonsten würde ich das auch..., würde ich das nicht vereinbaren. Ne, also auch... Die Vorteile überwiegen. Das ist das Wichtige."

I.: „Und die Tätigkeit die Sie jetzt im Büro ausüben? Wie gefällt Ihnen das so?"

G.: „Hm. Ja. Ach so, ehm, weniger. Das Feld ist mir zu klein. Es sind die Leute..., die Tätigkeit ist ziemlich anspruchslos. Für drei Wochen war es mal interessant. Man hat so die ganzen Bereiche ein bißchen kennenlernen können – und ja, es ist auch ein bißchen frustrierend. Der Markt ist kaputt." (Interview Dieter G., Zeile 38ff)

---

[1] Die Transkriptionsregeln, die den orthographischen Regeln vor allem der Interpunktion nicht folgen, finden sich im Anhang.

Dieter G. besteht – für sich – noch fast bis zum Schluß dieser Passage darauf, daß wenigstens „die Vorteile überwiegen", nachdem kurz zuvor noch „nur Vorteile" blieben. Davor berichtet er, daß er mit weniger Geld auskommen muß, daß er sich unterfordert fühlt, die Arbeit uninteressant ist, daß das Arbeitsklima oder einfach die Zusammensetzung der Kollegenschaft („die Leute") zu wünschen übrigläßt, tröstet er sich damit, daß der Verlust an Handlungsautonomie („das kann nur nach hinten losgehen") „weniger eh, Stress" mit sich bringt – um dann schließlich zu resümieren, daß es „ein bißchen frustrierend" sei, daß man aufgrund der (Arbeits-)Marktbedingungen aber in den offenbar doch sauren Apfel beißen müsse.

Der Zwang der Verhältnisse läßt kaum Spielraum; dann verzichtet man eben auf Blütenträume von einem interessanten, erfüllenden Normalarbeitsverhältnis, richtet sich in der Realität ein und ist mit dem, was bleibt, „zufrieden" – unter psycho-ökonomischen Gesichtspunkten eine durchaus rationale (ökonomische, nicht notwendig bewußt zielführende) Verarbeitung einer ambivalenten Erwerbsarbeitssituation, die mit repräsentativ-quantitativen Methoden, zumal unter faktoranalytischen Orthogonalitätsannahmen, als solche kaum zu erfassen sein dürfte.

3. Das Interessendreieck: Entleiher – Verleiher – Zeitarbeitnehmer aus der Perspektive ihrer Experten

3.1 Das Dreiecksverhältnis – ein Rückblick

Zeitarbeit – oder in arbeitsrechtlicher Terminologie: Arbeitnehmerüberlassung – stellt als Arbeitsverhältnis zwischen Zeitarbeitunternehmen, Zeitarbeitskraft und Entleihunternehmen eine kontrakt- und tarifrechtlich komplexe Form des Arbeitsverhältnisses dar, die seitens des Gesetzgebers mit dem 1972 erlassenen Arbeitnehmerüberlassungsgesetz (AÜG) einer besonderen rechtlichen Regulierung unterworfen wurde. Die Konstruktion des Gesetzes zielte – vor den Reregulierungen im Zuge der jüngsten Arbeitsmarktgesetzgebung – darauf ab, mit der Zeit eine Bündelung der Arbeitseinsätze zu einem Dauerarbeitsverhältnis zu erreichen, sie durch Regulierungen wie das Befristungs- und das Wiedereinstellungsverbot (innerhalb von drei Monaten nach Entleihung) oder das Synchronisierungsverbot (zwischen Beschäftigungsverhältnis beim Verleihunternehmen und Arbeitseinsatz im Entleihunternehmen) in Richtung Dauerarbeitsverhältnis zu „normalisieren".

Die Bestimmungen des Arbeitsrechts regeln die Stellung der Vertragspartner sowie ihre gegenseitigen Rechte und Pflichten gewöhnlich in bilateralen Beschäftigungsverhältnissen und reichen nicht in die Sphäre eines dritten Vertragspartners (hier: des Entleihunternehmens) hinein. Demgegenüber begründet die Arbeitnehmerüberlassung ein dreiseitiges Arbeitsverhältnis, bei dem allerdings das Prinzip der Vertragsfreiheit eingeschränkt wurde und nicht nach allen Seiten hin gilt. Zwischen Entleihunternehmen und Zeitarbeitskraft kommt nämlich kein Vertrag zustande; die Leistungsvereinbarungen mit dem Entleihunternehmen werden ausschließlich zwischen Ver- und Entleiher getroffen (§ 12 AÜG), während die Ansprüche der Zeitarbeitskräfte im Einsatzbetrieb ergänzend geregelt wurden (§§ 9f sowie 13f AÜG).

Die Arbeitgeberfunktion wird bei Arbeitnehmerüberlassung also geteilt: Zwar geht nach der Vermittlung das Weisungs- und Direktionsrecht auf das Entleihunternehmen über; der Arbeitsvertrag wird aber mit dem Zeitarbeitunternehmen geschlossen.[1] Man könnte also sagen, daß das Entleihunternehmen Herr des Arbeitsvollzugs ist, das Zeitarbeitunternehmen die Arbeitgeberseite dagegen im Rechtsgeschäft des Arbeitsvertrags repräsentiert. Diese eigenwillige Konstruktion begründet ein Interessendreieck der beteiligten Vertragsparteien – zwischen Ent- und Verleihfirma und Zeitarbeitnehmer.

Mit Zeitarbeit ist durch die Überlassungspraxis das ehemalige Vermittlungsmonopol der Bundesanstalt für Arbeit berührt. Zwar ist das Monopol schon 1994 aufgehoben worden; der Gesetzgeber hat sich jedoch vorbehalten, die gewerbliche Arbeitnehmerüberlassung weiterhin genehmigungspflichtig zu belassen und der Bundesanstalt für Arbeit als Erlaubnis und Kontrollbehörde zu unterstellen. Die Genehmigung konnte bis dato für die Dauer jeweils eines Jahres unter Vorlage umfangreicher Unterlagen und gegen Gebühr bei den entsprechenden Abteilungen der Landesarbeitsämter beantragt werden. Die Erlaubnisbehörden prüften die Antragsvoraussetzungen und kontrollierten die Einhaltung der arbeits- und sozialrechtlichen sowie fiskalischen Verpflichtungen des Zeitarbeitunternehmens, zu denen vor allem auch die maximale Entleihdauer pro Fall zählte. Seinerzeit war sie auf zwölf Monate begrenzt.

Erlaubnisfrei, lediglich anzeigepflichtig und mit den übrigen gesetzlichen Auflagen versehen war Arbeitnehmerüberlassung für Unternehmen mit weniger als fünfzig Beschäftigten, wenn so Kurzarbeit oder Entlassungen vermieden werden können. In dieser Regelung kommt ein arbeitsförderungspolitisches Interesse des Gesetzgebers zum Tragen, das auch an anderen Stellen die Position der Bundesanstalt für Arbeit gegenüber Zeitarbeit seit Mitte der neunziger Jahre erkennbar verändert hat. Verantwortlich dafür ist sicherlich nicht zuletzt der die Arbeitsförderungspolitik prägende Primat der Eingliederung, der sich zunehmend praktisch durchgesetzt hatte und schließlich mit der Aufhebung des Arbeitsförderungsgesetzes (AFG) im Sozialgesetzbuch III (SGB III) auch formal kodifiziert wurde (§§ 4ff SGB III). Flankiert wurde diese Maßgabe durch die Pflicht der einzelnen Arbeitsämter zur Erstellung von sogenannten Eingliederungsbilanzen, in denen der Fördermitteleinsatz im Verhältnis zu den Eingliederungserfolgen differenziert nachgewiesen werden muß (§ 11 SGB III).

Legale Zeitarbeit als arbeitsmarktbezogenes Integrationsinstrument zu nutzen, ist dennoch kein neuer Gedanke. Bereits 1980 wurden konkrete Vorschläge zur Erprobung von Arbeitnehmerüberlassung als arbeitsmarkt-

---

[1] „Arbeitgeber" kann deshalb im Konstrukt „Zeitarbeit" immer mehrerlei meinen: einmal die Rolle des Entleihunternehmens, zum anderen die des Verleih- beziehungsweise Zeitarbeitunternehmens und drittens einen Mischbetrieb, dessen Hauptgeschäftszweck nicht die Arbeitnehmerüberlassung ist, der aber zeitweise eigenes Personal an andere Unternehmen verleiht.

politisches Instrument gemacht (*Göbel* 1980; vgl.a. *Weinkopf* 2004). Zehn Jahre später wurden diese Überlegungen vom damaligen Präsidenten der Bundesanstalt für Arbeit, *Heinrich Franke*, aufgegriffen. Er schlug vor, Arbeitnehmerüberlassung gezielt als Instrument der Eingliederung Langzeitarbeitsloser zu nutzen (*Franke* 1990, 103; vgl.a. *Weinkopf* 1996), und entwickelte ein Modell für einen gemeinnützigen Arbeitskräfteverleih in Trägerschaft einer gemeinnützigen oder karitativen Einrichtung, deren Finanzierung durch Lohnkostenzuschüsse oder nach dem AFG erfolgen könnte. Auf diesem Wege, so *Franke*, könne es einer Vielzahl von Langzeitarbeitslosen gelingen,

„beruflich wieder Fuß zu fassen. Denn sie können Arbeitgeber durch Arbeitsleistung davon überzeugen, daß auch Langzeitarbeitslose wertvolle Mitarbeiter sind, wenn man ihnen nur eine Chance gibt. Darauf kommt es aus meiner Sicht entscheidend an – denjenigen, die ‚draußen vor der Tür stehen', Gelegenheit zu geben, sich ‚drinnen' zu bewähren" (*Franke* 1990, 104).

Dieser Ansatz fand bald Eingang in die Praxis der Arbeitsförderung, da in den neunziger Jahren die Bereitschaft zugenommen hatte, bei der Eingliederung von Langzeitarbeitslosen neue Wege zu erproben. Neben kommerziellen Zeitarbeitunternehmen haben seit der Aufgabe des Vermittlungsmonopols auch zahlreiche Qualifizierungs- und Beschäftigungsträger sowie gemeinnützige Vereine Arbeitsvermittlung als neues Geschäftsfeld erschlossen. Während sich die kommerziellen Zeitarbeitagenturen zunächst auf qualifiziertes Personal konzentrierten, ging es den gemeinnützigen von Anfang an um die Wiedereingliederung von „schwervermittelbaren" Arbeitslosen.[1]

Vermittlungsorientierte Arbeitnehmerüberlassung wurde zumeist auf regionaler und kommunaler Ebene praktiziert und funktionierte nach folgendem Prinzip: Auf Vorschlag des Arbeitsamtes oder mit dessen Einvernehmen wurden schwervermittelbare Arbeitslose für eine sehr kurze Beschäftigungsdauer als Zeitarbeitskraft bei den Zeitarbeitagenturen, gemeinnützigen Vereinen und so weiter eingestellt, um sie einem Entleihbetrieb mit dem Ziel zu überlassen, mit der Zeitarbeitskraft nach angemessener Einarbeitung und Bewährung einen unbefristeten Arbeitsvertrag abzuschließen. Eine Übernahmegarantie durch den Entleihbetrieb gibt es

---

[1] Als schwervermittelbare Arbeitslose wurden Erwerbslose definiert, „die 50 Jahre und älter, ein Jahr und länger arbeitslos gemeldet, schwerbehindert oder gleichgestellt, rehabilitierte Suchtkranke sind oder ihre Erwerbstätigkeit wegen der Betreuung aufsichtsbedürftiger Kinder oder pflegebedürftiger Personen für mindestens drei Jahre unterbrochen haben und unmittelbar vor der Einstellung mindestens ein halbes Jahr arbeitslos gemeldet waren" (*Deutscher Bundestag* 2000a, 11).

aber auch im Rahmen der vermittlungsorientierten Arbeitnehmerüberlassung nicht.

Von 1994 bis 1996 wurden diese Vermittlungsaktivitäten nach den „Richtlinien zur Förderung der Eingliederung schwervermittelbarer Arbeitsloser durch Darlehen und Zuschüsse an Gesellschaften zur Arbeitnehmerüberlassung" gefördert, später wurden sie überwiegend nach § 10 SGB III („Freie Förderung") oder mit dem Instrument des „Eingliederungsvertrags" (§ 229ff SGB III) geregelt. Während im Rahmen dieser Fördermaßnahmen anfangs nur mit nicht gewinnorientierten beziehungsweise gemeinnützigen Zeitarbeitagenturen kooperiert wurde, werden heute zunehmend kommerzielle Zeitarbeitunternehmen in die Programme einbezogen beziehungsweise von der Arbeitsverwaltung gezielt als Kooperationspartner geworben. Diese gestiegene Akzeptanz gewerblicher Zeitarbeit wurde im Jahr 2000 durch einen Kooperationserlaß unterstrichen (*Bundesanstalt für Arbeit* 2000), der eine intensive Zusammenarbeit zwischen Arbeitsämtern und Zeitarbeitunternehmen zum Ziel hatte, und schließlich, im Zuge des „Hartz"-Prozesses spätestens 2002 zur arbeitsmarktpolitischen Normalität.

Weil das Dreiecksverhältnis für sie von konstitutiver Relevanz ist, hat die Analyse der Institution Zeitarbeit die Rolle zu klären, die sie, unabhängig von ihren durch die Legislative *intendierten* Funktionen für die Beteiligten *tatsächlich* spielt, sowie die Effekte zu untersuchen, die sie für sie zeitigt – und dabei die Interessendifferenzen zwischen den Beteiligten grundsätzlich anzuerkennen. Erst Kenntnis und Anerkenntnis dieser Differenzen eröffnen Gestaltungsoptionen für eine realistisch auf Wirksamkeit bedachte Politik im Feld temporärer Beschäftigung.

Im folgenden werden deshalb die auf der Mesoebene aktiven Institutionen – als Vermittler zwischen Gesetzgeber und handelndem Individuum und als professionelle Interpreten der Interessen im Dreieck – zu Wort kommen: die Entleiher als diejenigen, ohne deren temporäre Nachfrage nach Arbeitskraft wie immer auch geartete Arbeitsverhältnisse gar nicht zustandekämen, die Leiharbeitskräfte, deren Arbeitskraft zwar nachgefragt wird, allerdings nur für einen begrenzten Zeitraum, und die Interessenvertreter der Verleiher als mit besonderen Rechten und Pflichten ausgestattete Makler zwischen beiden. Schließlich soll die Rolle der „vierten Seite" des Dreiecks nicht außer acht bleiben: die Arbeitsverwaltung als Transmissionsriemen gesetzgeberischer – politischer – Interessen.

3.2 Die Arbeitgeberseite – aus doppelter Perspektive

Zeitarbeit gilt wie der Einsatz befristeter Beschäftigung als Flexibilisierungsinstrument betrieblicher Personalpolitik. Die entleihenden Betriebe reagieren damit auf Unsicherheiten, die durch marktbedingte Entwicklungen wie konjunkturelle oder saisonale Auftrags- und Absatzschwankungen entstehen. Sie zahlen die vergleichsweise hohen Mietkosten auch, um Transaktionskosten zu sparen, wie sie bei in mehrfacher Hinsicht unsicheren Einstellungen oder zusätzlichen Qualifizierungsanstrengungen anfallen. Als Flexibilisierungsinstrument betrieblicher Personalplanung gelten Zeitarbeitsverhältnisse auch deshalb, weil sie, wenn keine neuen Aufträge akquiriert wurden, nach Ablauf einer bestimmten Frist im Anschluß an den letzten Arbeitseinsatz betriebsbedingt gekündigt werden können. Sollte sich andererseits längerfristiger Bedarf herausstellen, eröffnet sich den Entleihunternehmen in der Festanstellung zuvor entliehener Arbeitskräfte eine weitere personalwirtschaftlich möglicherweise sinnvolle Option. Zeitarbeit erscheint so als favorisierte Option der Externalisierung von Personalbeschaffungs- und Qualifizierungskosten im Zuge betrieblicher Flexibilisierungsstrategien.

In welchem Umfang Zeitarbeit als Instrument der Steuerung von strategischen Flexibilisierungen insgesamt eingesetzt wird, ist dennoch schwer einzuschätzen. Tatsächlich dürfte der Einsatz von externem Personal aber weitaus bedeutender sein, als die Zahlen der Arbeitnehmerüberlassungsstatistik dies wiedergeben: Zunehmend werden zum Beispiel mit der Lieferung von Maschinen und Anlagen auch Dienstleistungen als *after sales service* verkauft, die die Tätigkeit von Spezialisten im Kundenunternehmen notwendig machen. Mit zunehmender Tendenz auch werden Beschäftigte aus Dienstleistungsunternehmen ständig an Kundenunternehmen entliehen, ohne daß dies durch einen Zeitarbeitsvertrag geregelt wäre.

3.2.1 Funktionen und Einsatzfelder von Zeitarbeit

Funktionen und Imagewandel

Die Positionen der Experten des Arbeitgeberverbandes, der Industrie- und Handelskammer, der eher mittelständischen Interessengemeinschaft Deutscher Zeitarbeitunternehmen (IGZ) und des Bundesverbandes Zeitarbeit (BZA) lassen eine große Einigkeit in der Einschätzung der heutigen und auch der zukünftigen Rolle von Zeitarbeit erkennen. Gesamtwirtschaftlich gesehen komme Zeitarbeit die Funktion zu, zum Ausgleich von Arbeitskräftenachfrage und -angebot beizutragen. In unternehmerischer Binnenperspektive wird ihr eine sehr wichtige und in Zukunft noch bedeutendere Funktion als flexibles personalpolitisches Instrument beigemessen, das bereits von vielen Unternehmen genutzt und dessen Nutzung sich weiter verbreiten werde. Infolgedessen habe Zeitarbeit auch eine Beschäftigung fördernde Wirkung.

Personalpolitisch stelle Zeitarbeit für die Unternehmen des weiteren die Möglichkeit dar, risikolos neues Personal zu „testen". Für die sogenannten Mischbetriebe, die eine Erlaubnis zur Arbeitnehmerüberlassung besitzen, ergebe sich, wie ein Experte der Industrie- und Handelskammer betonte, vor allem die Chance, Auftragsschwankungen auszugleichen, ohne Personal entlassen zu müssen. Für die Zeitarbeitskräfte komme Zeitarbeit eine Art „Türöffnerrolle" zu, sie funktioniere für viele „als sehr gutes Sprungbrett", wie es die Vertreter der Verbände beschrieben. Denn in Zeitarbeitsverhältnissen könnten sich die Arbeitskräfte im Entleihunternehmen in der „Test"-Situation bewähren und hätten so eine größere Chance, von dem Entleihbetrieb in ein Normalarbeitsverhältnis übernommen zu werden. Dies gelte insbesondere für Berufsanfänger, denen der Übergang in das Berufsleben erleichtert werden könnte, aber auch Arbeitslosen eine Chance böte, die Reintegration ins Beschäftigungssystem zu schaffen.

Zeitarbeit habe in ihren Anfängen ein ziemlich schlechtes Image gehabt, das sich auch bei den potentiellen Zeitarbeitskräften breitgemacht habe. So koste es die Disponenten der Zeitarbeitunternehmen oft einige Überzeugungsarbeit, den Bewerbern

„die Angst zu nehmen bei einem Zeitarbeitunternehmen zu arbeiten. Das Vorurteil abzubauen, ihnen aufzuzeigen daß sie nirgendwo einen sichereren Arbeitsplatz hat als bei uns. Wir setzen ihn immer wieder neu ein, er steht nicht auf der Straße. Nirgendwo bessere Möglichkeiten weiterzukommen. Weiterbildung dürfte ich auch als sehr optimal bezeichnen." (ZAU-Experte C, Z. 270ff)

Dabei bemühe man sich tatsächlich sehr um die Mitarbeiter:

„Hier wird der Faktor Mensch großgeschrieben. (...) Daß die Leute sich wohlfühlen und eine gewisse Wertschätzung erfahren. Das ist ganz phantastisch. Die meisten sind auch begeistert die hier arbeiten; ich kann auch den Vergleich zu meinem vorherigen Arbeitgeber ziehen." (ZAU-Experte D, Z. 430ff)

„Daß wir nicht sagen, wir haben da so einen überbetrieblichen Mitarbeiter und der wird jetzt ausgequetscht, sondern daß wir uns auch sehr viel kümmern, also wenn der krank ist, dann schreiben wir dem 'ne Karte oder wenn der Geburtstag hat. Wir haben Mitarbeiterfeste mit unseren überbetrieblichen Mitarbeitern. Die werden auch auf den ersten Einsatz begleitet. Ja, die geben uns auch einen Check: ‚Wie war der Arbeitgeber?', ‚Würdest du da wieder hingehen?', ‚Wie würdest du den benoten?'" (ZAU-Experte A, Z. 544ff)

28

Heute sei das Bild „sachgerechter" und eher an Funktion und Inhalten von Zeitarbeit orientiert. Vor allem die arbeitsmarktpolitische Funktion von Zeitarbeit habe zu einem erheblichen Imagewechsel der Branche beigetragen. Auch die Verbandsvertreter betonen, daß sich das Image der Zeitarbeit stark gewandelt habe:

„also die Branche, vielleicht weil sie aus der Illegalität kommt, die mußten sich ja praktisch in Deutschland erst ihre Möglichkeiten der beruflichen Betätigungen gerichtlich erstreiten. (...) Ist in vielen Köpfen eigentlich die Geschichte genauso drin wie, ich sag' mal die Bücher, die ja auch nicht um die Welt gingen aber das Image der Branche stark geprägt haben. Günter Wallraffs ‚Ganz unten', Türke Ali und so diese Geschichten. Da kommen wir erst so langsam heraus. – Jetzt, wenn auch unser Bundeskanzler so den Segen gibt und sagt: ‚Ihr Gewerkschaften müßt mal ein bißchen zurückhaltender werden und aufgeschlossen gegenüber der Branche – sonst verschließt Ihr Euch vielen Dingen'" (ZAV-Experte I, Z. 952ff).

Das schlechte Image der Branche sei jedenfalls heute nicht mehr gerechtfertigt, so der Experte weiter. Dies zeige sich auch darin, daß von der Bundesanstalt für Arbeit immer weniger Bußgeldverfahren gegen Zeitarbeitunternehmen eingeleitet würden. Eingeräumt wurde, daß die Etablierung der gemeinnützigen vermittlungsorientierten START Zeitarbeit diese Entwicklung vorbildlich unterstützt habe. Befreit vom „Sklaventreiber-Image", wie es ein Vertreter der Industrie- und Handelskammer nennt, habe sich die Branche inzwischen anerkannt etabliert.

Daß sich die Chancen Arbeitsuchender und Arbeitsloser, eine neue Beschäftigung zu finden, mit Hilfe gewerblicher Zeitarbeitvermittler genauso realisieren lasse wie mit der sogenannten gemeinnützigen Zeitarbeit, würde von den Arbeitsverwaltungen zunehmend anerkannt. Dafür sprächen Kooperationen zwischen gewerblichen Zeitarbeitunternehmen und Arbeitsverwaltungen, bei denen durch die Anstellung von Arbeitslosen in einem Zeitarbeitunternehmen versucht wird, diese wieder in Arbeit zu bringen.[1]

Auch bei der Rekrutierung und Vermittlung von Zeitarbeitskräften spiele die Zusammenarbeit zwischen Arbeitsämtern, Kammern und Zeit-

---

[1] Man muß festhalten, daß in dem Streit um die arbeitsmarktpolitische Effektivität gemeinnütziger oder privater Zeitarbeitunternehmen nicht nur Behauptungen und Belegmöglichkeiten oder -lücken auf der einen oder anderen Seite eine Rolle spielen, sondern auch eine zum Teil unbewußte, teils auch bewußt verschleiernde Semantik. Während die Gewerkschaften, die vermittlungsorientierten Zeitarbeitunternehmen und gelegentlich die Arbeitsverwaltung mit „Vermittlung" die Eingliederung im Rahmen eines direkten Beschäftigungsverhältnisses ansprechen, verweisen die gewerblichen Zeitarbeitunternehmen mit der Formulierung „Vermittlung" zumeist auf die Realisierung eines weit weniger ehrgeizigen Anspruchs: daß nämlich Erwerbslose überhaupt in ein Beschäftigungsverhältnis überführt wurden, eben auch nur: in ein Zeitarbeitsverhältnis.

arbeit- sowie Entleihunternehmen eine zunehmend bedeutende Rolle. Ein Beispiel bereits institutionalisierter Kooperation auf diesem Feld sei die „Initiative für Beschäftigung", die seit 1998 existiere und vom Institut für Organisationskommunikation (IFOK) betreut werde. Immer häufiger würden Informationsveranstaltungen in den Arbeitsämtern durchgeführt, auf denen Zeitarbeitfirmen über ihre Arbeit berichten und sich um neue Mitarbeiter bemühen können. Dazu zählen auch die von den Arbeitsamtsvertretern genannten Zeitarbeitbörsen, die teilweise auch in Kooperation mit den Industrie- und Handelskammern durchgeführt werden.

Das weitreichendste Ergebnis der Zusammenarbeit des BZA mit der Bundesanstalt für Arbeit sei der Runderlaß vom Juli 2000 an die Arbeitsämter, Zeitarbeitunternehmen als normale Arbeitgeber anzusehen und verstärkt Arbeitslose in eine Beschäftigung in einem Zeitarbeitunternehmen zu vermitteln. Für den BZA und seine Mitgliedsunternehmen war dies der entscheidende Durchbruch auf dem Feld der Personaldienstleistungen im allgemeinen und der Vermittlungsarbeit im besonderen. Die gewerbliche Zeitarbeit sei damit aus der Nische des Dubiosen herausgeführt worden und an die gemeinnützigen vermittlungsorientierten Zeitarbeitunternehmen herangerückt.

Entwicklungstendenzen

Die Entwicklung der Einsatzfelder von Zeitarbeitskräften wird von den Experten des BZA, den Vertretern des Arbeitgeberverbandes und der Industrie- und Handelskammern unterschiedlich eingeschätzt. Während der BZA und der Arbeitgeberverband eine deutliche Abnahme im Bereich der Büro- und Dienstleistungstätigkeiten und eine Zunahme bei den Beschäftigten im gewerblichen Bereich feststellen, verzeichnete der Vertreter der Industrie- und Handelskammer einen Anstieg im kaufmännischen Bereich und eine Abnahme bei den gewerblichen Tätigkeiten. Bemerkenswert ist seine Beobachtung, daß zunehmend hochqualifiziertes Personal von den Zeitarbeitunternehmen gesucht werde. Sogar Führungspositionen würden mittlerweile durch Zeitarbeitskräfte oder hochqualifizierte Stellen im kaufmännischen Bereich durch Zeitpersonal mit akademischer Ausbildung besetzt.

Das Feld „Personaldienstleistungen" werde auch weiterhin dominant bleiben, aber Personalvermittlung und -beratung, Outsourcing, Outplacement und so genanntes Interims-Management[1] würden in Zukunft ver-

---

[1] Damit ist die Auffangfunktion zwischen Beschäftigung und Arbeitslosigkeit angesprochen, wie sie seit einigen Jahren in Nordrhein-Westfalen von den sogenannten Transfergesellschaften beziehungsweise -agenturen wahrgenommen wird (dazu ausführlicher *Hermann/Kratz* o.J.; vgl.a. *Wacker* 2004).

mehrt im Angebot dieser Unternehmen zu finden sein. Der IHK-Experte betonte, daß Outsourcing mit Zeitarbeitunternehmen schon gute Modelle hervorgebracht habe. Auch bei der Betreuung und Organisation von Personalpools würde der Kompetenz von Zeitarbeitunternehmen immer mehr Bedeutung zukommen, wie schon das Beispiel der Weltausstellung in Hannover gezeigt habe.

Da der Verbreitungsgrad von Zeitarbeit in Deutschland im internationalen Vergleich noch deutlich unterentwickelt sei, sollte den Experten des BZA zufolge in Zukunft alles unternommen werden, diese Beschäftigungsform auszuweiten. Dies habe auch zum Ziel, die arbeitsmarktpolitischen Optionen der Zeitarbeit optimal auszuschöpfen. Unter dieser Zielsetzung richtet sich ein Großteil der Erwartungen der Verbandsvertreter an Politik und Gesetzgeber. So müsse Zeitarbeit auch für das Bauhauptgewerbe zugelassen, das Synchronisationsverbot aufgehoben werden, die Befristung von Arbeitsverhältnissen sollte erlaubt und die Einsatzhöchstdauer von zwölf Monaten abgeschafft werden. An die Adresse der Gewerkschaften formulierten die Vertreter von Industrie- und Handelskammern und Arbeitgeberverband die Forderung, ihre Zurückhaltung der Zeitarbeitsbranche gegenüber abzulegen. Dies sei auch wichtig für den Abschluß von Tarifverträgen in der Branche.

Schließlich schlägt ein IHK-Vertreter vor, auch in den Zeitarbeitunternehmen Arbeitszeitkonten einzuführen. Dies würde zu einem weiteren Wachstum der Branche beitragen, da die Verleiher über Arbeitszeitkonten ihr Personal noch günstiger einsetzen und damit durch verleihfreie Zeiten verursachte Kosten einsparen könnten. Zudem müßten die Verleihpreise der gemeinnützigen Zeitarbeitunternehmen neu geregelt werden, da diese aufgrund der ihnen zufließenden staatlichen Subventionen die marktüblichen Preise bisher unterbieten könnten und somit den Wettbewerb störten.

3.2.2 Qualifikationsbedarf und Kompetenzentwicklung

Der Beitrag der Zeitarbeitunternehmen zum Ausgleich von Arbeitskräftenachfrage und -angebot beschränkt sich zwangsläufig zunächst auf die auf dem Arbeitsmarkt vorfindlichen Potentiale. Kommt es nun zu einer Steigerung der Nachfrage nach Qualifikationen, die dort (noch) nicht in ausreichendem Maße angeboten werden, müßten die Unternehmen im Grunde in Qualifizierung investieren, um sie bedienen zu können. Die Bereitschaft dazu dürfte aber angesichts der Befürchtung, daß sich einerseits die Refinanzierung der Qualifizierungskosten am Markt nur selten realisieren läßt, andererseits zugleich das Risiko wächst, daß die *up to date* Qualifizierten schneller von den Entleihfirmen übernommen werden, äußerst gering sein.

Zeitarbeitunternehmen, die sich mit dem qualifizierteren Arbeitsmarktsegment befassen, sind in der Regel bemüht, schon gut qualifiziertes Personal einzustellen, weil sich dieses vielfältiger verleihen läßt und somit weniger verleihfreie Zeiten entstehen, die mit Umsatz- und Gewinneinbußen verbunden sind. Auch Anforderungen der Entleihunternehmen zielen in diese Richtung. Der Entleiher entscheidet sich für den Einsatz von Zeitarbeitskräften in der Regel anläßlich kurzfristigen Personalbedarfs. Er erwartet vom Zeitarbeitunternehmen Arbeitskräfte, die über die jeweils erforderlichen Qualifikationen verfügen und lediglich einer kurzen Einweisung bedürfen. Da es sich um einen kurzfristig zu deckenden Arbeitskräftebedarf handelt und das Entleihunternehmen an den Verleiher für leistungsfähige Arbeitskräfte bezahlt, fühle sich, so heißt es, der Entleiher für die Qualifizierung der Zeitarbeitskräfte ebenfalls nicht zuständig und könne sie auch nicht erfüllen, wenn die Arbeitskräfte sofort eingesetzt werden müssen.

Die Auffassungen zum Stellenwert der Auswahl- und Gütekriterien, die bei der Suche der Entleihbetriebe nach geeigneten Zeitarbeitunternehmen zur Anwendung kommen, differieren zwischen Arbeitgeberverband und Industrie- und Handelskammer. Beide stellten wohl fest, daß bei der Auswahl eines Zeitarbeitunternehmens die persönlichen Kontakte, eigene positive Vorerfahrungen und Referenzen eine große Rolle spielten. Allerdings wird die Bedeutung des Preises bei der Auswahl eines Unternehmens seitens der IHK nachrangig eingestuft, während ein niedriger Preis nach den Beobachtungen des Arbeitgeberverbandes das letztlich entscheidende Auswahlkriterium darstellt. Innerhalb des Deutschen Industrie- und Handelskammertags wird ausgehend von dieser Beobachtung in einem Ratgeber an Entleihunternehmen zum Thema Preisgestaltung in der Zeitarbeit ausdrücklich und wiederholt vor Billiganbietern gewarnt. Mit dem Hinweis darauf, daß mit dem Preis zumeist sowohl die Qualifikation als auch die Motivation der Zeitarbeitskräfte steige, wird den Entleihunternehmen empfohlen, lieber etwas teurere Zeitarbeitunternehmen auszuwählen.

Vor dem Hintergrund des konstatierten Fachkräftemangels werde der Weiterbildung von Zeitarbeitspersonal, heißt es in den Expertengesprächen, eine steigende Bedeutung mit kompensatorischer Funktion beigemessen. Da es jedoch der vornehmliche Geschäftszweck der Verleihunternehmen sei, ihre Arbeitskräfte zu verleihen, würden längerfristige Qualifizierungsphasen üblicherweise vermieden; und zwar vorwiegend aus zwingenden betriebswirtschaftlichen Überlegungen – und nicht etwa aus Desinteresse. Gerade der Weiterbildung der Zeitarbeitnehmer komme eine wichtige Rolle zu. Der Verbandsexperte beschreibt ein Dilemma:

„Das ist so ein Standardargument, was ja immer wieder im Bereich der Weiterbildung angeführt ist, daß die Unternehmen sich angeblich dieser Weiterbildung
verschließen. Und das ist natürlich in der Zeitarbeit doppelter Unsinn. Das heißt
wenn ich Weiterbildung betreibe, dann... ich muß es also wenigstens auch finanziell können. Und da ist also das Handicap innerhalb der Zeitarbeit. Das heißt
daß selbst einfache Weiterqualifizierungsmaßnahmen die der Markt eigentlich
täglich erfordert, schon so ohne weiteres nicht mehr vom Markt bezahlt werden
können." (ZAV-Experte I, Z. 165ff)

Als weiterer Hinderungsgrund führte der BZA-Vertreter die kurzen Ver-
weilzeiten der Zeitarbeitskräfte in den Zeitarbeitunternehmen an. Diese
lägen im Schnitt bei drei Monaten, so daß sich in dieser kurzen Zeit nicht
die Möglichkeit für eine aufwendigen Weiterbildung biete.

„Statistisch gesehen bleibt der Zeitarbeitnehmer gut drei Monate im Mittel bei
uns. Da sind also die gewerblichen Helfer, da ist die Fluktuation groß, da sind
nun mal kurze Verweildauern. Wir haben auch Mitarbeiter die viele Jahre da
sind. Nur, wenn das das Mittel ist dann stellt sich die Frage nach der Sinnhaftig-
keit von Berufs- und Weiterbildungsmaßnahmen bei der Zeitarbeit" (ZAV-Experte B, Z. 841ff).

Auch fehle dazu in diesen Fällen oft die Motivation der Zeitarbeitskräfte
selbst, insbesondere aus dem Helferbereich. Ein anderer Verteter der Verbände beschreibt das so:

„Dann sprechen Sie mal die Helfer an inwieweit die weiterqualifiziert werden
wollen. Das heißt also, die können sich maximal vorstellen, einen Staplerschein
zu machen. Und das ist also eine Minimalweiterqualifizierung. Und darüber hinaus treten Sie da gegen geschlossene Wände. Die haben da teilweise überhaupt
kein Interesse dran." (ZAV-Experte I, Z. 346ff)

In der Regel würden daher lediglich kurzfristige Kurse in verleihfreien
Zeiten zwischengeschaltet, in denen die Zeitarbeitskräfte einige fachliche
Fähigkeiten auf einfachem Niveau auffrischen oder neu erwerben können.
Immer wieder genannte Beispiele sind in diesem Zusammenhang Gabelstapler-Führerschein und gezielte EDV-Anwenderschulungen. Die Dek-
kung von Fachkräftebedarf, der über den Arbeitsmarkt nicht befriedigt
werden kann, durch anspruchsvolle Weiterbildung scheint bisher nur eine
theoretische Option zu sein. Die Gesprächspartner konnten – über die genannten Kurzzeitmaßnahmen hinaus – ausnahmslos keine Praxisbeispiele
beruflicher Weiterqualifizierung anführen. Handlungsbedarf in bezug auf
Qualifizierung und Kompetenzentwicklung der Zeitarbeitskräfte besteht
offenbar nicht.
    Anders sieht die Situation der Weiterbildung in den Zeitarbeitunter-
nehmen aus, wenn es um ihre intern Beschäftigten geht: Hier sei eine gro-

ße Aufgeschlossenheit beider Seiten gegenüber Weiterbildungsmaßnahmen zu konstatieren – bei einem vergleichsweise hohen Qualifikationsniveau dieser Kernbelegschaften. Insbesondere in den großen Zeitarbeitunternehmen finde sich ein umfangreiches Schulungsangebot. Der BZA arbeite zudem mit der Industrie- und Handelskammer bei der Erstellung eines Weiterbildungskonzepts für einen Lehrgang zum Personaldisponenten zusammen. Außerdem gebe es Bestrebungen, den Beruf des Zeitarbeitkaufmanns zu etablieren.

Neben einem hohen Maß an Flexibilität und Mobilität sowie der Fähigkeit und Bereitschaft, sich schnell auf neue Situationen, Aufgaben und Menschen einstellen zu können, würde, so die Einschätzung der Experten, der Stellenwert der fachlichen Qualifikation im Segment Zeitarbeit zunehmen. Alle konstatierten dabei auch eine wachsende Bedeutung formaler Qualifikationsniveaus für Chancen von Zeitarbeitskräften in diesem Teilarbeitsmarkt.

Insgesamt könne festgehalten werden, so ein Experte des Arbeitgeberverbandes, daß Beschäftigte ohne Qualifikationen auf dem Arbeitsmarkt heute kaum noch Chancen haben. Dies verhalte sich bei Zeitarbeitskräften nicht anders. Daß Zeitarbeit künftig qualifikatorisch anspruchsvoller werde, hänge nach Auffassung aller befragten Experten damit zusammen, daß insgesamt in der Produktion einfache, unqualifizierte Tätigkeiten anhaltend automatisiert und somit viele weitere Arbeitsplätze für ungelernte Arbeitskräfte in Zukunft wegfallen würden. Demgegenüber entstünden durch die Verbreitung der Informations- und Kommunikationstechnologien neue Berufsfelder und neue, qualifizierte Beschäftigungsmöglichkeiten auch für Zeitarbeitskräfte. So erwarten die Experten des BZA einen Anstieg von Zeitarbeitskräften im IT- oder Medienbereich. Als Engpaß erweise sich zur Zeit jedoch der generell festzustellende Fachkräftemangel, der auch die Zeitarbeitsbranche betrifft.

Der Arbeitgebervertreter meldete Bedarf bei der Klärung der Rolle von Entleihbetrieben bei der Gestaltung der Weiterbildung von Zeitarbeitskräften an. Seiner Ansicht nach sollte in Zukunft über eine Kooperation zwischen den Entleihern und den Verleihern bei der Gestaltung von Inhalt, Form und Finanzierung von Weiterbildungsmaßnahmen für Zeitarbeiter nachgedacht werden.

Der IHK-Experte verwies auf funktionierende Kooperationen zwischen Zeitarbeitunternehmen bei der Weiterbildung von Zeitarbeitskräften. Seiner Kenntnis nach verfügten die großen Verleiher über eigene Weiterbildungsinstitute und Schulungsabteilungen. Kleinere Zeitarbeitunternehmen ohne solche Ressourcen könnten in einzelnen Regionen Netzwerke mit Bildungsträgern und großen Entleihunternehmen bilden. Dort würden Zeitarbeiter für ihren sehr speziellen Einsatz bei den Entleihern geschult. Die Kosten dieser Qualifizierungen teilten sich Zeitarbeitunternehmen und Entleihbetriebe in einigen Fällen schon.

Gemeinsamer Lösungsweg aus dem Dilemma zwischen der konstatierten Notwendigkeit organisierter Weiterbildung und den Geschäftsbedingungen von Zeitarbeit war in allen Gesprächen die Betonung der Lernhaltigkeit von Zeitarbeit selbst. Sie sei eine Beschäftigungsform, welche die Arbeitskräfte durch den Wechsel zwischen unterschiedlichen Einsatzorten und -bereichen in hohem Maße *on the job* weiterqualifiziere. Sie stellt in den Augen dieser Experten einen „unschätzbaren weiterbildenden Wert" für die Beschäftigten dar.

3.2.3 Der ideale Zeitarbeiter

Der ideale Zeitarbeiter ist nach den Worten der Verbandsvertreter dispositiv flexibel; „ein strukturelles Auswahlkriterium ist eine gewisse Flexibilität, sich schnell auf neue Gegebenheiten am Arbeitsplatz" einstellen zu können. Für den Vertreter der IGZ gibt es die ideale Zeitarbeitskraft, die alle an sie gestellten Anforderungen in sich vereint, nur in Frankreich. Durch die gewerkschaftlichen Bemühungen verdienten dort Zeitarbeitskräfte im Schnitt zwanzig Prozent mehr als ihre konventionell beschäftigten Kollegen. Dies sei auch gerechtfertigt, weil ein Zeitarbeitnehmer höheren Belastungen ausgesetzt sei. Er müsse regional mobil sein, sich schnell auf neue Situationen und Arbeitsaufgaben einstellen können und sich auf neue Menschen und Projekte einlassen wollen. Der ideale Zeitarbeitnehmer solle jede routinemäßige Arbeit auf Dauer langweilig finden und vor allem aus diesem Grund in einem Zeitarbeitunternehmen arbeiten wollen. Ein Disponent beschreibt ihn so: Die ideale Zeitarbeitskraft

„sollte die Kriterienliste möglichst zu einhundert Prozent erfüllen. Sprich Zuverlässigkeit, Arbeitsbereitschaft, die klassischen Sachen die jeder erwartet. Was vielleicht noch besonders wichtig ist bei einer Zeitarbeitskraft ist Flexibilität. Sie muß wirklich dazu bereit sein sehr flexibel zu arbeiten, man sollte bereit sein Schichtarbeit zu tätigen wie auch in Normalarbeitszeiten, in kleineren Betrieben meistens gegeben. In der Großindustrie ist Zwei- oder Drei-Schichtsystem. Man sollte möglichst bereit sein, Überstunden zu machen, man sollte, am besten bereit sein, Montagetätigen zu erledigen, das heißt bundesweit einsetzbar zu sein." (ZAU-Experte D, Z. 180ff)

Die unterschiedlichen Einsätze, betont auch er, könnten als praktische Weiterqualifizierung angesehen werden. Zudem biete Zeitarbeit die Chance, unkonventionelle Lebenspläne zu realisieren, zum Beispiel mehrere Monate „Urlaub an einem Stück" zu genießen: „Und das heißt also Zeitarbeit ist, denke ich eher, ein Modell für moderne Menschen die bereit sind, auch ihre eigene Lebensplanung etwas kreativer anzugehen" (ZAV-Experte I, Z. 678ff).

Das für den idealen Zeitarbeiter geltende Flexibilitätsgebot spreche auch grundsätzlich gegen betriebliche Interessenvertretung von Zeitarbeitnehmern. „Ich bin mir nicht sicher", unterstreicht einer der Verbandsvertreter,

„daß die Zeitarbeitnehmer eine besonders hohe Bereitschaft haben sich zu organisieren, sondern nach unseren Erkenntnissen sind die Arbeitnehmer darauf gerichtet: Ich will Arbeit, ich will Geld, möglichst viel und eine betriebliche Interessenvertretung, die sich dann auch betriebspolitisch betätigt, steht nicht im Vordergrund des Interesses. Und insofern habe ich Zweifel, ob sich Leiharbeitnehmer, Zeitarbeitnehmer in besonderer Weise oder sogar leicht organisieren lassen." (ZAV-Experte B, Z. 431ff)

Angesprochen auf die Bedeutung der Zeitarbeit für den Erwerbslebenslauf der darin Beschäftigten, betonten sie, daß ihren Erfahrungen und den Berichten von Personalexperten zufolge in einer Bewerbungssituation die vorausgehende Beschäftigung in einem Zeitarbeitunternehmen nicht als negativ angesehen werde. Es werde im Gegensatz positiv bewertet, daß ein Bewerber Initiative gezeigt und zusätzliche Berufserfahrung gesammelt hatte, anstatt passiv in der Arbeitslosigkeit zu verharren.

„Die Arbeitssuchenden wissen halt zu schätzen, erst einmal habe ich überhaupt einen Job, ich zeige daß ich arbeitswillig bin und es geht mit jeder beruflichen Tätigkeit immer einher, auch eine berufliche Erfahrung, was auch immer eine Qualifizierung ist. Und es empfiehlt mich, wenn ich mich später anderswo bewerbe beim Arbeitgeber. Also ich habe keine beschäftigungsfreie Zeiten gehabt und blaugemacht, sondern ich bin tätig gewesen und habe mich qualifiziert – ich habe das Berufsleben auf verschiedenen Arbeitsplätzen kennengelernt. Und das wird als Aktivum empfunden und das im zunehmenden Maße." (ZAV-Experte B, Z. 347ff)

Für die Experten der Arbeitgeberseiten bedeutet Zeitarbeit also eine sehr gute Chance für die Beschäftigten, eine dauerhafte Anstellung in einem Entleihunternehmen zu finden. Anders als Arbeitsverwaltung und Gewerkschaften berichteten die Arbeitgebervertreter, daß ungefähr ein Drittel der Zeitarbeitskräfte schließlich von einem Entleihunternehmen übernommen würde und dort eine feste Anstellung fände. Durch die unterschiedlichen Tätigkeiten, heißt es wiederholt, könnten sie zahlreiche Erfahrungen sammeln und ihre Kompetenzen erweitern – ein positiver Aspekt der Zeitarbeit für die Beschäftigten, insbesondere für die Berufsanfänger unter ihnen. Die Zeitarbeitunternehmen trügen eben das Risiko, daß qualifizierte Arbeitskraft in „feste" Beschäftigung wechselt, bevor sich die eigenen Transaktionskosten amortisiert haben, und daß sie auf diese Weise die Entleiher subventionieren.

„Man muß sich vorstellen – Zeitarbeit in Vermittlungsabsicht ist das Gegenteil von dem was Zeitarbeit eigentlich will. Denn Zeitarbeit will eigentlich den Leistungsstärksten am längsten verleihen, um den höchsten Ertrag zu erwirtschaften. Das ist Zeitarbeit." (ZAU-Experte D, Z. 68ff)

Einen Ausweg aus diesem Dilemma bietet sich den Unternehmen in der Möglichkeit, auch als private Arbeitsvermittler tätig zu werden und entsprechende Lizenzen zu erwerben.[1] Vor allem bei einer schnellen Übernahme in den Entleihbetrieb eröffne sich den Verleihunternehmen die Chance, durch Vermittlungsprämien ihre Kosten zu refinanzieren: Das wäre eine dreifache (allseitige) *win*-Situation. Tatsächlich übernehmen denn auch immer mehr Firmen diese Rolle am Markt.

3.3 Die Arbeitnehmerseite – aus der Perspektive der Gewerkschaften

In den Forderungen der arbeitgebernahen Institutionen der Mesoebene an die Gewerkschaften, sich Zeitarbeit gegenüber offen zu verhalten, spiegelt sich die Differenz zwischen den beteiligten intermediären Institutionen der Interessentransmission deutlich wieder. Die Gewerkschaften als die einzige „Lobby" der Zeitarbeiter stehen dem Phänomern des Mehrwerts aus der Vermittlung der Arbeitskraft anderer nämlich traditionell sehr reserviert gegenüber. Schließlich erwächst der Gewinn der Vermittler, so die Argumentationslinie, weitgehend aus der Minderung des für ihre Anwendung – in Arbeit – am Markt erzielbaren Preises von Arbeitskraft, aus der Minderung des erreichbaren Lohnes also. Im folgenden wird versucht, die gewerkschaftlichen Perspektiven auf Zeitarbeit nachzuzeichnen, das heißt die generelle Position, die die Gewerkschaften Zeitarbeit gegenüber

---

[1] Die rechtlich belang- und sachlich-analytisch sinnvolle Unterscheidung zwischen Arbeitskräfteüberlassung oder -verleih und Arbeitsvermittlung, die hier angesprochen ist, findet sich im Sprachgebrauch aller im Rahmen dieser Untersuchung befragten Akteure nicht wieder. Für die Auswertung der Expertengespräche und Interviews haben wir dort, wo die Semantik der Äußerungen ausreichend eindeutig war, auf eine nachträgliche sprachliche Bereinigung verzichtet. Wenn in diesem Text von Vermittlung und Vermitteln die Rede ist, so ist in der Regel – wo kein anderer Zusammenhang hergestellt wird – das Vermitteln von Erwerbslosen in Beschäftigung im Sinne von Arbeitskräfteüberlassung oder -verleih gemeint.

einnehmen, welcher Stellenwert dem Thema Kompetenzentwicklung für Zeitarbeitskräfte beziehungsweise den Weiterbildungsinteressen dieser Beschäftigtengruppe beigemessen wird, sowie ihre Erwartungen an die Regulierung dieser Beschäftigungsform.

3.3.1 Gewerkschaftliche Kritik an der Arbeitsform Zeitarbeit

Zeitarbeit wird von den Gewerkschaften traditionell als *gegen* das Normalarbeitsverhältnis gerichtete Flexibilisierung grundsätzlich abgelehnt. Der Begriff „Leiharbeit" bezeichnet dabei im gewerkschaftlichen Sprachgebrauch nicht nur den Verleih von Arbeitskräften nach den Regelungen des Arbeitnehmerüberlassungsgesetzes, sondern wird vielfach auch synonym für Fremdfirmeneinsatz und Outsourcing (der Auslagerung von Arbeit an Fremdfirmen und Tochterunternehmen) verwandt.

In der gewerkschaftlichen Diskussion über Leiharbeit wurde bislang bewußt nicht zwischen zugelassener legaler und illegaler Zeitarbeit unterschieden (vgl. *Bode u.a.* 1994, 315f). Zur Begründung weist ein Experte der Industriegewerkschaft Metall darauf hin, daß die Übergänge zwischen beiden Formen seiner Erfahrung nach fließend seien. Schließlich wendeten auch zugelassene Zeitarbeitfirmen illegale Praktiken an und verstießen gegen das Arbeitnehmerüberlassungsgesetz. Als im Herbst 1981 von der Bundesregierung beschlossen wurde, aufgrund einer mehrheitlich illegalen Praxis im Baubereich die gewerbliche Arbeitnehmerüberlassung in dieser Branche zu verbieten, begrüßten der Deutsche Gewerkschaftsbund und seine Einzelgewerkschaften diese Entscheidung einhellig. Bedauert wird, daß das Verbot auf den Baubereich beschränkt blieb. Die Gewerkschaften halten auch deswegen bis heute an ihrer prinzipiell ablehnenden Position fest.

So informierte die Gewerkschaft Öffentliche Dienste, Transport und Verkehr (ÖTV) Nordrhein-Westfalen auf einer Internetseite über Leiharbeit und zählte dabei für ihre Ablehnung folgende Argumente auf:

„Entleihbetriebe besetzen freiwerdende Dauerarbeitsplätze nicht sofort, sondern nutzen Leiharbeit, um sich einen Überblick über das Arbeitskräfteangebot zu verschaffen und geeignet erscheinende Personen zu ‚erproben'. Durch den Einsatz von Leiharbeitnehmern wird das ‚Heuern und Feuern' begünstigt. Die Reduktion der Stammbelegschaften führt dazu, daß keine innerbetriebliche Personalreserve mehr vorgehalten wird.

Durch den Leiharbeitereinsatz werden betriebliche und tarifliche Normen und Leistungen unterlaufen. Die Leiharbeitnehmer sind der Mitbestimmung der Betriebsräte der Entleihbetriebe entzogen. In den Verleihfirmen kann sich aufgrund der großen Fluktuation keine wirksame Interessenvertretung etablieren.

Die zunehmenden betrieblichen Innovationsanforderungen werden tendenziell nicht mehr durch Anpassungsleistungen der vorhandenen Belegschaften bewältigt, sondern durch Leiharbeitnehmer. Daraus resultieren Defizite in den Möglichkeiten der Personalentwicklung und innerbetrieblichen Qualifizierung" (*ÖTV* 2000).

Ihre fundamental kritische Betrachtung brachten die Gewerkschaften auch im neunten Bericht der Bundesregierung über die Erfahrung bei der Anwendung des Arbeitnehmerüberlassungsgesetzes (AÜG) vom 4. Oktober 2000 deutlich zum Ausdruck. In diesem Bericht spricht der DGB unter Zustimmung der seinerzeit noch eigenständigen Deutschen Angestelltengewerkschaft der Arbeitnehmerüberlassung jegliche sinnvolle Arbeitsmarktfunktion ab; für eine positive Entwicklung des Arbeitsmarktes sei sie weitgehend entbehrlich (*Deutscher Bundestag* 2000a, 26). Selbst die subventionierte vermittlungsorientierte Arbeitnehmerüberlassung habe sich angesichts der wenig überzeugenden Übergangsquoten (in Entleihbetriebe) nicht als effektives Instrument erwiesen. Von diesen Vermittlungsversuchen profitierten vor allem die Zeitarbeitunternehmen, die durch die Beteiligung an Arbeitsmarktaktionen zudem ihr Image aufbessern könnten.

Neben der arbeitsmarktpolitischen Ineffizienz der Institution Zeitarbeit kritisieren die Gewerkschaften zudem den Abstand zwischen dem Arbeitsentgelt einer Zeitarbeitskraft und dem eines Arbeitnehmers in vergleichbarer Berufsstellung sowie die in der Regel kurze Dauer der Zeitarbeitverhältnisse.

Diese Einschätzung der Perspektiven von Zeitarbeitskräften wird in den Erfahrungsberichten von den meisten Gewerkschaftsvertretern geteilt. Zeitarbeit sei für Beschäftigte, wenn überhaupt, dann nur zur Überbrückung von Arbeitslosigkeit eine Alternative. In Kenntnis der psycho-sozialen Folgen von Arbeitslosigkeit resümiert einer von ihnen: Bevor „die nichts tun, sollen sie diesen Weg gehen, weil der ist immer noch erfolgversprechender als wenn sie nichts tun" (G-Experte D, Z. 564ff).

Kompromißloser und skeptischer noch ist die Sicht des Experten der Industriegewerkschaft Metall, der Zeitarbeit als „Sammelbecken für unqualifizierte Beschäftigte" beschreibt und für diese Erwerbspersonen eher – als die Chance einer erfolgversprechenden Alternative zu Arbeitslosigkeit – die Gefahr sieht, durch Zeitarbeit in eine verhängnisvolle Abwärtsspirale zu geraten:

„Die waren irgendwann als Facharbeiter beschäftigt, haben eigentlich ganz gutes Geld gehabt, sind dann irgendwann durch eine Outsourcing-Maßnahme oder wie auch immer in den letzten fünfzehn Jahren arbeitslos geworden. Und haben dann auch den Weg so, sag' ich mal..., wenn man also vierzig Prozent weniger Nettoeinkommen hat, was das bedeutet. Müssense mal gut zuhören, was das wirklich alles bedeutet, wo das dann anfängt wehzutun. Also, bis hin..., die zahlen ihren

Kredit, haben aber nichts mehr zu essen. (...) Und dann geht das wirklich, die Abwärtsspirale runter. Dann kommt natürlich so ein Zeitarbeitunternehmen und sagt: ‚Achtzehn Mark die Stunde', siebenhundert oder achthundert Mark weniger als wie vorher. Dann wird der nach einem Jahr wieder arbeitslos. Dann wird das noch schlimmer. Das heißt, er hat noch weniger Geld zur Verfügung, und dann kriegen die sich auch nicht mehr ein. Das sind teilweise Wracks, seelische Wracks." (G-Experte M, Z. 768ff)

Als problematisch werden von den Gewerkschaften auch die von den Arbeitgeber-Lobbyisten positiv bewerteten Kooperationsbeziehungen zwischen Arbeitsämtern und Zeitarbeitunternehmen beurteilt. Die Arbeitsämter berücksichtigten bei der Vermittlung von Arbeitslosen nämlich nicht, ob die jeweiligen Zeitarbeitfirmen an einen Tarifvertrag gebunden seien und die tarifvertraglichen Mindestbedingungen einhalten. Dadurch mache sich die Arbeitsverwaltung zum Erfüllungsgehilfen der Verleiher.

Angesichts der unmißverständlichen Ablehnung von Zeitarbeit, die in den öffentlichen Verlautbarungen von DGB und Einzelgewerkschaften sowie in den Expertengesprächen zum Ausdruck kam, erscheint es daher als Widerspruch, wenn der DGB im selben Zeitraum einräumt, das „Schmuddelkind" Zeitarbeit werde „salonfähig" (*DGB* 2000, 1), und trotz jahrelanger Weigerung, Tarifverträge mit Zeitarbeitunternehmen abzuschließen, sich schließlich doch bereit erklärte, in Verhandlungen einzutreten. Mittlerweile sind die ersten Tarifverträge abgeschlossen.

Im Frühjahr 2001 wurde in der Presse eine modifizierte Beschlußlage der Gewerkschaften in Nordrhein-Westfalen bekannt, die als „radikale Kehrtwendung" in der Beurteilung von Zeitarbeit propagiert wurde. Der prinzipielle Widerstand gegen Zeitarbeitfirmen sei aufgegeben, sie würden der Branche von nun an helfen wollen, aus der „Schmuddelecke" herauszukommen. Das Instrument, das dabei zum Einsatz kommen sollte, ist ein vom DGB vergebenes „Gütesiegel Zeitarbeit",

„mit dem dazu beigetragen werden soll, Zeit- und Leiharbeit im Interesse der Arbeitnehmer und der seriösen Verleiher sozial verträglich zu gestalten. Das Gütesiegel Zeitarbeit soll insbesondere den Betriebsräten beziehungsweise Personalräten in den Einsatzbetrieben Orientierungshilfe bieten. Die Betriebs- und Personalräte werden über die Verleihfirmen, die das Gütesiegel tragen dürfen, informiert. Sie können gegenüber ihren Firmenleitungen auf den Einsatz von Verleihern mit dem Siegel dringen" (DGB-Landesbezirk NW 2001).

Mit diesem Instrument versuchen die Gewerkschaften, ihren Kontroll- und Gestaltungsanspruch in dem bislang nicht von ihnen durchdrungenen Beschäftigungssegment Zeitarbeit zu sichern. Die Anforderungen, die das Gütesiegel an die Zeitarbeitunternehmen stellt, sind hoch; Betriebe, die das Gütesiegel erwerben wollen, müssen folgende acht Kriterien erfüllen:

1. *„Tarifverträge:* Naturgemäß erhalten nur die Betriebe ein DGB-Siegel, die ihre Arbeitsbedingungen tarifvertraglich geregelt haben. Hierzu haben ver.di und IGM in Nordrhein-Westfalen eine Tarifgemeinschaft gegründet.
2. Weiterbildung: Die Verleihfirmen haben ihren Leiharbeitskräften Weiterbildungsmöglichkeiten anzubieten, um die Einsatz- und Vermittlungschancen sowie die Verdienstmöglichkeiten zu erhöhen.
3. *Betriebs-/Personalräte:* Verleiher haben die Einrichtung und die Existenz eines Betriebsrates beziehungsweise Personalrates aktiv zu befördern.
4. *Übergänge befördern:* Die Firmen haben die Übergänge der Leiharbeitskräfte in reguläre Beschäftigungen zu befördern und nicht zu behindern (wie beispielsweise durch sog. Kopfprämien).
5. *Brücke in den regulären Arbeitsmarkt:* Der Anteil zuvor Arbeitsloser muß bei mindestens 50 % liegen, um diesen Personen mit Hilfe von Leiharbeit eine Zugangs- und Rückkehrchance in reguläre Betriebe zu eröffnen.
6. *Problemgruppen des Arbeitsmarktes:* Mindestens 20 % der Beschäftigten müssen den sog. Problemgruppen des Arbeitsmarktes angehören.
7. *Frauenförderung:* Die Verleihfirma hat, soweit sie in Betriebe mit nennenswertem Frauenanteil verleiht, einen Frauenförderplan aufzustellen.
8. *Nachweis der Einhaltung von Gesetzen:* Es ist traurig, aber wahr: angesichts von 1.150 Ermittlungsverfahren gegen illegale Praktiken von unseriösen Verleihfirmen mit rd. 8,4 Mio. DM an Bußgeldern ist es natürlich wichtig für die DGB-Gewerkschaften, das Gütesiegel nur an diejenigen zu verleihen, die sich keine Verstöße gegen das Arbeitnehmerüberlassungsgesetz zu Schulden haben kommen lassen." (DGB, Pressestelle NW, PM 044/01)

Motiviert in erster Linie durch die guten Erfahrungen, die man mit START gemacht hat, geht man jetzt dazu über, Zeitarbeit unter Tarifvertrag und Gütesiegel zu akzeptieren:

„START Zeitarbeit hat bewiesen, daß tarifierte Zeitarbeit für Arbeitslose einsetzbar ist, um ihnen Qualifizierungselemente und eine Integrationsbrücke in reguläre Beschäftigung anzubieten. Tarife machen wir dazu aber nicht nur bei START Zeitarbeit, sondern auch bei anderen Großen des Marktes." (ÖTV NW II in ver.di)

„Früher haben wir versucht, Zeitarbeit zu verhindern. Jetzt machen wir Tarifverträge für die Zeitarbeitnehmer, die zu 70 % in den Betrieben der Metall- und Elektroindustrie arbeiten. Dumpinglöhne müssen ein Ende haben" (Pressemitteilung des DGB-Landesbezirks Nordrhein-Westfalen).

„Mit dem Gütesiegel sorgen wir für eine ganz neue Transparenz in dieser Branche. Wer Arbeitsmarktintegration, Mitsprache von Betriebsräten, Weiterbildung, Frauenförderung, Tarifverträge und Gesetze beachtet, hat gute Chancen, unser Gütesiegel zu erhalten. Unser Motto für die Zukunft: ,Wenn schon Leiharbeit – dann nur mit Gütesiegel'" (DGB-Landesbezirk NW)

Sowohl der Anforderungskatalog, der zur Erlangung des Gütesiegels erfüllt werden muß, als auch die Aussagen der Gewerkschaftsvertreter lassen den kolportierten „radikalen Kurswechsel" in der Haltung der Gewerkschaften zu Zeitarbeit in einem anderen Licht erscheinen. Aus der

Argumentation der Gewerkschaftsvertreter spricht vielmehr, daß sie sich angesichts der faktischen Zunahme von Zeitarbeit mehr oder weniger gezwungen sehen, tarifvertragliche Mindeststandards durchzusetzen. Es geht um die eigenen Mitglieder, die bei Zeitarbeitfirmen zu schlechteren Konditionen arbeiten müssen. Die Motivation, einen Beitrag zur Regulierung von Zeitarbeit zu leisten, scheint insgesamt eher defensiv geprägt zu sein. Der Regulierungsvorschlag dient in erster Linie der „Schadensbegrenzung"; an der distanzierten Haltung dieser Beschäftigungsform gegenüber ändert das nichts. Diesen Eindruck bestätigen auch die Experten:

„Wenn ich ganz ehrlich bin, ich hätte das (die Zeitarbeit) morgen am liebsten weg, aber wir haben das ja nicht, und deswegen sage ich auch immer, man muß was dran tun daß die wirklich zumindest in den Arbeitsbedingungen für die Menschen eingefangen werden, und das geht meines Erachtens nur über Tarifverträge" (G-Experte M, Z. 341ff).

Während sich in der Vergangenheit alle gewerkschaftlichen Handlungsanweisungen zum Thema Leiharbeit auf den Entleihbetrieb bezogen und sich auf die Frage richteten, wie der Betriebsrat dort verhindern kann, daß Leiharbeit eingesetzt wird (*Kock* 1990, 109), gibt das Gütesiegel dem Betriebsrat heute ein Instrument zur Differenzierung in einerseits nicht akzeptable und andererseits unter gegebenen Bedingungen akzeptable Zeitarbeitunternehmen, deren Beauftragung sie zustimmen können, an die Hand. Den Verleihern wird damit deutlich signalisiert, unter welchen Bedingungen sie mit der Akzeptanz der Gewerkschaften und der Belegschaftsvertretungen in den Entleihunternehmen rechnen können. Es bleibt abzuwarten, ob sie sich mittelfristig von dem Gütesiegel einen komparativen Vorteil gegenüber ihren Mitbewerbern versprechen und sich aufgrund dessen auszeichnen lassen. Die durch die Einlösung der Gütekriterien entstehenden Mehrkosten könnten sich schließlich durch die Vergrößerung des Marktanteils beziehungsweise durch eine mit gestiegener Qualität begründete Preiserhöhung amortisieren (*Bode u.a.* 1994, 308).[1]

De facto hatten sich im ersten Quartal seit seiner Einführung nur fünf Unternehmen mit dem Gütesiegel auszeichnen lassen. Vier weitere Bewerbungen für das Gütesiegel lagen nach Auskunft der zuständigen Bearbeiterin zum Zeitpunkt der Expertengespräche beim DGB vor; die Bewerberlage war also noch recht überschaubar. Man ging seinerzeit noch davon aus, daß die Nachfrage weiter zunehmen und das Gütesiegel bei den Zeitarbeitfirmen auf ein beachtiches Interesse stoßen werde.

---

[1] *Bode u.a.* bezeichnen derlei Bestrebungen von Zeitarbeitunternehmen als „Elitestrategie", die schon Anfang der neunziger Jahre von der Schutzgemeinschaft Zeitarbeit durch die Vergabe eines Gütesiegels, des „Schutzzeichens Zeitarbeit", forciert wurde.

3.3.2 Kompetenzentwicklung in Zeitarbeit

Dem Weiterbildungsbedarf prekär Beschäftigter wurde von gewerkschaftlicher Seite der Vordringlichkeit unmittelbar existentieller Subsistenzsicherung wegen bislang kaum Aufmerksamkeit geschenkt. So stieß die Frage nach Weiterbildungschancen und Möglichkeiten der Kompetenzentwicklung für Beschäftigte in Zeitarbeit auch bei den Gewerkschaftsexperten zunächst auf Verwunderung:

„Was tut die IG Metall in bezug auf Qualifizierung? Die kann natürlich eigentlich einen Mix machen, zu qualifizieren. Wir können beim Gesetzgeber irgendwelche Sachen einbeziehen, wir können mit den Firmen..., mit den Zeitarbeitsfirmen können wir Vorschläge machen, nur da sind wir im Moment noch ein..., spinnefeind mit" (G-Experte M, Z. 407ff).

Der Gewährsmann des Dachverbandes betont, Weiterbildung zähle nach wie vor nicht zu den Selbstverständlichkeiten des betrieblichen Alltags. Es sei jedenfalls nicht zu erwarten, daß Qualifizierung in Zeitarbeit von Ent- und Verleihfirmen selbst als vordringliche Aufgabe angesehen würde. Dabei wird in der Presseerklärung des DGB deutlich,daß die Gewerkschaften bei ihrer Initiative die auch in Unternehmen und Arbeitsverwaltung dominierende Defizitperspektive übernehmen.

„Leiharbeitskräfte haben oft Qualifikationsdefizite. Daher verlangt das gewerkschaftliche Gütesiegel, daß die Zeitarbeitsfirmen gezielt Weiterbildungsmöglichkeiten anbieten, um die Einsatz- und Vermittlungschancen der Leiharbeitskräfte zu erhöhen." (*DGB* 2001, 2)

Das gewerkschaftliche Anspruchsniveau bleibt also recht bescheiden. Die Zielvorstellung, die Beschäftigten unterhalb des Niveaus zertifizierter Abschlüsse so zu qualifizieren, daß ihnen ein reibungsloser Übergang in den Entleihbetrieb möglich wird, sie einen besseren Verdienst realisieren können und möglichst in eine Festanstellung übergehen, orientiert sich weiterhin am kurzfristigen, SGB-III-konformen Primat der Beschäftigung und erst sekundär beziehungsweise auf sehr abstrakter Argumentationsebene an dem Interesse ihrer Klientel, der Zeitarbeiter, an beruflicher Entwicklung und *langfristiger* Absicherung ihrer Arbeitskraft. In Betracht gezogen werden eher pragmatische Kurzzeitmaßnahmen (Gabelstapler-Führerschein, EDV-Anwenderschulungen, Schweißer-Pässe etc.), die in enger Abstimmung mit dem jeweiligen Entleihunternehmen im Vorfeld oder auch ergänzend innerhalb des Entleihzeitraums durchgeführt werden sollen. Angesichts der Arbeitsmarktsituation wird damit zwar den aktuellen Erfordernissen Rechnung getragen; die notwendigen längerfristigen Pro gramme der Arbeitskraftabsicherung drohen dabei aber, notgedrungen, aus dem Blickfeld zu geraten.

Die Erfahrungen von START Zeitarbeit, über die in den Gesprächen oft berichtet wurde, zeigen, daß die Weiterbildungsanbieter für diese Praxis nicht die erforderliche organisatorisch-curriculare Flexibilität mitbringen. Vor allem aber erfordern betriebswirtschaftliche Kalküle eine Mindestverweildauer von Teilnehmern in den Einrichtungen, damit Maßnahmen kostendeckend durchgeführt werden können. Realisiert werden konnten deshalb selbst solche Kurzzeitmaßnahmen bislang nur unter den Bedingungen eines öffentlich geförderten Pilotprojekts, die im Regelbetrieb nicht ohne Weiteres aufrechtzuerhalten sein dürften.

Trotz der erkennbaren Schwierigkeiten, die bei der Umsetzung von Qualifizierungskonzepten für Zeitarbeitskräfte wie bei START beobachtet werden, wird von den Gewerkschaftsvertretern diese Praxis als vorbildlich angesehen. Darüber hinausweisende Gestaltungsansprüche an Weiterbildung und Kompetenzentwicklung in und für Zeitarbeit werden nicht konkret geltend gemacht. Statt dessen wird die Zuständigkeit für die Qualifizierung von Zeitarbeitskräften in erster Linie den Zeitarbeitunternehmen zugeschrieben. Viel zu lange sei es den kommerziellen Verleihern gelungen, sich am Markt mit gut qualifizierten Beschäftigten einzudecken, ohne daß sie sich selber für die Weiterbildung ihrer Beschäftigten engagiert hätten.

Sind die Gewerkschaften einerseits noch weit davon entfernt, in den Bedingungen der Kompetenzentwicklung von Zeitarbeitern eine vordringliche Gestaltungsaufgabe zu sehen, so stellt andererseits die Entlohnung traditionsgemäß einen zentralen Ansatzpunkt gewerkschaftlicher Interessenvertretung für Beschäftigte in Zeitarbeit dar.

„Ja, das (Weiterqualifizierung) ist der eine Punkt. Aber der andere Punkt, der uns noch viel wichtiger erscheint, ist, daß wir die Forderung haben oder die Zielvorstellung haben, daß die Leiharbeitskräfte nach dem gleichen System entlohnt werden, wie es im Einsatzbetrieb zur Anwendung kommt. (...) unsere Zielvorstellung und Leitvorstellung ist, dahin zu kommen – gleicher Lohn für gleiche Arbeit" (G-Experte D, Z. 199ff)

Als Beweis der Durchsetzbarkeit dieser Forderung dient dann wieder die START Zeitarbeit Nordrhein-Westfalen GmbH – als Vorbild im Hinblick auf die Einhaltung tariflicher Mindeststandards und Meßlatte für gewerkschaftlich akzeptierte Zeitarbeit. Im DGB ist man davon überzeugt, daß die Tarifverträge zwischen der ÖTV und Randstad nach dem Zusammenschluß von Randstad und Time Power sowie zwischen der IG Metall und START Flexarbeit nur aufgrund der positiven Erfahrungen mit START in Nordrhein-Westfalen zustande gekommen sind.

3.3.3 Regulierungsbedarf im Interesse der Zeitarbeiter

In einem Interview mit der gewerkschaftlichen *Mitbestimmung* erklärt *Jeremy Rifkin* (2001), Gewerkschaften täten zukünftig gut daran, sich bei der Mitgliederrekrutierung auf Zeitarbeitfirmen zu konzentrieren beziehungsweise dort zu beginnen. Aufgrund der Intensivierung unternehmensübergreifender Zusammenarbeit von Unternehmen in der Folge von Outsourcing und Insourcing (dem Leasen von Dienstleistungen oder Arbeitskräften) würden neben anderen Beschäftigungsorganisationen Zeitarbeitfirmen entscheidend an Bedeutung gewinnen. *Rifkin* rät den Gewerkschaften, mit Zeitarbeit offensiv umzugehen. Tarifverträge seien das eine, eine gesetzliche Abfederung dieser Beschäftigungsformen das andere Erfordernis. Dann gebe es beides: abrufbare und vertraglich gesicherte Beschäftigte.

Die von *Rifkin* entworfene Vorstellung, Belegschaften komplett aus den Unternehmen in externe Beschäftigtenpools auszulagern, die dann von Zeitarbeitunternehmen organisiert werden, ist weniger weit von der Realität entfernt, als es auf den ersten Blick scheinen mag. Seit Jahrzehnten gibt es in den deutschen Häfen Arbeitskräftepools in Form der Gesamthafenbetriebe; seit geraumer Zeit wird diskutiert, inwieweit dieses Modell auch auf andere Branchen übertragen werden kann (*Weinkopf* 1996, 115ff). Die Hüls AG experimentiert bereits mit einer unternehmenseigenen Zeitarbeitagentur, in die Beschäftigte einmünden, die aufgrund von Personalabbaumaßnahmen ihren alten Arbeitsplatz verlassen müssen. Die Betroffenen erhalten befristete oder auch unbefristete Arbeitsverträge und werden flexibel an betrieblichen Engpaßstellen eingesetzt. Seitdem die Agentur eine Erlaubnis zur Arbeitnehmerüberlassung erworben hat, werden diese Beschäftigten inzwischen auch außerhalb des Konzerns verliehen.

Eine strategische Ausrichtung gewerkschaftlicher Positionen an Argumentationslinien wie die *Rifkins* ist kaum erkennbar. Handlungsbedarf sieht man statt dessen in erster Linie im Hinblick auf das Arbeitnehmerüberlassungsgesetz geboten. Nach Auffassung des DGB hätte eine Reform folgende – mittlerweile im Zuge der Reregulierungen des Hartz-Prozesses teilweise in ihr Gegenteil verkehrte – Eckpunkte zu beachten:

– „Wiederherstellung des uneingeschränkten Synchronisationsverbots sowie des Befristungsverbots;
– Wiederherstellung der ursprünglich festgelegten Überlassungshöchstdauer von drei Monaten;
– Anordnung der Geltung des Kündigungsschutzes in Verleihfirmen ohne eine Wartefrist;
– Entzug der Verleiherlaubnis gegenüber Unternehmen mit einer langfristig überzogenen Personalfluktuation;

- Entzug der Verleiherlaubnis, wenn ein Jahr nach Eintritt der Betriebsratsfähigkeit kein Betriebsrat gebildet ist;
- Betriebsverfassungsrechtliche und tarifvertragliche Gleichbehandlung von Leiharbeitnehmern gegenüber Arbeitnehmern des entleihenden Betriebs;
- Geltung des Gültigkeitsprinzips im Verhältnis kollektivrechtlicher Regeln aus dem Entleiher- und Verleiherbetrieb." (*Deutscher Bundestag* 2000a).

Chancen für Kompetenzentwicklung werden offenbar derart gering eingeschätzt, daß das sonst den Gewerkschaften so wichtige Thema im Falle der Leiharbeit auch bei der Definition von Handlungsbedarf kaum eine Rolle zu spielen scheint. Leitthema bleibt die Sicherung eines Minimums an Regulierung der Vertrags- und Arbeitsbedinungen der Zeitarbeitskräfte. Im Wissen darum, wie schwer es wird, die Forderungen im Detail umzusetzen, plädiert ein Experte der Gewerkschaften für eine grundsätzliche Verständigung mit relevanten Arbeitsmarktakteuren über sozialverträgliche, tarifvertraglich und gesetzlich abgesicherte Mindeststandards:

„Und dann haben wir natürlich, was die gesamte Flexibilisierung von Arbeitsverhältnissen betrifft, die Forderung an den Gesetzgeber so etwas ähnliches wie in Holland zu machen, die Flexibilität nämlich abzusichern. Ich persönlich gehe davon aus daß es immer mehr flexibilisierte Arbeitsverhältnisse geben wird, weil die globalisierte Wirtschaft das nachfragt. (...) wichtig ist dann aus meiner Sicht, wenn man von Arbeitnehmern verlangt, daß sie flexibel sind, wichtig ist dann erst einmal, daß sie sozial abgesichert sind. Das gilt für Teilzeit, das gilt für befristete Beschäftigungsverhältnisse, und das gilt für Leiharbeit" (G-Experte D, Z. 571ff).

3.4 Die vierte Seite des Dreiecks: Die Arbeitsverwaltung

3.4.1 Die Funktion von Zeitarbeit aus der Perspektive der Arbeitsverwalter

Zeitarbeit bedeutet der Arbeitsverwaltung unter den Imperativen der aktuellen Arbeitsförderungspolitik eine doppelte Entlastung bei der Verfolgung der Eingliederungsziele. Die Vermittlung von Arbeitsuchenden oder Arbeitslosen in Zeitarbeitunternehmen schlägt sich nämlich zum einen in den Eingliederungsbilanzen in gleicher Weise auf der Habenseite nieder wie die Vermittlung in eine unbefristete Vollzeitstelle des ersten Arbeitsmarkts. Dabei wird zum anderen die Bearbeitung des sogenannten *matching*-Problems, der Paßgenauigkeit von Arbeitsanforderungen und -vermögen, zumindest teilweise von den Arbeitsämtern auf die Zeitarbeitunternehmen verlagert. Diesen fällt dann die Aufgabe zu, die Feinabstimmung zwischen Anforderungsprofil des Arbeitsplatzes im Entleihunternehmen und Kompetenzprofil der zu vermittelnden Arbeitskraft vorzunehmen. Sofern die Vermittlung nicht bereits auf einen konkreten Arbeitsplatz in einem Entleihunternehmen ausgerichtet ist, sind die Vermittlungskriterien, die das Arbeitsamt gegenüber dem Zeitarbeitunternehmen zu berücksichtigen hat, eher grob und formal auf den Arbeitskräftepool des Zeitarbeitunternehmens bezogen.

„... und das ist dann also, daß wir viele Angebote haben von Zeitarbeitunternehmen die eben..., die natürlich Sachen nach allen Qualifikationen suchen: im gewerblichen, im kaufmännischen Bereich, und da sich unheimlich viele Chancen auftun für Bewerber. Und daß man das denen entsprechend auch vorstellt so ein Stellenangebot, mehrere Stellenangebote mitgibt und dann versucht, eben über diese Schiene erst einmal ein Arbeitsverhältnis zustandezubringen." (AV-Experte H, Z. 160ff)

Bemerkenswert ist, daß in der Beurteilung der Arbeitsvermittler trotz des Vermittlungsprimats noch immer eine Vorstellung von der Hierarchie der Stellenangebote wirksam ist:

„Und sicherlich gibt es immer noch, sag' ich mal, ich denke auch zu Recht, so eine Priorität im Kopf, daß man wenn es denn möglich ist, vermittelt in eine unbefristete Dauerarbeitsstelle nach einem Arbeitgeber, der eben..., eben zu einem ganz normalen Arbeitgeber." (Z. 154ff)

Mit Zeitarbeit, auch gewerblicher, wurde daher in den Gesprächen, wenngleich unterschiedlich pointiert, wiederholt die Erwartung verbunden, daß sich die Zeitarbeitskräfte in den Entleihunternehmen beweisen und sogenannte Klebeeffekte realisieren können. Die Distinktheit, mit der diese Hoffnung dem genuinen Geschäftszweck der Zeitarbeitunternehmen – und damit in aller Regel ihrer Praxis – gegenübersteht, läßt solche Aussagen wie Entschuldigungen des aus den Zwängen des Arbeitsmarkts erwachsenen affirmativen Verhältnisses gegenüber Zeitarbeit erscheinen.

Wird die Kooperation mit der Arbeitsverwaltung von den Zeitarbeitunternehmen begrüßt und als vorteilhaft eingeschätzt, weil sie durch die Unterstützung der subventionierten Zeitarbeit einen Imagegewinn erzielen können, und wird sie von den Gewerkschaften mit äußerster Reserve beobachtet, so versteht sie sich auch von seiten der Arbeitsverwalter vor Ort nach wie vor nicht von selbst. Auch wenn der Zeitarbeitsbranche ihr schlechter Ruf nicht mehr so massiv wie noch vor einem halben Dutzend Jahren anhafte, so ein Experte aus dem Landesarbeitsamt Nordrhein-Westfalen, seien auch heute noch längst nicht alle Vorbehalte ihr gegenüber ausgeräumt. Dies wurde von allen Gesprächspartnern in Arbeitsämtern auf Bezirks- und Landesebene bestätigt. Zudem trete die Arbeitsverwaltung den Zeitarbeitunternehmen immer noch als Erlaubnis- und Überwachungsbehörde gegenüber, was ein unbefangenes Aufeinander-Zugehen nicht gerade erleichtere. Nicht zu unterschätzen sei auch, daß es nach wie vor Mitarbeiter in den Arbeitsämtern gebe, die Zeitarbeitunternehmen als Konkurrenten fürchten. Diese Sichtweise weiche jedoch zunehmend einer Kooperationsbereitschaft.

„Es ist ja auch so, daß man auch Verständnis haben muß für die Mitarbeiter, denn, ich sag' rein von innen heraus, es ist so eine Art Konkurrenzreaktion. Also da ist jetzt jemand neues am Markt, die wollen es besser machen als wir, aber inzwischen sind viele Arbeitsämter (...) die sogar auch eigene Projektteams eingerichtet haben. Zum Beispiel das Arbeitsamt F., die sich also primär um das Thema Zeitarbeit kümmern. Da haben die Zeitarbeitsfirmen die Möglichkeit sich täglich vorzustellen, im BIZ. Es gibt in jedem Arbeits..., in nahezu jedem Arbeitsamt Börsen, das sind Zeitarbeitsbörsen, die nicht nur einmal im Jahr..., teilweise mehrfach... – Also es tut sich hier in den Arbeitsämtern sehr viel, dieses Konkurrenzdenken ist im Grunde genommen kaum noch vorhanden, damit ziehen wir eigentlich alle an einem Strang. Wir wollen den Arbeitslosen in den Arbeitsmarkt integrieren. Da hat der Arbeitslose was davon die Zeitarbeitsfirmen haben was davon und wir haben letztendlich auch was davon, und letztendlich dann der Steuerzahler oder Beitragszahler der ja weniger zahlen muß." (AV-Experte H, Z. 110ff)

Zurückzuführen ist die Kooperationsbereitschaft auf Impulse, die die Arbeitspolitik des mittlerweile in das „Bundesministerium für Wirtschaft und Arbeit" integrierten Bundesministeriums für Arbeit und Soziales spätestens seit September 2000 setzt. Die Arbeitsverwaltung ist seither mit zunehmender Dringlichkeit gehalten, bei der Bekämpfung der Arbeitslosigkeit die Möglichkeiten der Arbeitnehmerüberlassung zu nutzen (*Deutscher Bundestag* 2000b, 2). Aus diesem Grund hatten die Bundesanstalt für Arbeit und der BZA ein Grundsatzpapier für die Zusammenarbeit erstellt, das dann in Form eines Runderlasses „Grundsätze für die Zusammenarbeit zwischen Arbeitsämtern und Verleihern (Zeitarbeitunternehmen)" an alle Arbeitsämter in der Bundesrepublik ergangen ist. Intention dieses Runderlasses war die Intensivierung der Kooperation zwischen Arbeitsämtern und Zeitarbeitunternehmen, insbesondere in bezug auf die Integration der sogenannten Problemgruppen des Arbeitsmarktes. In der Präambel des Runderlasses heißt es:

„Die Integration von Arbeitsuchenden in den Arbeitsmarkt wird auch durch eine Kooperation der Arbeitsämter mit allen am Arbeitsmarktgeschehen Beteiligten, also auch mit Verleihern, unterstützt. Im Rahmen dieser Zusammenarbeit sind die gegenseitigen Interessen abzustimmen und gemeinsam weiterzuentwickeln." (*Bundesanstalt für Arbeit* 2000)

Zeitarbeitunternehmen seien wie alle anderen Arbeitgeber zu behandeln. Die Arbeitsämter sollten im Rahmen ihrer Öffentlichkeitsarbeit auf die positiven Aspekte der Zeitarbeit hinweisen. Darüber hinaus wurden regelmäßige Arbeitsmarktgespräche und Jobbörsen für Verleiher in den Räumlichkeiten der Arbeitsämter empfohlen, außerdem Mindeststandards vereinbart, denen ein angebotener Arbeitsplatz zukünftig entsprechen muß; dazu zählt unter anderem eine Mindestvergütung in Höhe des bei Verleihfirmen ortsüblichen Lohnes statt des gültigen Tariflohnes. Damit sollte gewährleistet sein, daß Zeitarbeitskräfte im weitgehend tariffreien Bereich der Arbeitnehmerüberlassung wenigstens in Arbeitsverhältnisse mit ortsüblicher Mindestvergütung vermittelt werden.

Für die Arbeitsamtsexperten steht außer Frage, daß im Sinne der vom SGB III ausgehenden Forderung, die eigene Beschäftigungsfähigkeit eigenverantwortlich zu erhalten, Zeitarbeit eine Option ist, drohende oder bereits eingetretene Arbeitslosigkeit abzuwenden. Wenn Arbeitslose bereit seien, übergangsweise für ein Zeitarbeitunternehmen zu arbeiten, dann gehe davon eine Signalwirkung aus. Schließlich stelle der Arbeitslose damit unter Beweis, daß er wirklich arbeiten wolle. Als Zeitarbeitskraft zu arbeiten, mache sich erwerbsbiographisch gesehen besser, als Phasen von Arbeitslosigkeit hinzunehmen.

Werden die Chancen, über Zeitarbeit in ein reguläres Arbeitsverhältnis zu gelangen, für besser qualifizierte Arbeitsuchende – bei in der Regel unter ihrem Qualifikationsniveau liegendem Arbeitseinsatz – als recht gut eingeschätzt, sehen die Arbeitsamtsvertreter für Erwerbspersonen ohne Berufsausbildung kaum Möglichkeiten der Vermittlung in Beschäftigung. Im Landesarbeitsamtsbezirk Nordrhein-Westfalen, wo der Anteil nicht formal Qualifizierter fünfzig Prozent betrage, stelle dieser Umstand für Zeitarbeitunternehmen und Arbeitsverwaltung eine große Herausforderung dar. Im Dienstleistungsbereich sei eine abgeschlossene Berufausbildung zwar nicht zwingend nötig, mehr komme es darauf an, daß Schlüsselqualifikationen wie Kommunikationsfähigkeit, Leistungsbereitschaft und Teamfähigkeit vorhanden seien. Da die nicht formal Qualifizierten allerdings gerade hier nicht den Anforderungen entsprächen, sei es schwer, sie zu vermitteln.

Daß Zeitarbeit keine langfristige erwerbsbiographische Perspektive bietet, sondern für die Arbeitskräfte eher eine Passage darstellt, war Konsens unter den Experten. Anfangs sei sie meist eine Notlösung, die sich dann aber als gute Übergangslösung erweisen könne.

„Die Perspektive dieser Arbeitskräfte, die bei Zeitarbeitsfirmen arbeiten? Ja, also es gibt ja, oder man liest ja oft Werbeaussagen, so in S-Bahnen, von Zeitarbeitsfirmen, die Personen abbilden, meistens sind es jüngere Personen, die dann gesagt haben soll: Ich will den Wechsel, ich will Menschen kennenlernen und und und... Und so meine Erfahrungen eigentlich, so auch die Erfahrungen der Kollegen wenn sie sich denn mit Mitarbeitern von Zeitarbeitunternehmen unterhalten, trifft das eigentlich nicht zu. Da geht es in erster Linie darum wieder einen Job zu finden. Es kommt auch weniger darauf an viele andere Betriebe kennenzulernen, was ja durch Zeitarbeit sicherlich schon gegeben ist. Das ist ja der Sache immanent. Das weniger, oftmals ist es so, daß Mitarbeiter die bei Zeitarbeitsfirmen arbeiten wollen, ich sag' jetzt nicht: müssen, sondern wollen, oftmals auch nur unregelmäßig arbeiten *können*. Und das alles läßt sich bei Zeitarbeitsfirmen mehr realisieren und verwirklichen als bei einem normalen Arbeitgeber." (AV-Experte H, Z. 1006ff)

Zeitarbeitunternehmen würden nicht als „normale Arbeitgeber" angesehen. Jedoch seien sie für bestimmte Erwerbspersonen attraktiv, die als Zeitarbeitskraft arbeiten wollten oder müßten, da sich diese vor allem im Zeitbudget wechselvollen Formen der Erwerbsarbeit eher mit den Arrangements ihres privaten Lebens in Einklang bringen lassen.

3.4.2 Kompetenzentwicklung in Zeitarbeit

In den Äußerungen der Vertreter der Arbeitsverwaltung wird wiederholt die Bedeutung der Kopplung von Zeitarbeit und Weiterbildungsmaßnahmen im Rahmen subventionierter Arbeitnehmerüberlassung hervorgehoben:

„Im Rahmen unserer Projekte jetzt, die wir durchführen, da haben wir einmal die Initiative für Beschäftigung, und dann haben wir die vermittlungsorientierten Arbeitnehmerüberlassungen, und da legen wir doch Wert auf Qualifizierung. Das heißt, nehmen wir mal die Initiative für Beschäftigung als erstes Projekt, hier ist eine mindestens zweiwöchige Trainingsmaßnahme vorgeschaltet, in der wir den Arbeitslosen auf die Tätigkeit bei der Zeitarbeit vorbereiten. Das heißt insbesondere Motivationstraining. Dann haben wir verschiedene Blocktrainings, in denen die Zeitarbeitsfirmen sich vorstellen können, ihre Anforderungen darstellen, das darstellen, was sie den Arbeitslosen auch bieten können und gleichzeitig dann akquirieren. Das Projekt läuft in Kooperation mit den Zeitarbeitunternehmen, einem Bildungsträger und den verschiedenen Arbeitsämtern hier im (...)-Gebiet recht gut. Das heißt, die Leute, die hier aus dieser Qualif... Trainingsmaßnahme kommen, wissen, was der Markt bietet, die wissen, daß Zeitarbeit nicht irgendwas ist, was man nicht angreifen darf, sind entsprechend motiviert, sind aber teilweise schon auf gewisse Schlüsselqualifikationen vorbereitet worden, soziale Kompetenz et cetera, was sehr wichtig ist, gerade bei Personen, die längere Zeit arbeitslos sind" (AV-Experte H, Z. 547ff).

So verstandene Weiterbildung findet in unterschiedlichen Phasen statt: sowohl vor dem Eintritt in ein Beschäftigungsverhältnis bei einer Zeitarbeitsfirma als auch in verleihfreien Zeiten während eines Zeitarbeitsverhältnisses. Die Maßnahmen erfüllen unterschiedliche Funktionen. Die vorgeschalteten Trainingsmaßnahmen dienen überwiegend der Information Arbeitsloser über Zeitarbeit, der Motivation zu Zeitarbeit und vor allem der „Schulung" der von dem zitierten Experten etwas euphemistisch „Schlüsselqualifikationen" beziehungsweise „soziale Kompetenzen" genannten rituellen Verhaltensstandards. Dazu zählen im wesentlichen die klassischen Tugenden des „heimlichen Lehrplans" wie Pünktlichkeit, Verläßlichkeit und dergleichen. Deren Bedeutung für die Einstellung in ein Beschäftigungsverhältnis wird von den Experten als außerordentlich hoch eingeschätzt.

Die Vorschaltmaßnahmen sollen Vorbehalte der Arbeitslosen gegenüber Zeitarbeit abbauen; dazu erhalten Verleiher die Gelegenheit, sich im Rahmen dieser Veranstaltungen vorzustellen. Die fehlende Akzeptanz auf seiten der Arbeitsuchenden wird von den Arbeitsamtsexperten als besonders hinderlich bei der Umsetzung vermittlungsorientierter Arbeitnehmerüberlassung wahrgenommen. Sie räumen ein, solche Vorbehalte seien nach wie vor nicht unbegründet, da Zeitarbeit schlechter entlohnt werde und mit unsicheren Arbeitsbedingungen einhergehe. Sie sehen aber insbesondere für Langzeitarbeitslose bei der Suche nach Beschäftigungsmöglichkeiten kaum eine Alternative:

„Wir haben aber ja auch gelernt oder lernen das hier gerade, daß Zeitarbeit eben auch besonders interessant ist, für besondere Zielgruppen an diesem Arbeitsmarkt, also ich sag' jetzt mal für Langzeitarbeitslose und die schon länger aus der Beschäftigung heraus sind, und bei denen führt diese..., ist halt der Strauß der Stellenangebote eben nicht so oder nicht mehr so, auch wenn es jetzt wirtschaftlich besser wird, daß man die große Wahl hat oder die große Chance hat sich aus Hunderten von Stellenangeboten, etwas rauszusuchen, und da ist eben gerade dann das Angebot in einer Zeitarbeitsfirma zu arbeiten schon eine gute Hilfe, kann es sein, um in die Beschäftigung zu kommen" (AV-Experte H, Z. 316ff).

Sollten Arbeitslose das anders sehen und ein Stellenangebot bei einem Zeitarbeitunternehmen ablehnen, können diese letztendlich unter Androhung von Sperrzeiten und Anspruchsverlusten vom Gegenteil „überzeugt" werden – eine Vorgehensweise, die als Variante des „Forderns" mittlerweile zum Standardrepertoire gehört.

Nach dem Einritt in ein Arbeitsverhältnis bei einem Zeitarbeitunternehmen sollen Qualifizierungsmaßnahmen dann in verleihfreien Zeiten stattfinden. Dazu wieder der zuvor zitierte Experte:

„Ja. Also es ist so, daß bei diesem Projekt vermittlungsorientierte Arbeitnehmerüberlassung, die wir in jedem Arbeitsamtsbezirk in Hessen eingeführt haben, wir sehr viel Wert darauf legen daß die verleihfreie Zeit durch den Träger der das durchführt, genutzt wird um den Arbeitslosen zu schulen. Das heißt wenn er gewisse Grundkompetenzen schon hat, die man am Anfang schult, also da ist auch eine Trainingsmaßnahme vorgeschaltet, schaut man dann: Wo ist er primär eingesetzt? Ist er im Bereich Büro also Office eingesetzt, dann kriegt er eine entsprechende Schulung das heißt: Was fehlt ihm noch? Fehlt ihm jetzt noch Excel oder Powerpoint oder irgendwas? Oder ist er im gewerblichen Bereich eingesetzt? Braucht er da meinetwegen einen Gefahrgut-Schein? Ist schnell gemacht über den TÜV. Oder braucht er einen Gabelstapler-Schein? Das ist ganz ganz wichtig heute, wenn man im Lagerbereich tätig ist und hat einen Gabelstapler-Schein. Das macht eine Mark fünfzig brutto garantiert aus. Und das ist Geld für einen Arbeitslosen, und er ist auch dann entsprechend weiterqualifiziert, wenn er mal nicht mehr bei der Zeitarbeit beschäftigt ist, aber kann dann sagen: ‚Ich habe auch den Gabelstapler-Schein gemacht‘ oder, ‚Ich bin LKW-Fahrer‘, ‚Ich habe in der Zeit meinen Gefahrgut-Schein gemacht: Wie sieht es denn aus?‘“ (AV-Experte H, Z. 593ff)

Die Qualifizierung in den verleihfreien Zeiten zielt in erster Linie darauf, den einst Arbeitslosen auf die Anforderungen im Entleihunternehmen vorzubereiten. Die Maßnahmen stellen auf Lern- und Qualifikationsdefizite ab. Referenzpunkte dabei sind – und dies ist ein zentraler Zielaspekt – nicht das je individuelle „Qualifikationsportfolio“ oder persönliche berufliche Entwicklungsziele, sondern selektiv potentielle oder zufällige Anforderungen in künftigen Leihunternehmen. Dabei handelt es sich allein um tätigkeitsbezogene Qualifikationen. Die Defizitorientierung in der Bedarfsermittlung erfolgt nach Meinung des Experten nur zum Besten des Arbeitslosen, denn je mehr er an Qualifikationen erwerbe, desto höher steige sein Marktwert und desto mehr Geld könne er verdienen.

Wird die Koppelung von Zeitarbeit mit Qualifizierungsmaßnahmen prinzipiell als wichtiges Instrument gesehen, so ist sie nach Auffassung vieler Arbeitsamtsexperten in der Praxis kaum umsetzbar. Verleihfreie Zeiten für Qualifizierungsmaßnahmen zu nutzen, scheitere zum Großteil an mangelnder Flexibilität von Bildungsträgern. Maßnahmen müßten modulartig organisiert sein, und es müsse gewährleistet sein, daß ein kurzfristiger Ein- und Ausstieg möglich ist. Darüber hinaus ziele der Verleih von Arbeitskräften darauf, diese möglichst lückenlos zu verleihen, so daß im Idealfall keine verleihfreien Zeiten entstehen, die für Qualifizierungsmaßnahmen genutzt werden könnten.

Vor diesem Hintergrund relativiert sich die faktische Bedeutung von Qualifizierungsmaßnahmen im Rahmen vermittlungsorientierter Arbeitnehmerüberlassung erheblich. Dies war auch die Erfahrung im Kooperationsprojekt „Integration von Langzeitarbeitslosen und Arbeitslosen durch vermittlungsorientierte Arbeitnehmerüberlassung“ in Köln (im Verbund von Arbeitsamt Köln, Randstad Deutschland GmbH und DEKRA Arbeit GmbH):

„Bisher ist mir noch keine bekannt, also bisher spielt sie noch keine Rolle, die Qualifizierung. Also daß bestimmte Qualifizierungselemente eingebaut werden für die Leute die eingestellt sind und in der verleihfreien Zeit qualifiziert werden, also da ist noch nichts Konkretes da. Also das muß dann einzelfallbezogen gemacht werden. (...) Daß bestimmte Module besucht werden können, dazu ist es bis jetzt noch nicht gekommen. Weil, das Problem bei Qualifizierungen während der Zeitarbeit, das ist ein generelles Problem das sind mal vierzehn Tage, mal drei Wochen, im Extremfall mal eine längere Zeit und dafür paßgenau, Qualifizierungsmöglichkeiten dann auch zu haben." (AV-Experte K, Z. 281ff)

Die Aussage, daß in bezug auf das Qualifizierungsangebot in verleihfreien Zeiten für Projektteilnehmer „noch nichts Konkretes da" sei, deutet darauf hin, daß ein solches Angebot von seiten der Arbeitsverwaltung auch nicht ausdrücklich eingefordert wird. Die argumentative Rückzugslinie der Arbeitsamtsvertreter lautet hier, Qualifizierung sei im Rahmen von Zeitarbeit ein „generelles Problem". Die Lösung dieses generellen Problems wird als vordringliche Aufgabe der Arbeitsverwaltung nicht erkennbar.

Dennoch wird an der Wirksamkeit und Tragfähigkeit von Zeitarbeit als Brücke in den Arbeitsmarkt und als Instrument zur Stabilisierung von Beschäftigungsfähigkeit kaum gezweifelt. Der Vorteil einer Vermittlung durch Zeitarbeit wird schließlich darin gesehen, daß Arbeitslose direkt mit konkreten Arbeitsabläufen konfrontiert und im betrieblichen Arbeitsprozeß gefordert werden. Diese Realsituation im Betrieb biete dem einzelnen Arbeitslosen mehr Chancen, seinen individuellen Weiterbildungsbedarf zu erkennen.

„Jemand wird nach drei Monaten in einem Leiharbeitsverhältnis wahrscheinlich am besten wissen woran es ihm fehlt, mehr als jemand der sozusagen von außen durch ein Assessmentverfahren geht, wo vielleicht so eine Defizitanalyse gemacht worden ist. Insofern erfüllt Zeitarbeit schon eine offensichtliche Filterfunktion zum Beispiel zur Ermittlung von Qualifizierungsbedarf, und insofern sehe ich da schon eine gewisse besondere Verknüpfung." (AV-Experte N, Z. 251ff)

Bei dieser Einschätzung ergeben sich Zweifel, daß die Zielgruppe, die mit Hilfe von Zeitarbeit in Erwerbsarbeit eingegliedert werden soll, zutreffend eingeschätzt wird. Von Langzeitarbeitslosen und anderen Personen, die lange nicht in Arbeitsprozesse eingebunden waren, ist kaum zu erwarten, daß sie einen unverstellten Blick auf ihre lebens- und erwerbsbiographisch erworbenen Kompetenzen und Fähigkeiten haben, geschweige denn, daß sie an diese ohne Weiteres anknüpfen können.[1] Auch wenn der Arbeitslose während eines Einsatzes erkennen würde, welche Kenntnisse, Fähigkeiten und Kompetenzen ihm fehlen, würde er nach Aussagen dieser Arbeitsamtsvertreter nicht dabei unterstützt, sie zu erwerben, da Qualifi-

---

[1] Vgl. hierzu die EU-weite Debatte über die *tacit skills*; s.z.B. *Hendrich* 2005.

zierung in verleihfreien Zeiten nicht stattfindet beziehungsweise nicht stattfinden kann.

Zusammenfassend läßt sich bis hierhin festhalten, daß von seiten der Arbeitsverwaltung die Koppelung von Zeitarbeit und Qualifizierungsmaßnahmen prinzipiell als wichtig angesehen wird. Im Rahmen von finanziell geförderten Maßnahmen wird auf die tatsächliche Umsetzung jedoch nicht besonders eingewirkt. Bei der Förderung von vermittlungsorientierter Arbeitnehmerüberlassung wird in Kauf genommen, daß Qualifizierungsmaßnahmen zugunsten der Vermeidung von verleihfreien Zeiten nachrangig behandelt werden. Zudem sind keine Anstrengungen wahrnehmbar, an der Entwicklung auch nur kurzfristiger Bereitstellung von Qualifizierungsmaßnahmen für Zeitarbeitskräfte zu arbeiten. Das vorrangige, mittlerweile im Zuge der Reregulierung des Arbeitsmarktes im Prinzip einzige Ziel ist die Vermittlung in Beschäftigung, nicht aber die Erhöhung oder Aktualisierung des Qualifikationsniveaus der Zeitarbeitskräfte – und damit: seiner Nachhatigkeit. Die Zuständigkeit für Erhaltung und Erweiterung ihrer Kompetenzen wird an die Erwerbspersonen zurückverwiesen.

3.4.3 Handlungsbedarf aus Sicht der Arbeitsverwaltung

Trotz der Überzeugung, daß Zeitarbeit ein effektives Vermittlungsinstrument ist, sehen die befragten Experten in vielerlei Hinsicht Handlungsbedarf. Dabei werden Weiterbildung und Kompetenzentwicklung arbeitsmarkt- oder bildungspolitisch allerdings kaum reflektiert. Handlungsbedarf wird hier lediglich im Hinblick auf die Finanzierung von Qualifizierungsmaßnahmen im Rahmen der subventionierten Zeitarbeit gesehen. Problematisch sei, daß Arbeitslose, sobald sie in einem Arbeitsverhältnis bei einem Zeitarbeitunternehmen stehen, mit dem Arbeitslosenstatus ihren Anspruch auf Förderung von Qualifizierungsmaßnahmen nach SGB III verlieren. Hier bedürfe es einer Regelung, die den Arbeitslosen auch im Rahmen subventionierter Zeitarbeit seinen Anspruch auf Förderung zusichert.

Handlungsbedarf wird von seiten der Arbeitsverwaltung insbesondere im Hinblick auf die Kooperation zwischen Arbeitsämtern und Zeitarbeitunternehmen im Vermittlungsprozeß reklamiert. Dabei komme es immer wieder zu Irritationen, da von Zeitarbeitunternehmen gemeldete offene Stellen oft nicht eindeutig zugeordnet werden könnten. Es sei nicht erkennbar, ob die offene Stelle beim Zeitarbeitunternehmen besetzt werden soll oder ob das Zeitarbeitunternehmen für einen Kunden (ein Entleihunternehmen) Personal rekrutiert. In der Vermittlungspraxis hat das zur Konsequenz, daß dem Arbeitsuchenden nicht eindeutig mitgeteilt werden könne, ob es sich bei der angebotenen Stelle um einen Arbeitsplatz in einem Zeitarbeitunternehmen handelt. Unklarheit bestehe infolgedessen auch im Hinblick auf die Anzahl der tatsächlich offenen Stellen. Wenn ein Entleihunternehmen die offene Stelle beim Arbeitsamt melde, gleichzeitig aber auch ein Zeitarbeitunternehmen einschalte, das sich seinerseits ebenfalls an das Arbeitsamt wendet, würden dem Arbeitsamt zwei offene Stellen signalisiert, obwohl faktisch nur eine Stelle zu besetzen ist.

Die Zusammenarbeit zwischen Arbeitsämtern und Zeitarbeitunternehmen könne des weiteren entscheidend verbessert werden, wenn die Zeitarbeitsbranche ähnlich wie andere Branchen stärker verbandsartig organisiert wäre. Zwar gebe es den BZA; aber dieser reiche als Ansprechpartner nicht aus, wenn es um die kurzfristige Besetzung offener Stellen oder die Umsetzung von Projekten gehe. Besser wäre es, wenn es Regionalvertretungen gäbe, die in engem Kontakt zu den Zeitarbeitunternehmen stehen. Zu diesen Vertretungen könnten dann Kontakte aufgebaut werden, an die immer wieder angeknüpft werden kann. Auf diesem Wege ließen sich auch die gegenseitigen Interessen besser abstimmen.

Weniger Handlungsbedarf wird im Hinblick auf die Regulierung von Zeitarbeit gesehen. Überwiegend waren die Experten der Arbeitsverwaltung der Meinung, daß das Arbeitnehmerüberlassungsgesetz als Regelwerk vollkommen ausreiche und Verschärfungen nicht notwendig seien, weil die Branche in den letzten Jahren sehr an sich gearbeitet habe. Es würden immer mehr Tarifverträge abgeschlossen, und die Bemühungen um bessere Arbeitsbedingungen hätten zugenommen. Vor diesem Hintergrund konnte sich ein Experte sogar vorstellen, daß das AÜG bald gar nicht mehr notwendig sei. Mit dieser Meinung steht er im Kreis der befragten Experten allerdings alleine da.

3.5 Intermediäre Interesseninterpretation und -vertretung in der Politik der Zeitarbeit

Zeitarbeit hat sich ihrer Lobby zufolge einen festen Platz auf den Arbeitsmärkten erkämpft – gegen alle alten „Vorurteile" der gewerbsmäßigen Arbeitnehmerüberlassung gegenüber. Ihre gesamtwirtschaftlich wichtigste Funktion sieht sie in der bedarfsorientierten Flexibilbisierung betrieblicher Personalplanung. Den Zeitarbeitern andererseits eröffnen sich demzufolge Spielräume individueller Lebensgestaltung beziehungsweise größere Chancen der (Re-)Integration ins Erwerbsleben vor allem deshalb, weil die Betriebe sich nicht dem Risiko mehr oder weniger blinder Personalauswahl ausgesetzt sehen; sie könnten so im Gegenteil zeitlich befristet eingesetztes Personal kostengünstig testen. Bis zu einem gewissen Grad sind diese beiden Ziele aber, bleibt festzuhalten, nicht miteinander kompatibel: Wesentlich an Flexibilisierung interessierte Betriebe werden sich nicht ohne Not von ihr verabschieden wollen; der Übergang in unbefristete Beschäftigung dürfte deshalb die Ausnahme bleiben.

Bei der Beurteilung von Zeitarbeit finden sich ein Vierteljahrhundert nach der vom Bundesarbeitsministerium initiierten ISO-Studie zum Phänomen der geschäftsmäßigen Ausleihe von Arbeitskräften einige Gemeinsamkeiten bei den Vertretern der beteiligten Institutionen. Zu den bemerkenswertesten zählt sicherlich die weitgehende Übereinstimmung bei der Einschätzung des Branchen-Images, das sich erheblich verbessert habe. Das muß nun nicht heißen, daß alle Zeitarbeitunternehmen, wohl aber zumindest die großen, zum Teil international aufgestellten Firmen und so mancher mittelständische Betrieb dem Trend zu seriöser Praxis folgen. Daß die Lobbyisten der Arbeitgeber diese Sichtweise vertreten, kann man noch als selbstverständliches *pro domo* verstehen; schließlich kann im Zweifelsfall kein Interessenverband durchgehen lassen, daß seine Mitgliedsinstitutionen „Sklaventreiber" genannt werden. Doch scheint auch im Gewerkschaftslager ein Einschwenken auf das Postulat eines verbesserten Images im Gang zu sein.

Eine weitere, auf den ersten Blick vielleicht irritierende Gemeinsamkeit scheint in der Einschätzung des durchschnittlichen Leiharbeiters aus dem Helferbereich durch. Auch Gewerkschaftsvertreter hängen hier einem Bild nach, das sowohl deren Qualifikationen als auch die dispositiven Attitüden als defizitär ausweist. Dabei bringt jener Gewerkschafter, der in seiner Argumentation auf die Folgen von Arbeitslosigkeit verweist – und Arbeitslosigkeit haben die meisten Zeitarbeiter schon erfahren –, durchaus gewichtige Argumente ein. Die schon relativ schnell eintretenden Probleme mit der Zeitstruktur des Alltags sind seit den Anfängen empirischer Forschung zu den sozio-psychischen Folgen von Arbeitslosigkeit bekannt und von erheblicher Bedeutung für die sogenannte Beschäftigungsfähigkeit. Gerade deshalb sollten aber, bleibt anzumerken, diese interindividuell gültigen Wahrscheinlichkeiten des Alltagshandelns nicht dazu verleiten, die Wirkung (die Destabilisierung der Persönlichkeit) mit ihrer Ursache (alltäglicher Freisetzung) zu verwechseln, wie dies bei allen befragten Lobbyisten-Experten zu geschehen scheint. Die im fünften Kapitel präsentierten Erfahrungen der Leiharbeiter werden zeigen, wie nahe das vorherrschende Bild vom durchschnittlichen Zeitarbeiter der Realität kommt – oder wie weit es von ihr entfernt ist.

Weit voneinander entfernt sind die Meinungen der Experten von Arbeitgebern und Gewerkschaften auch hinsichtlich der – als sehr gering eingeschätzten – Chancen von Kompetenzentwicklung in Zeitarbeit nicht – wenn auch aus unterschiedlichen, wenn man so will: diametralen Gründen. Verweisen nämlich die einen auf betriebswirtschaftliche Zwänge, auf die Notwendigkeiten der Flexibilisierung ihres Personalstocks, die den *just-in-time*-Einsatz schon paßgenau qualifizierten Personals erfordert und Qualifizierungskosten auf absolut unvermeidliche Einarbeitungen zu reduzieren geradezu gebietet, so argumentieren die anderen mit dem unbedingten Primat der Beschäftigung, demzufolge es darum geht, vor allem Langzeitarbeitslose überhaupt erst einmal von der Straße zu holen, weil irgendeine Arbeit immer noch besser sei als die beste Qualifizierung, wenn sie nicht zu Erwerbsarbeit führt.

So kommt es auf Arbeitgeberseite schließlich zum Bild des idealen Zeitarbeiters, der alles selbst regelt. Extrem flexibel „vor allem im Kopf", permanent in der Lage, sich neuen Situationen produktiv problemlösungsorientiert zu stellen, ähnelt er vom Berufsbild her eher dem hochqualifizierten und -dotierten Hybridarbeiter – in einem, wie alle Experten als selbstverständlich bestätigen, längst existierenden Niedriglohnsektor. Im dominierenden Helferbereich eine Chimäre, mag das allenfalls auf ein kleines, exklusives Segment Hochqualifizierter zutreffen, die denn auch vorwiegend aus den sogenannten Mischbetrieben stammen dürften, die eigenes Personal nutzen und es bei überhängigen Kapazitäten auch verleihen.

Wesentliche Differenzen zeigen sich aber hinsichtlich des für erforderlich gehaltenen Handlungsbedarfs im Erwerbsarbeitssegment der Leiharbeit. Die von der auf Expansion eingestellten Arbeitgeberseite eingebrachten Forderungen sind im Zuge des „Hartz"-Prozesses weitgehend verwirklicht worden. Und auch der Appell an die Gewerkschaften, sich um der Option tarifvertraglicher Regelungen willen mit dem „Schmuddelkind" von ehedem zu arrangieren, ist, wie deren Äußerungen belegen, nicht ungehört verhallt – obwohl sie die Grenzen von legaler Leiharbeit zu wirtschaftskriminellem Handeln (etwa im Bausektor) nach wie vor als fließend ansehen und die Nachhaltigkeit des Beschäftigungseffekts von Leiharbeit nach wie vor als gering, wenn nicht gar am Ende negativ einschätzen. Die gewerkschaftlichen Vorstellungen zur Regulierung haben sich im wesentlichen, bis auf einige arbeitsrechtliche Verbesserungen wie das dem Grundsatz des *equal pay* entsprechende Lohndiskriminierungsverbot beziehungsweise von Arbeitgeberseite selbst konzedierte tarifvertragliche Festlegungen nicht realisieren lassen.

Die Experten der Arbeitsverwaltung schließlich sehen, vom Abbau von technisch-kommunikativen Friktionen im Vermittlungsprozeß abgesehen, keinen Handlungsbedarf. Die Branche, herrscht der Eindruck vor, habe sich selbst reguliert.

4. Die Türöffner: Nachfrage und Angebot bei Entleihern und Verleihern

4.1 Die Nachfrage der Entleiher

Die Entleiher von Arbeitskraft bilden im Interessendreieck der Arbeitnehmerüberlassung den Ausgangspunkt. Ohne ihren Bedarf an zeitweisem, aber eben immer auch nur vorübergehendem Ausgleich von Personalengpässen, der offenbar über den freien Arbeitsmarkt zumindest ad hoc nicht beziehungsweise nur zu zu hohen Kosten geleistet werden kann, gäbe es das Phänomen Zeitarbeit nicht.

Für die seit vergleichsweise langer Zeit ohne gesicherte empirische Basis diskutierte arbeitsmarktpolitische Option einer dauerhaften Integration von Zeitarbeitnehmern in ein stabiles Beschäftigungsverhältnis beim Entleihbetrieb könnte sich als Problem erweisen, daß die Entleiher kein manifestes Motiv sehen, in die Weiterbildung von Zeitarbeitskräften zu investieren. Sie zahlen, darf man annehmen, den Zeitarbeitunternehmen die vergleichsweise hohen Mietkosten immerhin gerade auch, um Transaktionskosten, wie sie für die Qualifizierung zusätzlicher Arbeitskräfte oder auch ihrer eigenen Randbelegschaften anfallen würden, zu sparen.

Im Mittelpunkt der Befragung der Entleihfirmen standen deshalb Fragen zu den Bedarfen an Qualifikationen und Kompetenzen und zu den Einsatzfeldern der in Zeitarbeit Beschäftigten sowie schließlich, welche Vorstellungen im Hinblick auf möglicherweise notwendige Weiterbildungen vorherrschen. Nach einem kurzen Überblick über die Gesamtsituation werden wir die Darstellung in diesem Kapitel auf Nordrhein-Westfalen als der gemeinsamen Basis der Erhebungen in den Betrieben von Entleihern und Verleihern konzentrieren.

4.1.1 Entwicklung und Schwerpunkte des Einsatzes von Zeitarbeit

Nur gut zehn Prozent aller Betriebe in der Bundesrepublik setzen Zeitarbeitskräfte ein; neun von zehn Betrieben machen also keinen Gebrauch von der Möglichkeit, Arbeitnehmer auszuleihen.[1] Gesamtwirtschaftlich gesehen kommt der strategischen Nutzung von Zeitarbeit damit nach wie vor eine eher randständige Bedeutung zu.

Die Expansionsrate der Arbeitskräfte entleihenden Betriebe ist dennoch beachtlich: Im Verlauf der letzten zwei Jahrzehnte hat sich der Kreis der legal am Markt operierenden Zeitarbeitunternehmen immerhin vervierfacht:[2] Belief sich die Zahl der Entliehenen 1981 nach den Erhebungen der Bundesanstalt für Arbeit (1982, 25) im alten Bundesgebiet auf nahezu 45.000, so lag sie der ISO-Betriebsbefragung zufolge zwanzig Jahre später schon bei zirka 186.000.

Sechs von sieben Entleihern (86 %) haben ihren Sitz in den alten Ländern. Regionale Schwerpunkte der Nutzung von Zeitarbeit haben sich vor allem in den industriellen Ballungsgebieten und Großstädten herausgebildet (vgl. *Deutscher Bundestag* 2000a, 11); insbesondere in Nordrhein-Westfalen, das unter den Bundesländern, wie es seinem relativen Gewicht im Bund entspricht, die Spitzenposition einnimmt: Mehr als ein Viertel aller Entleihbetriebe finden sich hier. Mit beträchtlichem Abstand zu Nordrhein-Westfalen folgen Bayern (18 %; Konzentrationen z.B. im Großraum München) und Hessen (11 %; vor allem im Rhein-Main-Gebiet).

Weit mehr als die Hälfte (59 %) der Betriebe, die in Nordrhein-Westfalen Zeitarbeitskräfte einsetzen, entfallen auf das Produzierende Gewerbe[3] (Tabelle 1). Dieses Resultat ist um so bemerkenswerter, als die Verteilung der Betriebe auf die beiden großen Wirtschaftssektoren in Nordrhein-Westfalen dem gar nicht entspricht; nur 27 Prozent zählen hier zum Produzierenden Gewerbe. Obwohl also der Dienstleistungssektor mit 73 Prozent der im Sample erfaßten Betriebe zur Wirtschaftsleistung des Landes beiträgt, spielt er bei den Entleihbetrieben eher eine nachgeordnete Rolle.

Der Repräsentationsindex veranschaulicht die Konzentration auf den sekundären Sektor noch deutlicher: In einem Verhältnis von mehr als 2:1 ist das Produzierende Gewerbe gegenüber seinem Soll-Wert (der Entsprechung des Anteils seiner an allen Entleihbetrieben – 59 % – und des Anteils seiner an allen Betrieben von Produktion und Dienstleistung – 27 %; Spalte 2 : Spalte 1) um 116 Prozent überrepräsentiert; die Dienstleistungen sind demgegenüber mit einem Verhältnis von nur wenig mehr als 1:2 um 43 Prozent unterrepräsentiert.

---

[1] Soweit nicht anders indiziert, entstammen die in diesem Kapitel referierten Daten der Betriebsbefragung des ISO zu „Arbeits- und Betriebszeitmanagement 2001" (*Bauer u.a.* 2002). Vgl. auch *Bolder u.a.* 2003.

[2] Zur damaligen Situation vgl. *Broicher u.a.* 1980 sowie *Frerichs u.a.* 1981.

[3] Landwirtschaftliche Produktionsbetriebe eingeschlossen, entspricht dies in Nordrhein-Westfalen in etwa primärem und sekundärem Sektor.

Tabelle 1: Zeitarbeit in den großen Wirtschaftsbereichen Nordrhein-Westfalens (in Prozent)

	Alle Betriebe	Entleih-betriebe	Anteil der Entleiher an allen Betrieben	Repräsen-tations-index
	(1)	(2)	(3)	(4)
Produzierendes Gewerbe	27	59	30	2,16
Dienst-leistungen	73	41	8	0,57
Zusammen	100	100	13	1,00

Das besondere Gewicht des Produzierenden Gewerbes belegt auch – in einem Wechsel der Perspektive – die sektorenbezogene Intensität der Nutzung von Zeitarbeit. In Nordrhein-Westfalen nutzt nahezu jeder dritte Betrieb (30 %) des Produzierenden Gewerbes die Möglichkeit, variierendem Personalbedarf über den Einsatz von Zeitarbeitskräften flexibel nachzukommen.[1] Entschieden geringer ist dagegen (mit 8 %) der Anteil der Zeitarbeit einsetzenden Betriebe des Dienstleistungsbereichs (Spalte 3 der Tabelle 1).

Der hohe Anteil an Entleihbetrieben im Produzierenden Gewerbe ist vor allem auf eine überraschend extensive Zeitarbeitnutzung durch Betriebe des Bausektors zurückzuführen (*Bolder u.a.* 2003, 54f). Mehr als die Hälfte (55 %) der Betriebe des Baugewerbes in Nordrhein-Westfalen macht – eigenen Angaben zufolge – von diesem Instrument der Beschäftigungsflexibilisierung Gebrauch – was um so bemerkenswerter ist als 1982 der Arbeitskräfteverleih in dieser Branche völlig untersagt wurde.[2] Nicht auszuschließen ist, daß in diesen Zahlen die nach wie vor existierende Praxis illegaler Beschäftigung von Zeitarbeitern im Baugewerbe zum Ausdruck kommt.

Die Struktur der Entleihbetriebe wird von Kleinbetrieben dominiert: Vier von fünf Entleihern in Nordrhein-Westfalen (82 %) beschäftigten im

---

[1] Flexibilisierungsstrategien dieser Art finden sich damit im Produzierenden Gewerbe in Nordrhein-Westfalen fast doppelt so häufig wie in den alten Bundesländern insgesamt (17 %).

[2] Ausnahmen vom Verbot galten lediglich für die nicht-gewerbsmäßige Arbeitnehmerüberlassung sowie in den Fällen, in denen Verleiher und Entleiher demselben Rahmen- und Sozialkassentarif des Baugewerbes unterliegen und Arbeitnehmer unmittelbar zwischen diesen Betrieben verliehen werden.

Beobachtungszeitraum weniger als zwanzig Arbeitnehmer (Tab. 2). Das war zu erwarten; immerhin fallen neunzig Prozent aller nordrhein-westfälischen Produktions- und Dienstleistungsbetriebe in diese Kategorie. Damit entspricht die Nutzung dennoch nicht ganz der relativen Bedeutung der Kleinbetriebe im Land, wie der Repräsentationsindex verdeutlicht. Anders verhält es sich bei allen drei übrigen Größenklassen: Dort wird die Möglichkeit, Arbeitskräfte zu mieten, überproportional häufig genutzt; der Anteil an mittleren und großen Betrieben liegt deutlich (bis zu 400 %) über ihren landesdurchschnittlichen Anteilswerten.

Tabelle 2: Betriebsgrößen und Intensität der Nutzung von Zeitarbeit in nordrhein-westfalischen Entleihbetrieben (in Prozent)

Be-schäftigte	Alle Betriebe	Entleih-betriebe	Re-präsen-tations-index	Anteil der Entleiher an allen Betrieben (Betriebs-bezogene Nutzungs-intensität)	Anteil der Zeitarbeiter an allen Beschäftigten in Entleihbe-trieben (Beschäfti-gungsbezoge-ne Nutzungs-intensität)
	(1)	(2)	(3)	(4)	(5)
1-19	90	82	0,91	12	19
20-199	9	14	1,64	21	9
200-499	1	2	3,29	45	5
500 und mehr	0	2	5,00	67	4
Insgesamt	100	100	1,00	13*	17*

Tabelle 2 weist in den Spalten 4 und 5 die unterschiedliche Intensität der Nutzung von Zeitarbeitskräften in den einzelnen Betriebsgrößenklassen aus. Sie steigt – und dies eben auch relativ – von Größenklasse zu Größenklasse recht steil an (Sp. 4). Während von den Kleinbetrieben in Nordrhein-Westfalen nur jeder achte (12 %) und von den kleineren Mittelbetrieben nur jeder fünfte (21 %) überhaupt auf Zeitarbeit zurückgreift, nutzt bald jeder zweite größere Mittelbetrieb das betriebsexterne Arbeitskraftangebot. In den Großbetrieben mit über 500 Arbeitnehmern, von denen zwei Drittel auch Zeitarbeiter beschäftigen, gehört diese Praxis fast schon zum Alltagsgeschehen. Festgehalten werden kann also, daß sich die

Wahrscheinlichkeit der Nutzung von Zeitarbeit durch Entleihunternehmen mit zunehmender Betriebsgröße erhöht.

Dennoch *sinkt* das *relative* Gewicht der Zeitarbeiter im Betrieb mit steigender Beschäftigtenzahl (Betriebsgröße) deutlich (Sp. 5). Diese im Grunde erwartbare Gegenläufigkeit des relativen Gewichts mag schließlich einer der Beweggründe sein, deretwegen kleinere Betriebe um so eher zögern, Zeitarbeitskräfte zu beschäftigen, je geringer die Zahl ihrer Arbeitskräfte insgesamt ist. Beschäftigt nämlich ein Kleinbetrieb mit beispielsweise zehn Festangestellten drei Zeitarbeiter, dann beträgt der Anteil der geliehenen Arbeitskräfte an der Gesamtbeschäftigung dieses Betriebs schon fast ein Drittel; ihr relatives Gewicht zeitigt für die Betriebsstrukturen und -abläufe ganz andere Konsequenzen als bei größeren Betrieben. Die Flexibilisierungselastizität steigt eben, wie erwartbar und wie diese Zahlen deutlich ausweisen, mit der Betriebsgröße.

4.1.2 Die Qualifikationsbedarfe der Entleiher

Weit mehr als die Hälfte (58 %) der Zeitarbeit nutzenden Betriebe in Nordrhein-Westfalen setzen Zeitarbeiter vornehmlich für einfache Tätigkeiten ein.[1] Der Einsatz angemieteter Arbeitskräfte erfolgt also in erster Linie für Tätigkeiten, die wenig Spielraum für selbständiges und eigenverantwortliches Arbeiten lassen, nach detaillierten Maßgaben zu verrichten sind und gleichzeitig keine aufwendigen Einarbeitungsmaßnahmen erfordern. Die Dominanz einfacher Tätigkeiten verweist darauf, daß das Qualifikationsniveau genutzter Zeitarbeit kein allzu weites Spektrum aufweist und insgesamt gesehen eher als gering einzuschätzen ist.

Die Bilanzen der Entwicklung der Qualifikationsnachfrage, die die nordrhein-westfälischen Zeitarbeitunternehmen aufstellen, lassen eine Entwicklung erkennen, die an Deutlichkeit kaum etwas zu wünschen übrig läßt. Während sich etwa mit je vierzig Prozent die Einschätzungen, die Nachfrage für Arbeiten auf niedrigem Qualifikationsniveau („einfache Tätigkeiten, Hilfsarbeiten") habe in den letzten Jahren zu- beziehungsweise abgenommen, ein Nullsummenspiel ergibt, man also von einer in etwa gleichbleibenden Nachfrage auf diesem Qualifikationsniveau ausgehen könnte, geben zirka drei von vier der nordrhein-westfälischen Zeitarbeitunternehmen an, die Nachfrage nach Arbeitskräften für akademische und Facharbeitsplätze habe zugenommen (80 % „qualifizierte" resp. 70 % „hochqualifizierte Tätigkeiten": Tab. 3). Nur etwa jedes fünfte (19 bzw. 22 %) berichtet von einer abflauenden Nachfrage in diesen Segmen-

---

[1] Das entspricht ziemlich genau der Situation im alten Bundesgebiet (62 %).

ten des Zeitarbeitsmarkts.[1] Aus der Sicht der Zeitarbeitunternehmen stellt sich der Markt für qualifizierte und hochqualifizierte Zeitarbeitskräfte damit als außerordentlich resorptionsfähig dar.

Tabelle 3: Einschätzung der Qualifikationsnachfrageentwicklung auf dem Zeitarbeitsmarkt durch nordrhein-westfälische Zeitarbeitunternehmen (in Prozent)

	Zuge- nommen hat ...	Gleich geblieben ist ...	Abge- nommen hat ...	Ins- gesamt
die Nachfrage nach ...				
einfachen Tätigkeiten	38	23	39	100
qualifizierten Tätigkeiten	80	1	19	100
hochqualifizierten Tätigkeiten	70	8	22	100

Die Nachfrage der Entleiher nach Qualifikationen differiert allerdings erheblich zwischen den einzelnen Wirtschaftssektoren und -branchen (Tab. 4). Ein deutlicher Trend fällt unmittelbar auf: In den eher traditionellen Bereichen des primären und sekundären Sektors (hier wieder mit Ausnahme des Bausektors), aber auch in den „personenbezogenen" Dienstleistungen richtet sich die Nachfrage mehr oder weniger ausschließlich auf das Segment der gering Qualifizierten; gefragt sind dort Zeitarbeitskräfte für die Verrichtung einfacher Tätigkeiten, das heißt von klassischen Hilfsarbeiten, die bis in die Zeiten vor der Vollbeschäftigung der endenden fünfziger und beginnenden sechziger Jahre typischerweise auch von Tagelöhnern ausgeführt wurden. Fast alle Betriebe des primären Sektors und des personenbezogenen Dienstleistungsbereichs und fast neun von zehn Betrieben im Verarbeitenden Gewerbe setzen geliehene Arbeitskräfte überwiegend zur Erledigung einfacher Tätigkeiten ein.[2]

---

[1] Dabei ist noch einzukalkulieren, daß ein manifester Nachfragerückgang im Einzelfall natürlich auch in mangelnder Marktanpassung des Zeitarbeitunternehmens begründet sein kann – also mehr über die Geschäfte des einzelnen Unternehmens als über den Trend der Nachfrage aussagt.

[2] Die Ergebnisse für den primären Sektor und die personenbezogenen Dienstleistungen müssen allerdings wegen geringer Fallzahlen mit Vorsicht behandelt werden.

Tabelle 4: Realisierte Qualifikationsnachfrage in den Branchen Nordrhein-Westfalens (in Prozent)

Einsatz von Zeit-arbeitern	Primärer Sektor	Sekun-därer Sektor		Tertiärer Sektor: Dienst-leistungen				Ins-ge-samt
		Ver-arbei-tendes Ge-werbe	Bau-gewerbe	unter-neh-mens-be-zogen	dis-tri-butiv	perso-nen-bezogen	so-zial	
überwiegend in ...								
einfachen Tätigkeiten	97	86	50	47	5	94	60	58
quali-fizierten Tätigkeiten	3	14	50	53	95	7	40	42
Insgesamt	100	100	100	100	100	100	100	100

Ein Übergewicht der Nachfrage für einfache Arbeitsplätze ergibt sich auch bei den „sozialen" Dienstleistungen, die ebenfalls eher zum traditionellen Tätigkeitsspektrum zählen. Zeitarbeiter werden hier vor allem in Betrieben des Gesundheits- und Sozialwesens eingesetzt, wo die Nachfrage nach Zeitarbeit vermutlich insbesondere im permanenten Pflegenotstand begründet ist. Das Qualifikationsniveau der dort Beschäftigten ist durch die Berufsbildreformen der letzten zwanzig, dreißig Jahre im Schnitt stark angehoben worden. Diese Entwicklung ausgeschlossen, so steht zu vermuten, fiele ceteris paribus auch hier die Nachfrage nach „einfachen" Tätigkeiten noch größer aus, als sie ohnehin schon ist.

Die Ausnahme stellt auch hier das Baugewerbe dar, das sowohl für einfache als auch für qualifizierte Tätigkeiten Zeitarbeitskräfte nachfragt. Möglicherweise sind unter den qualifizierten Zeitarbeitern viele Facharbeiter aus Bauberufen vertreten – und eher weniger Fachkräfte aus den kaufmännischen Bereichen dieser Branche, was die weiter oben geäußerte

Annahme des illegalen Verleihs im Bausektor jedenfalls nicht widerlegen würde (vgl. hierzu *Broicher u.a.* 1980, Kap. I.B).[1]

Ein komplementäres Bild vermittelt das Übergewicht der Nachfrage nach qualifizierten Zeitarbeitskräften in den in der Regel eher als Zukunftsmotoren gehandelten unternehmensbezogenen und distributiven Dienstleistungen. Am größten ist der Bedarf im Bereich distributiver Dienstleistungen. Fast alle Zeitarbeit nutzenden Betriebe dieser Branche geben an, daß sie auch angemietetes Personal in qualifizierten Tätigkeiten einsetzen. Im Bereich unternehmensbezogener Dienstleistungen fragt immerhin über die Hälfte der Zeitarbeit nutzenden Betriebe qualifizierte Arbeitskräfte nach. Der höchste Anteil entfällt dabei auf die „reinen Dienstleister" wie Rechts- und Unternehmensberater, Werbeagenturen sowie Betriebe des Grundstücks- und Wohnungswesens, deren Bedarf sich hauptsächlich auf kaufmännisch geschultes Fachpersonal konzentrieren dürfte (ohne Tabelle). Der dennoch bei 47 Prozent liegende Anteil jener Betriebe der unternehmensbezogenen Dienstleistungen, die Zeitarbeiter überwiegend für einfache Tätigkeiten anfordern, dürfte vornehmlich Bürohilfskräfte, Reinigungs- oder Dienst- und Wachpersonal nachfragen.[2]

So kann festgehalten werden, daß in den Branchen, in denen Zeitarbeit am stärksten verbreitet ist, das Niveau nachgefragter Qualifikationen überwiegend gering ausfällt. Das trifft dann natürlich grundsätzlich auch für die Betriebsgrößenklassen zu. Dennoch ist auf einige strukturelle Differenzen hinzuweisen.

In Nordrhein-Westfalen betraut je die Hälfte der Betriebe mittlerer Größe (mit 20 bis 499 Arbeitern, Angestellten und Auszubildenden) ihre Zeitarbeitskräfte überwiegend mit einfachen beziehungsweise qualifizierteren Tätigkeiten. Drei von fünf der Kleinbetriebe und der Großbetriebe mit 500 und mehr Beschäftigten setzen Zeitarbeitskräfte vorzugsweise auf gering qualifizierten Arbeitsplätzen ein (Tab. 5). Während in Klein- und Großbetrieben Zeitarbeiter also eher zur Erledigung klassischer Hilfstätigkeiten eingesetzt werden dürften, die keiner sonderlichen Einarbeitungen bedürfen und vermutlich der Bewältigung von Auftragsspitzen dienen, und überwiegend quantitativer Substitutionsbedarf abgedeckt wird, dient

---

[1] Das entspricht exakt der Situation im ganzen alten Bundesgebiet (alte Länder: 51 % einfache zu 49% qualifizierten Tätigkeiten), das Phänomen stellt also keineswegs eine nordrhein-westfälische Besonderheit dar.

[2] Im Kredit- und Versicherungsgewerbe nutzt lediglich ein halbes Prozent der Betriebe das Personal der Zeitarbeitunternehmen; sie spielen damit bei der Nachfrage qualifizierter Zeitarbeit keine Rolle. Denkbar ist, daß hier Sicherheitsfragen zum Tragen kommen, die in der Sicht dieser Betriebe bei den Kernbelegschaften besser aufgehoben sind als bei schnell wechselndem Personal. Nicht zuletzt dürften aber die in dieser Branche noch nicht abgeschlossenen Rationalisierungsprozesse für die Zurückhaltung auf dem Zeitarbeitsmarkt ausschlaggebend sein.

sie den Mittelbetrieben offenbar häufiger auch als Quelle qualitativer Substitution.

Tabelle 5: Nordrhein-westfälische Entleihunternehmen und die von ihnen nachgefragten Qualifikationen nach Betriebsgrößenklassen (in Prozent)

Einsatz von Zeitarbeitern	Beschäftigte (Betriebsgrößenklassen)				
	1-19	20-199	200-499	500 und mehr	Ins- gesamt
überwiegend in ...					
einfachen Tätigkeiten	60	48	52	59	58
qualifizierten Tätigkeiten	40	52	48	41	42
Insgesamt	100	100	100	100	100

Dies mag in vielen Fällen auf akuten Facharbeitermangel zurückzuführen sein, der über den Arbeitsmarkt nicht hinreichend flexibel ausgeglichen werden kann. Dafür spricht, daß ein großer Teil dieser Betriebe zwar keine nennenswerten Schwankungen im Arbeitsanfall zu verzeichnen hat, aber dennoch qualifizierte Zeitarbeitskräfte sucht. Offen bleibt dann auch hier immer noch, ob der gerade von mittelständischen Betrieben (mittlerer Größe) recht konstant beklagte Fachkräftemangel auf einem leergefegten (Teil-)Arbeitsmarkt beruht (der keine Bewerber aufbieten kann) oder einem *mismatch* zwischen der Qualifikationsnachfrage der Betriebe und dem -angebot auf seiten der Zeitarbeiter (Bewerber haben nicht die erforderlichen Qualifikationen) geschuldet ist. Mismatch-Erwerbslosigkeit ist jedenfalls ein nicht gering zu bewertendes Phänomen: Schwierigkeiten bei der Besetzung von freien Stellen gibt es immer wieder, obwohl die großen Erwerbslosenzahlen eher dagegen zu sprechen scheinen. Fachkräftemangel durch den Einsatz qualifizierter Zeitarbeitskräfte ein Stück weit zu kompensieren, dürfte deshalb für die Entleihbetriebe ein nicht zu unterschätzendes Motiv sein. Andererseits spricht der Trend unternehmerischer Qualifizierungspolitik eher dafür, daß Betriebe, die zur Bewältigung eines akuten Fachkräftemangels temporär Zeitarbeitskräfte beschäftigen, aus Kosten-Nutzen-Kalküls zunehmend darauf verzichten, eigene Mitarbeiter zu qualifizieren oder Ausbildungsplätze zu schaffen, und letztendlich dazu übergehen, Dauerarbeitsplätze umzuwandeln und mit geliehenem Personal zu besetzen. Die Chance der Substitution von Fachkräften durch Zeitarbeiter dürfte somit mangelnde Aus- und Weiterbildungsbildungsbereitschaft eher noch verstärken.

4.1.3 Chancen für Kompetenzentwicklung in den Entleihbetrieben

Arbeitnehmerüberlassung geschieht nach AÜG in einem geregelten Raum, der die Interessen der drei involvierten Parteien – der Entleiher, der Zeitarbeitskräfte und der Zeitarbeitunternehmen – zum Ausgleich bringen soll. Neben dem unmittelbaren Arbeitsentgelt ist es eines der wesentlichen Interessen der in Zeitarbeitsverhältnissen arbeitenden Arbeitnehmer, ihre Arbeitskraft nicht nur physisch, sondern auch qualitativ mindestens auf dem Stand zu halten, der es ihm ermöglicht, sie wieder einzubringen in ein neues, befristetes oder unbefristetes Arbeitsverhältnis.

Es geht also um den Erhalt, möglicherweise gar um die Optimierung der Kompetenz am tatsächlichen oder zukünftigen Arbeitsplatz. Dazu zählen die Anpassung von eventuell früher einmal zertifizierten Qualifikationen, die durch den technischen Wandel nicht mehr dem heute auf dem Arbeitsmarkt und in den Betrieben geforderten Stand entsprechen, ebenso wie formalisierte Nach- und Umqualifizierungen oder – und dies ist in Zeitarbeitsverhältnissen noch der am ehesten erwartbare Fall – Erfahrungslernen im Prozeß der Arbeit.

Wie sind nun die Chancen der Kompetenzentwicklung von Zeitarbeitskräften vor dem Hintergrund der quantitativen und qualitativen Nachfragestrukturen einzuschätzen? Insgesamt gesehen kann zuerst einmal davon ausgegangen werden, daß Zeitarbeiter in qualifikatorischer Hinsicht das Schicksal aller Randbelegschaftenteilen teilen; und zwar, da sie auch am Rande nur ad hoc eingesetzt werden, in noch verstärktem Maße: Kompetenzentwicklung geschieht in den Entleihbetrieben allenfalls im konkreten Arbeitsvollzug; nämlich immer (nur) dann, wenn Arbeitsplatz und Arbeitsplatzumgebung etwa aufgrund neuerer technischer Ausstattung Lernchancen bieten. Allerdings werden Zeitarbeitskräfte überwiegend in den traditionellen, eher schrumpfenden Wirtschaftsbereichen und -branchen eingesetzt – und dies weit überwiegend in Tätigkeiten, die weder große Vorkenntnisse erfordern noch Kompetenzanreicherung versprechen.

Verdeutlicht wird das einmal an den hohen Einsatzquoten im Baugewerbe – wo zudem noch von Dunkelziffern nicht unerheblichen Ausmaßes ausgegangen werden muß, die die tatsächlichen Quoten und unter ihnen die Anteile minderqualifizierter Arbeitskraft noch erhöhen dürften. Zum anderen belegen dies die Quoten realisierter Nachfrage bei den personenbezogenen Dienstleistungen, wo die Rekrutierung von Zeitarbeitskräften auf Arbeitsplätze mit geringen Ansprüchen an Vorkenntnisse vorherrscht. Die „moderneren" Wirtschaftsbereiche dagegen rekrutieren Leiharbeiter – wie das Kredit- und Versicherungsgewerbe – aus naheliegenden Gründen überhaupt nicht oder spielen, wie die expansivsten Branchen, keine strukturell-quantitativ sonderlich ins Gewicht fallende Rolle.

Vor allem aber ist das – legitime – Interesse der Entleiher von Arbeitskraft in die Chancenabschätzung einzubeziehen. Ihre basalen Interessen an Leiharbeit dürften zum einen in dem Bestreben begründet sein, über den Normalbetrieb hinausreichende und den Erfordernissen angemessen qualifizierte, „fertige" Arbeitskraft ohne Vorhaltung („Vorratswirtschaft") *just in time* einsetzen zu können und damit zum anderen auch die Qualifizierungskosten zu externalisieren – beides betriebswirtschaftliche Kalküle, die nur dann zum Scheitern verurteilt sind, wenn der Zeitarbeitsmarkt die je erforderlichen Qualifikationszuschnitte nicht hergibt. Diese Kalküle sprechen im übrigen auch – bei Konstanz der Marktlage – nur im Ausnahmefall für die Übernahme von Zeitarbeitskräften in Dauerarbeitsverhältnisse bei den Entleihern. Nur in der Konstellation von konstantem (eben nicht: *just in time*) Bedarf einerseits und Mismatch-Problemen auf dem Arbeitsmarkt andererseits, wie sie sich bei manchem Mittelbetrieb andeuten, so ist zu schließen, eröffnen die Interessen der Entleiher veritable, nachhaltige Chancen der Kompetenzentwicklung.

So bleiben also, neben den individuellen Erfahrungen, die Aktivitäten der Verleiher zu beobachten. Im folgenden Abschnitt werden die Ergebnisse der Befragung von Zeitarbeitunternehmen dargestellt; in zwei zentralen Fragen in Gegenüberstellung zu den Praktiken derjenigen Arbeitnehmerüberlasser, deren Kerngeschäft die Arbeitnehmerüberlassung nicht ist.

4.2 Das Qualifizierungsangebot der Verleiher

4.2.1 Weiterbildungsaktivitäten der nordrhein-westfälischen Zeitarbeitunternehmen

Fünf von sechs (84 %) der Zeitarbeitunternehmen gaben an, ihren Belegschaften im Jahr 2001 irgendeine, wenn auch in Volumen und Form nicht näher bestimmte berufliche Weiterbildung ermöglicht zu haben. Man darf angesichts der über lange Beobachtungszeiträume gesicherten Erkenntnisse der Weiterbildungsteilnahmeforschung davon ausgehen, daß die antwortenden Unternehmen die Definition ihres Begriffs von beruflicher Weiterbildung sehr weit faßten. Jedenfalls dürfte die Quote der *Zeitarbei-*

ter, die im Bezugsjahr über das *learning by doing* hinausgehende Weiterbildungserfahrungen gemacht haben, erheblich niedriger einzuschätzen sein; darauf deuten nicht zuletzt auch die in Kapitel 5 dokumentierten Ergebnisse der Interviews mit den Zeitarbeitskräften hin.

Befragt nach den Gründen, gab etwa die Hälfte (47 %) derjenigen Unternehmen, die ihren Angaben zufolge keine Weiterbildungsmaßnahmen anboten oder unterstützten, an, das Qualifikationsniveau ihrer Beschäftigten reiche aus. Am zweithäufigsten wurde die Strategie angeführt, den je aktuellen Qualifikationsbedarf durch Neueinstellungen zu decken (28 %). Nimmt man das – nach Aussage der für die Unternehmen Antwortenden – mangelnde Interesse der Beschäftigten (14 %) hinzu, dann reduzieren sich bei den Zeitarbeitunternehmen die Nennungen betriebswirtschaftlich relevanter Faktoren, von denen man annehmen sollte, daß sie letztlich die Hauptrolle bei den betrieblichen Bildungsstrategien spielen, auf Restgrößen (19 % nannten auch zeitökonomische Gründe für das Ausbleiben betrieblicher Qualifizierungsangebote; 14 % gaben an, keine entsprechenden Etats zur Verfügung zu haben). Offen bleibt, inwieweit Image-Überlegungen das Antwortverhalten der Zeitarbeitunternehmen zu dieser Frage mit dem Effekt dominierten, primär wirtschaftliche Gründe in den Hintergrund zu drängen.

Jeder vierte der weiterbildungsaktiven Betriebe (24 %) förderte ausschließlich die eigene Kernbelegschaft; drei von vieren gaben mithin an, *auch* Zeitarbeitskräfte bei ihren Qualifizierungsbemühungen zu unterstützen oder doch wenigstens entsprechende Weiterbildungsangebote unterbreitet zu haben. *Nur* an ihre Zeitarbeitskräfte richtete sich das Angebot dagegen in 17 Prozent der Fälle.

Weil eine definitorische Abgrenzung zwischen den verschiedenen Formen betrieblicher Weiterbildungs- und Kompetenzentwicklungsstrategien schwierig und Übergangs- sowie Mischformen häufig sind, wurde im Fragebogen sowohl nach den traditionellen „härteren" als auch nach „weicheren" Formen gefragt. Dadurch sollte dem vor allem im letzten Jahrzehnt diskutierten erweiterten Verständnis von Kompetenzentwicklung Rechnung getragen werden. Um dies den Untersuchungsbetrieben zu signalisieren, wurde der Themenbereich mit dem Hinweis eingeleitet, daß darunter neben betrieblich organisierten Schulungen oder Seminaren und Lehrgängen auch Einarbeitungsmaßnahmen und Lernen am Arbeitsplatz im Betrieb verstanden sein sollten. Explizit thematisiert wurden im Fragebogen als „harte" Formen
– betrieblich organisierte Seminare und Lehrgänge und
– Seminare bei externen Veranstaltern, für deren Konzeption und Durchführung beispielsweise Bildungsträger oder Kammern verantwortlich
   zeichneten,
sowie als „weiche" Formen

- Unterweisung und Anlernung am Arbeitsplatz (einschl. Schulung durch Herstellerfirmen),
- selbstgesteuertes Lernen am Arbeitsplatz (mit Hilfe von Medien wie computerunterstützten Selbstlernprogrammen, Inter- und Intranet, Multimedia-Einsatz usw.)
  sowie
- Gruppenarbeit (z.B. Qualitätszirkel, Lernstatt, Beteiligungsgruppe).

In welchem Ausmaß „härtere" beziehungsweise „weichere" Formen am Angebot beruflicher Weiterbildung von Zeitarbeitern beteiligt waren und welche Unterschiede es dabei zwischen den Beschäftigtensegmenten gibt, zeigt Tabelle 6. Alles in allem geben die weiterbildungsaktiven Betriebe den institutionalisierten Lernformen gegenüber den „weicheren", eher informalen Formen der Kompetenzentwicklung den Vorzug. Die größten Differenzen zeigen sich schon auf den ersten Blick. Zwei Drittel (66 %) aller ihrer Nennungen von Weiterbildungsaktivitäten für die Kernbelegschaften beziehen sich auf die kostspieligeren „härteren" Formen. Die in der Weiterbildungsdiskussion der letzten zehn, zwanzig Jahre intensiv und kontrovers diskutierten Formen auch medial unterstützten selbstgesteuerten Lernens spielen lediglich eine Nebenrolle.

Dann fällt vor allem die große Dominanz der seminaristischen Formen bei den Kernbelegschaften auf, bei denen zudem ein nahezu lineares Häufigkeitsgefälle von den härteren zu den weicheren Curricula zu verzeichnen ist. Bei den Zeitarbeitskräften dagegen werden Kurse und Seminare von den „weicheren" Formen eingeholt: 49 gegenüber 51 Prozent. Wobei, dies gilt es allerdings zu beachten, der Großteil dieser 51 Prozent auf Einarbeitungsmaßnahmen entfällt, also zunächst einmal nicht unbedingt Kompetenzentwicklung bedeutet.

Verwunderlich ist dieses Ergebnis nicht. Man darf annehmen, daß die Zeitarbeitunternehmen bei ihren zu entleihenden Arbeitskräften in der Regel paßgenau am ehesten noch jene Maßnahmen unterstützen, die unbedingt und unmittelbar erforderlich sind, um die Vermittelbarkeit ihres Arbeitskraftangebots zu sichern. Und das sind nun einmal konventionelle Einarbeitungsmaßnahmen.

Die Aufschlüsselung unterstreicht jedenfalls diesen Eindruck. Jene Maßnahmen, die noch am ehesten dem Kompetenzentwicklungsparadigma nahekommen, die „weicheren" Formen des medial unterstützten selbstgesteuerten Lernens und der Gruppenarbeit in Qualitäts- oder Werkstattzirkel, Lernstatt und Beteiligungsgruppe werden von Zeitarbeitunternehmen bei dem von ihnen entliehenen Personal mit zwölf Prozent in deutlich geringerem Ausmaß eingesetzt als bei ihren Kernbelegschaften, für die immerhin noch jeder fünfte der Betriebe solche Angebote unterbreitet.

Tabelle 6: Formen in Zeitarbeitunternehmen angebotener Weiterbildung (in Prozent; Mehrfachnennungen)*

	Kern-belegschaften	Zeitarbeits-kräfte
Seminare bei externen Veranstaltern	64	28
Betrieblich organisierte Seminare	39	30
"Härtere" Formen (in Prozent der Nennungen)	66	49
Unterweisung/ Anlernen am Arbeitsplatz	29	49
Medial unterstütztes selbstgesteuertes Lernen, Gruppenarbeit	20	12
"Weichere" Formen (in Prozent der Nennungen)	34	51
Insgesamt (Mehrfachnennungen)	155	120

* In den Zwischensummen-Zeilen findet sich die Aufteilung aller genannten auf entweder „härtere" oder „weichere" Formen (Summenzeilen = 100%; d.h. *nicht* mehrfach)

Wenn den Angaben der Verleiher zufolge der nachfrageorientierten Qualifizierung in Form von Unterweisung und Anlernung am Arbeitsplatz ein hoher Stellenwert zukommt, so bleibt zu beachten: Zeitarbeiter verrichten ihre Arbeit in der Regel nicht im Zeitarbeitunternehmen, sondern im Entleihbetrieb. Folglich kann auch die Unterweisung oder das Anlernen am Arbeitsplatz im Prinzip nur im Entleihbetrieb stattfinden. Deshalb ist in den meisten Fällen davon auszugehen, daß nicht der Zeitarbeitgeber, sondern ehestens der Entleihbetrieb für die bedarfsgerechte Anpassungsqualifizierung am Arbeitsplatz sorgt. Arbeitsplatzbezogene Weiterbildungen und die damit verbundenen Kosten dürften somit von den Zeitarbeitunternehmen zu einem Großteil externalisiert werden – eine Tendenz, die wir schon bei den Entleihern feststellen konnten: Die Entleiher begegnen Überwälzungsversuchen der Verleiher in der Regel mit Rückwälzungen, die schließlich zur Inzidenz der Bringschuld einsatzadäquater Qualifizierung bei den Zeitarbeitskräften führen.

Tabelle 7: Themen der von Zeitarbeitunternehmen angebotenen Weiterbildung (in Prozent; Mehrfachnennungen)

	Kernbelegschaften	Zeitarbeitskräfte
Technisches Fachwissen	10	41
Kaufmännisches/ Rechtliches Fachwissen	63	6
Tätigkeitsbezogene Qualifizierung	10	65
Informationstechnisches Grundlagenwissen	34	13
Datenverarbeitung	48	11
Arbeitstechniken	16	12
Kommunikation	41	6
Fremdsprachen	2	6
Kooperation	17	5
Führungsverhalten	32	5
Kundenorientierung	46	6
Kreativität	14	3
Insgesamt	333	179

4.2.2 Themen der Kompetenzentwicklung in Zeitarbeitunternehmen

Auch bei den Antworten der Unternehmen auf die Frage nach den Themen von ihnen geförderter Weiterbildung lassen sich je nach Beschäftigtengruppe Unterschiede erkennen, die sich schon in den Angebotsvolumina deutlich niederschlugen (s. Tab. 6: Summenzeile). Die Verleiher geben für die von ihnen lediglich innerbetrieblich eingesetzten Kernbelegschaften durchschnittlich mehr als drei Themenbereiche an, für die an andere

Unternehmen verliehenen Zeitarbeitskräfte dagegen nicht annähernd zwei (Tab. 7).

Die schon bekannten Strukturen lassen sich auch bei den einzelnen Themen wiedererkennen. Festzuhalten ist zunächst die Dominanz konkret tätigkeitsbezogener Angebote für Zeitarbeitskräfte (tätigkeitsbezogene Qualifizierungen, Vermittlung technischen Fachwissens) sowie die entschieden größere Bedeutung des kaufmännischen und rechtlichen Fachwissens im Angebot an die Kernbelegschaften. In der Summe wird die Tendenz bestätigt, daß Zeitarbeitunternehmen ihren zu verleihenden Arbeitskräften, wenn sie denn überhaupt weiterbildungsaktiv sind, nur das zur Vermittlung unerläßliche Rüstzeug mitgeben.

Tabelle 8: Rangfolge der für die beiden Beschäftigtensegmente am häufigsten genannten Weiterbildungsthemen (in Prozent; Mehrfachnennungen)

Rang-platz	Kernbelegschaften		Zeitarbeitskräfte	
1.	Kaufmännisches/ Rechtl. Fachwissen:	63	Tätigkeitsbezogene Qualifizierung:	65
2.	Daten-verarbeitung:	48	Technisches Fachwissen:	41
3.	Kunden-orientierung:	46	Informationstechnisches Grundlagenwissen:	13
4.	Kommunikation:	41	Arbeitstechniken:	12
5.	Führungsverhalten:	32	Datenverarbeitung:	11

Der Vergleich der Rangfolgen der fünf am häufigsten genannten Weiterbildungsthemen verdeutlicht schließlich die Tendenzen für die beiden Beschäftigtengruppen (Tab. 8). Da der Aufgabenbereich der Kernbelegschaften vornehmlich die Akquisition von Kundenaufträgen, die Rekrutierung von Zeitarbeitskräften sowie die Disposition von Einsätzen umfaßt, werden sie in erster Linie im Büro- und Organisationsbereich eingesetzt. Deshalb überwiegen erwartungsgemäß bei den Themen der Weiterbildung dieser Beschäftigtengruppe kaufmännisches und rechtliches Fachwissen und Datenverarbeitung. Gefolgt werden diese Themen von solchen, die sich mit dem Ziel der Optimierung des Kundendienstes (Kundenorientierung, Kommunikation) beziehungsweise der Verbesserung des Führungsverhaltens auf die personalen Kompetenzen richten. Bei den Zeitarbeitskräften stehen im engeren Sinne arbeitsplatzorientierte Themen konkurrenzlos an der Spitze des Angebots. Obwohl der kaufmännische Bereich den Ergebnissen der Arbeitnehmerüberlassungsstatistik zufolge nach dem gewerblich-technischen Bereich als zweitwichtigstes Einsatzgebiet für Zeitarbeitskräfte genannt wird, spielen die entsprechenden Weiterbildungsthemen allenfalls eine Nebenrolle: Kaufmännisches und rechtliches Fachwissen oder auch Themen, welche die Verbesserung von personalen und sozial-kommunikativen Kompetenzen zum Ziel haben, werden den zur Arbeitnehmerüberlassung vorgesehenen Arbeitskräften nur von wenigen Zeitarbeitunternehmen angeboten.

Vor diesem Hintergrund läßt sich folgendes vorläufige Fazit ziehen: Die Unternehmen verschärfen die schon allgemein bestehenden Angebotsdifferenzen zwischen den Belegschaftstypen nicht nur rein quantitativ und nach curricularem Angebot, sondern auch durch thematische Diskriminierung deutlich und konsequent.

An dieser Stelle bedarf es eines allgemeinen Hinweises. Zeitarbeitunternehmen sind, als Unternehmen, die ihre Ware auf einem Markt anbieten müssen, wie jedes andere Unternehmen gezwungen, so kostengünstig und so marktorientiert wie möglich zu „produzieren" und anzubieten. Folglich ist ihre Tendenz, teure Qualifizierungsprozesse zu vermeiden, solange rational, wie der Markt sie zu ausreichend günstigen Preisen hergibt. Andersherum: Woher soll die Motivation eines Vermittlers von Zeitarbeit, seine auf Zeit an Dritte zu vermittelnden Arbeitskräfte weiterzuqualifizieren, kommen, solange (a) seine eigene Nachfrage kostengünstig zu realisieren ist und (b) damit gerechnet werden kann, daß die zeitweise Verliehenen oft mit aktualisierten Qualifikationen aus den Entleihbetrieben zurückkommen?

4.2.3 Chancen für Kompetenzentwicklung in den Verleihfirmen

Wie eindeutig diese Tendenzen sind, mag an einem Vergleich verdeutlicht werden. Die ISO-Untersuchung bezog sich, wie oben erwähnt, auf alle Betriebe, die gewerbsmäßig Arbeitnehmerüberlassung betreiben, das heißt nicht nur auf reine Zeitarbeitunternehmen, deren Kerngeschäft sie ist, sondern auch auf die sogenannten Mischbetriebe, deren Kerngeschäft Arbeitnehmerüberlassung zwar nicht ist, die sie aber dennoch betreiben. Es handelt sich bei den Mischbetrieben in der Regel um eigene Arbeitskräfte, die im landläufigen Sinne zur Belegschaft zählen, aber, zum Beispiel zur Kompensation von Auftragsbaissen, ausgeliehen werden. Man darf annehmen, daß die Mischbetriebe andere Weiterbildungspraktiken an den Tag legen als die Zeitarbeitunternehmen, die die Zeitarbeitskräfte für eigene Produktions- oder Dienstleistungszwecke jenseits des Verleihbetriebs im allgemeinen nicht einsetzen.

Die theoretische Annahme hinter dieser Trendhypothese unterstellt wachsendes Engagement der Betriebe mit zunehmender Nähe zu ihrem Kern – wobei davon ausgegangen wird, daß die Zeitarbeitunternehmen im allgemeinen kleinere Betriebseinheiten aufweisen, ihre „Kernbelegschaften" also tatsächlich näher am Zentrum betrieblicher Entscheidungsprozesse angesiedelt sind als die der Mischbetriebe. Tabelle 9 demonstriert, welches Gewicht den einzelnen Formen bei den unterschiedlichen Beschäftigtengruppen zukommt. Während sich bei den von den Betrieben selbst organisierten Kursen und Seminaren keine erwähnenswerten Differenzen zeigen, bestätigen die teureren Angebote externer Veranstalter die Unterstellung der Hypothese: Stetig steigt hier der Anteil betrieblich unterstützter Weiterbildung von den Zeitarbeitskräften der Zeitarbeitunternehmen über die Leiharbeitskräfte zu den Kernbelegschaften der Mischbetriebe und der Zeitarbeitunternehmen (von 24 über 28 und 36 bis zu schließlich 42 %).

Als das klassische Gegenstück hierzu gelten in der Weiterbildungsteilnahmeforschung die Einarbeitungen und Anlernungen am Arbeitsplatz. Folgerichtig findet sich hier eine genau entgegengesetzte Tendenz: Ihr Anteil am Gesamtangebot sinkt kontinuierlich, fast linear, von 41 Prozent bei den Zeitarbeitskräften über 34 und 28 bis hin zu lediglich 19 Prozent bei den Kernbelegschaften der Zeitarbeitunternehmen. Und auch jene statistisch nur schwer faßbaren Formen, die den aktuell diskutierten Formen der Kompetenzentwicklung vielleicht am ehesten nahekommen, die insgesamt allerdings eher wenig in Erscheinung tretenden selbst- oder durch den Gruppenprozeß gesteuerten Formen, unterstützen den unterstellten Basistrend (nachhaltige, langfristiger wirksame Angebote von der Peripherie zum Zentrum der Betriebe ansteigend) eher – wenn auch nicht signifikant –, als daß sie ihm widersprächen.

Tabelle 10 weist dann strukturell gleichartige Differenzen auch bei den Maßnahmeninhalten nach; und auch in diesem Fall in linearen beziehungsweise progressiven Steigerungsraten. Die Zusammenfassung der Themen nach der unterstellten Struktur analog zur Zentrumsnähe der Tätigkeiten, auf die diese Maßnahmen vorbereiten sollen, erfolgte hier trichotom; und zwar den in der Tabelle 9 schon bestätigten beiden Hauptlinien entsprechend. Einander gegenübergestellt werden also die im engeren Sinne tätigkeitsbezogenen, meist ad hoc veranstalteten Qualifizierungen einerseits und die auf Kaderwissen abzielenden Maßnahmen andererseits; die Restkategorie faßt eher randständige „andere Themen" zusammen.

Die Ergebnisse sprechen für sich; die unterstellten Tendenzen werden durch die Daten der Umfrage zu den Weiterbildungsaktivitäten der zu Arbeitnehmerüberlassung berechtigten Betriebe in Nordrhein-Westfalen voll und ganz bestätigt. Ordinal gruppiert, beginnend mit dem Zeitarbeitskraftangebot (60 % tätigkeitsbezogene Qualifizierung, 20 % Kaderwissen)

Tabelle 9: Formen der Weiterbildung von Zeitarbeitskräften in den Zeitarbeitunternehmen, von Leiharbeitskräften in den Mischbetrieben und von Kernbelegschaften (in Prozent aller Nennungen)*

	Zeitarbeits- kräfte der Zeitarbeit- unternehmen	Leiharbeits- kräfte der Misch- betriebe	Kern- belegschaften der Zeitarbeit- unternehmen	Kern- belegschaften der Misch- betriebe
Seminare bei externen Veranstaltern	24	28	36	42
Betrieblich organisierte Seminare	25	26	24	25
Unterweisung/ Anlernung am Arbeitsplatz	41	34	28	19
Medial unterstütztes, selbstgesteuert es Lernen, Gruppenarbeit	10	12	12	14
Insgesamt	100	100	100	100

* Bei „Zeitarbeitskräften" handelt es sich um die *nur überbetrieblich* eingesetzten Beschäftigten (der Zeitarbeitunternehmen), bei den „Leiharbeitskräften"[1] um die phasenweise an Andere überlassenen *inner- und überbetrieblich* eingesetzten Beschäftigten der Mischbetriebe – exakt beschrieben als *auch* überlassene Arbeitskräfte. Beschäftigte schließlich, die nicht verliehen, sondern *ausschließlich innerbetrieblich* beschäftigt werden, werden als „Kernbelegschaft"[2] bezeichnet.

---

[1] Im Gegensatz zu den Zeitarbeitern der Zeitarbeitunternehmen – für die phasenweise *Vermittlung* das Kerngeschäft darstellt – handelt es sich bei den Leiharbeitskräften tatsächlich um Ausleihe im engeren Sinne, die z.B. durch das eigene Kerngeschäft der „Mischbetriebe" – das *nicht* in der Vermittlung besteht – und oft auch durch die eigene Auftragslage systematisch begrenzt ist.

[2] Wenn wir hier, die Komplexität um der Lesbarkeit des Sachverhalts willen reduzierend, von „Kernbelegschaft" sprechen, dann also etwas abweichend von dem Begriff der Kernbelegschaften, wie er z.B. in der Segmentationstheorie verwendet wird.

und endend mit den Kader-Arbeitskräften der Zeitarbeitunternehmen (52 % Kaderwissen, 12 % tätigkeitsbezogene Qualifizierung) ergeben sich dieselben Strukturen, wie sie die Teilnahmeforschung immer wieder reproduziert: Die Betriebe verteilen ihr Angebot, dem in der Bildungsforschung viel zitierten Matthäus-Prinzip folgend,[1] nach wie vor konsequent entlang den Segmentationslinien betrieblicher Positionshierarchie.

Tabelle 10: Typische Themenbereiche der Weiterbildung von Zeitarbeitskräften, Leiharbeitern und Kernbelegschaften (in Prozent aller Nennungen)

	Zeitarbeits-kräfte der Zeitarbeit-unternehmen	Leiharbeits-kräfte der Mischbetriebe	Kern-belegschaften der Misch-betriebe	Kernbe-legschaften der Zeit-arbeit-unternehmen
Technisches Fachwissen und tätigkeitsbezogene Qualifizierung	60	45	30	12
Kaderwissen (kaufmännisches/ rechtliches Fach-, informations-technisches Grundlagenwissen, Kommunikation, Führungsverhalten, Kundenorientierung, Kreativität)	20	24	38	52
Andere Themen	20	31	32	36
Insgesamt	100	100	100	100

---

[1] *Robert K. Merton* hat auf den Effekt kumulativen Erfolgs hingewiesen, der sich nach dem Matthäus-Prinzip ergebe: „Denn der, der hat, dem wird gegeben werden, und er wird im Überfluß leben, und wer nicht hat, dem wird selbst das noch genommen, was er hat."

4.4 Tendenzen: Chancen für Kompetenzsicherung und Reintegration in kontinuierliche Beschäftigung

Nimmt man die Ergebnisse der bundesweiten Betriebsbefragung und die Befragung der nordrhein-westfälischen Betriebe, die Arbeitnehmerüberlassung praktizieren, zusammen, dann sieht es um die „Türöffner"-Situation von Zeitarbeitsverhältnissen nicht so vielversprechend aus, wie man sich das vielleicht gedacht haben mag. Festzustellen ist jedenfalls, daß die Betriebe – sowohl auf der einen wie auf der anderen Arbeitgeberseite des Leiharbeitsverhältnisses – offensichtlich nach betriebswirtschaftlichen Maximen handeln. Was will man auch anderes erwarten?

Als Türöffner kann Zeitarbeit, von den sehr wenigen Ausnahmefällen abgesehen, in denen Zeitarbeiter vom Verleiher in dessen Kernbelegschaft integriert werden, grundsätzlich nur dann wirksam werden, wenn entweder die Übernahme durch den Entleiher erfolgt oder, indirekt, wenn für den Qualifikationserhalt des Zeitarbeitnehmers gesorgt wird, so daß er wenigstens auf dem Arbeitsmarkt ein ausreichend attraktives Angebot darstellt und so seine Chance auf ein dauerhaftes Beschäftigungsverhältnis nicht verliert. Nachhaltige Chancen von Qualifikationssicherung und Kompetenzentwicklung bieten sich, wie die Ergebnisse der Befragungen ergeben haben, eher selten.

Für die Entleiher gibt es prinzipiell zwei Motive, Leiharbeiter einzustellen: Zum einen als Ausgleich zeitlich befristeter erhöhter Arbeitskräftenachfrage; die schließt die Festanstellung ex definitione systematisch aus. Das Interesse der Arbeitgeber an Qualifikationserhaltung oder -weiterung der bei ihnen nur zeitweise Beschäftigten beschränkt sich in diesem Fall bestenfalls auf Anlernung in betriebs- und arbeitsplatzspezifischen Anpassungsmaßnahmen. Ein gegenüber den tarif- und arbeitsrechtlichen Bestimmungen verlängertes Probearbeitsverhältnis – um ein solches würde es sich dann nämlich handeln – kann nur dann zum Türöffner geraten, wenn genügend Nachfrage vorhanden ist, das heißt, wenn die Entleiher anstelle von Anpassungen personalpolitisch längerfristig kalkulieren zu können glauben. Unter gegebenen strukturellen und konjunkturellen Bedingungen dürfte dies eher ausnahmsweise gegeben sein. Die konstanten Lohn- und Weiterbildungskosten werden selbstverständlich, so weit das geht und dem nicht auszuweichen ist, auf die Kernbelegschaften beschränkt.

Bei den Zeitarbeitunternehmen scheint die Ausgangslage noch eindeutiger: Solange der Arbeitsmarkt die nachgefragten Qualifikationen wenigstens näherungsweise vorhält, gibt es weder ein Interesse der Zeitarbeitunternehmen an Übernahmen ihrer Handelsware Arbeitskraft durch die Entleiher (das Gegenteil wäre ein Widerspruch in sich), noch daran, für

Kompetenzerhalt und -weiterung von Arbeitskräften zu sorgen, die, da *up to date* qualifiziert, von den Entleihern übernommen werden könnten – womit ihnen ihre Handelsware, ihr Geschäft also, verlorenginge. Dem entspricht ihre Weiterbildungspraxis; sie beschränkt sich im Falle der Zeitarbeitunternehmen, wo sie überhaupt geschieht, anders als bei ihren Kernbelegschaften, weitgehend auf Anpassungs- und Einarbeitungsmaßnahmen; soweit diese nicht, siehe oben, die entleihenden Betriebe übernehmen.

Der Türöffner-Funktion von Zeitarbeit sind mithin systematisch deutliche Grenzen gesetzt. So gesehen ist nicht so sehr die deutliche Sprache der Angebots- und Nachfragepraxis und der Qualifizierungspolitiken der Betriebe erstaunlich, als vielmehr die unter betriebswirtschaftlichen Gesichtspunkten kaum nachvollziehbaren arbeitsmarktpolitischen Hoffnungen.

Auch Chancen der Kompetenzentwicklung, so lassen sich die hier präsentierten Ergebnisse zusammenfassend deuten, sind in Zeitarbeitsverhältnissen nur in geringem Umfang gegeben. Die Daten der Umfragen bei Entleihern und nordrhein-westfälischen Zeitarbeitunternehmen stützen den Eindruck, daß sich in derlei Arbeitsverhältnissen Erwerbstätige ihre berufliche Kompetenz selbst erarbeiten müssen – was um so schwerer wird, je länger sie sich in Leiharbeitsverhältnissen aufhalten, wie das nächste Kapitel verdeutlichen wird.

In diesem Kapitel werden die Erfahrungen der dritten Seite im Interessendreieck der Arbeitnehmerüberlassung in extenso illustriert: wie sich die tatsächlichen Verhältnisse in den Biographien der Zeitarbeiter niederschlagen, insbesondere, welche Perspektiven sie für deren individuelle Zukünfte eröffnen – oder zusperren.

5. Lebenserfahrungen: Zeitarbeit im Urteil der Zeitarbeiter – Die Bilanzen

Auch im Interessendreieck der Arbeitnehmerüberlassung geht es letzten Endes immer um den „Faktor Arbeit", das heißt um menschliche Arbeitskraft, die auf dem Arbeitsmarkt angeboten, vermittelt und verkauft wird. Der Unterschied zu herkömmlichen Arbeitsmarktverhältnissen, wo Anbieter und Nachfrager von Arbeitskraft sich – im idealen Modell – einander gegenüberstehen und miteinander über den Preis, die Lohnhöhe, verhandeln, um dann, durch Arbeitsgesetzgebung und Kollektiv-(Tarif-)Verträge moderiert, zu einem marktgerechten individuellen Arbeitsvertrag zu kommen, besteht darin, daß sich hier ein Dritter, als Arbeitskraft-Handelsmakler quasi, eingeschaltet hat, um eine schwierige Marktsituation auf unübersichtlichen Teilarbeitsmärkten zu klären: der Verleiher, das Zeitarbeitunternehmen. An diesem Sachverhalt ändert die formal andere rechtliche Gestaltung arbeitsökonomisch kaum etwas – wenn auch das konkrete Procedere bei Preisermittlung und Verteilung des erzielten Arbeitsentgelts anders aussieht.

Die arbeitsvertraglich-formale Anstellung des Arbeitsuchenden beim Zeitarbeitunternehmen sichert diesem als Makler eine auf relative Dauer gestellte Vermittlungsgebühr. Diese Gebühr, gilt es zu erinnern, muß aus dem über den (Leiharbeits-)Markt ermittelten Preis der je speziellen Arbeitskraft bezahlt werden – wobei die Marktmachtsituation im Interessendreieck in der Regel die Inzidenz, das letztendliche Tragen der Belastung, beim Arbeitskraftanbieter verortet.

Für die Arbeitnehmer bedeutet Zeitarbeit im günstigen Fall eine Durchgangsstation in bilaterale Beschäftigung. Von den Entleihfirmen in erster Linie als flexibles Personalanpassungsinstrument genutzt, fungiert sie nämlich dennoch hier und da, eher latent und eher implizit im Sinne eines Mitnahmeeffekts, auch als Vermittlung in unbefristete Arbeitsverhältnisse. Im Normalfall bedeutet Zeitarbeit aber prekäre Beschäftigung; vor allem für die meist minderqualifizierten Arbeitnehmer, die keine oder nur sehr geringe Chancen auf einen Wechsel in gesichertere Erwerbsarbeit haben. Vermutlich werden hier geringe oder veraltete Qualifikationen, Auswirkungen längerer Arbeitslosigkeit und extrem diskontinuierlicher Erwerbsverläufe sowie individuelle und soziale Problemlagen eine große und kumulative Rolle spielen. Für derart Bildungsbenachteiligte ist Weiterbildung einerseits von besonderer Relevanz, andererseits dürften gerade die Erfahrungen dieser Gruppen mit Bildungsinstitutionen und ihre erfahrungsgesättigten Einschätzungen des Nutzens entsprechender Aufwendungen eher negativ sein.

Auf der Seite der Beschäftigten stellt sich somit die Frage, ob und wie weitere Kompetenzentwicklung eine Brückenfunktion beim Übergang in ein festes Beschäftigungsverhältnis ausüben kann. Kann also Kompetenzentwicklung auch in Zeitarbeit geschehen und sind die neu gewonnenen Kenntnisse und Fertigkeiten marktfähig, können möglicherweise Arbeitsplatzsicherheits- oder sogar Aufstiegsaspirationen damit verfolgt werden. Die subjektiven Kosten-Nutzen-Schätzungen dürften wie die Frage nach der Deutung von Zeitarbeit zwischen den Polen freier Zeitgestaltung und dauerhaft unsteter Subsistenzsicherung zentrales Thema in den Biographien von Zeitarbeitern sein. Die Frage ist letztlich, ob und in welchem Umfang sich Beschäftigungssituation und Erwerbslebenslauf stabilisieren lassen oder ob Diskontinuitätspfade verstärkt werden und ob und unter welchen Bedingungen Weiterbildung in diesen Prozessen überhaupt eine produktive Rolle spielen könnte.

Die problemzentrierten Interviews mit den Zeitarbeitskräften reflektieren diese Situation. Sie spiegelt sich in den Bilanzen der auf Leiharbeit verwiesenen Arbeitnehmerinnen und Arbeitnehmer wieder. Das hier eingesetzte Problemzentrierte Interview ermöglicht es den Erzählenden, ihre Situation zu überdenken, Kosten und Nutzen dieses Arbeits-Dreiecksverhältnisses gegeneinander abzuwägen und zu einer subjektiv schlüssigen und stimmigen Bilanz vorzudringen. Dabei geschieht es nicht selten, daß spontane Vorab-Statements in dieser oder jener Richtung modifiziert, manchmal im Verlauf der Vorabklärungen des Interviews in ihr Gegenteil verkehrt werden.

Diese Bilanzen werden nun vorgestellt; und zwar in vier Fallreihen, die sich als typische Varianten aus den zentralen Themen der Interviewten herauskristallisiert hatten: je drei eher *positive*, eher *ambivalente* und unter dem Strich negative Bilanzen. Bei Letzteren bot es sich aufgrund der Häufigkeit ihres Auftretens und auch in sich noch qualitativer Sprünge im Grad ihrer Hoffnungslosigkeit sowie der Schärfe ihres Vortrags im Interview an, noch einmal zu differenzieren zwischen *negativen* und *extrem negativen Bilanzen*.

Das Sample der interviewten Beschäftigten in Zeitarbeit besteht je zur Hälfte aus Frauen und Männern, deren Kompetenzen, dem Zeitarbeitsangebot insgesamt durchaus weitgehend entsprechend, mit einem Schwerpunkt im minderqualifizierten Bereich über das ganze Spektrum der nicht-akademischen Qualifikationen streuen. Fast die Hälfte der insgesamt 26 Befragten befand sich zum Zeitpunkt des Interviews im mittleren Erwerbsalter zwischen dreißig und vierzig Jahren, also in einer Lebensphase, in der Berufsfindung und Erstintegration in den Beruf jedenfalls in diesem Qualifikationssegment im allgemeinen längst abgeschlossen sind, die Frage des Ausscheidens aus dem Erwerbsleben andererseits noch lange nicht zur Diskussion steht. Für die Jüngeren scheint die Bereitschaft, eine Beschäftigung in Zeitarbeit als Dauerlösung in Betracht zu ziehen, eher gering zu sein: Für die drei Befragten dieser Altersgruppe hatte das Leiharbeitsverhältnis die Funktion, Lücken im Lebenslauf zu überbrücken; in ihren Perspektiven erscheint es lediglich als Übergangssituation. Mit steigendem Alter jedoch wird es zunehmend zu einer kaum noch vermeidbaren, ersatzlosen Alternative zu Arbeitslosigkeit; die Beschäftigungschancen sinken für die beiden Viertel der Vierzig- bis Fünfzig- und der über Fünfzigjährigen des Samples dramatisch.

5.1 Positive Bilanzen

Bei den ersten drei der zwölf Fälle, die wir im folgenden vorstellen – Ruth B., Gertrud R. und Franz Y. –, handelt es sich um jene drei der 26 Interviewten, die noch am ehesten wirklich positive Bilanzen ihrer Erfahrungen mit Leiharbeit aufstellten.

5.1.1 Ruth B., 48 Jahre, Bürokraft

Ruth B. ist 48 Jahre alt, ledig und ausgebildete Notargehilfin. Zum Zeitpunkt des Interviews arbeitet sie bereits seit zwei Jahren als Zeitarbeitskraft für ein bundesweit agierendes Zeitarbeitunternehmen.

5.1.1.1   Kurze Erwerbsbiographie der Ruth B.

Ihre Erwerbsleben ist geprägt von innerlicher Distanz zum erlernten Beruf. Obwohl es ihr Traum war, einen künstlerischen Beruf zu ergreifen und möglicherweise Ballettänzerin zu werden, folgt sie nach dem Hauptschulabschluß dem Wunsch ihrer Mutter und läßt sich zur Notargehilfin ausbilden. Voraussetzung für diese Ausbildung war zwar die Mittlere Reife. Da damals ein akuter Mangel an Notarassistentinnen herrschte, erhielt sie trotzdem eine Lehrstelle. Ihr Traumberuf – und diese Erkenntnis zieht sich durch weite Passagen des Interviews – war das gewiß nicht. Rückblickend macht sie ihre Mutter für die in ihren Augen immer noch falsche Wahl eines ungeliebten Berufs verantwortlich, weist ihrem Eigenanteil zugleich eine unwesentliche Rolle zu: Jung, wie sie war, hätte sie eigentlich Unterstützung erwarten dürfen, die die Wahl eines ihr angemessenen Berufs jenseits bloßer Existenzsicherung erleichtert hätte:

„Ja, das war schon nicht so meine Berufung, ne? Das ging völlig unter" (Z. 2116). – „Das war irgendwo nicht meine Berufung. <Lacht> Meine Mutter hat mich nun mal da reingetrieben. Ganz am Anfang. Ganz am Anfang, wo ich sehr jung war und da wußte ich nicht, was das ist und da habe ich da halt mal so ungefähr hingegriffen und hab' gesagt: ‚Das mache ich. Probier' ich aus.' Aber das war nicht, eh -- ich wollte eigentlich mal 'nen künstlerischen Beruf." (Z. 724ff)

Nach der Ausbildung arbeitet Ruth B. nicht weniger als zwanzig Jahre in diesem Beruf, der nicht ihren Neigungen und Interessen entspricht und bei dem ihre Wünsche und Erwartungen an das Erwerbsleben permanent unterdrückt werden müssen. Währenddessen steigt sie zur Notarassistentin auf und wechselt insgesamt dreimal den Arbeitgeber. Auch wenn sie betont, ihre Arbeit gewissenhaft auszuführen, empfindet sie sie doch als „dröge". Sie kann sich mit diesem Tätigkeitsfeld einfach nicht identifizieren.

Großes Interesse hat B. an „Psychologie" oder einer pädagogischen Tätigkeit. Der Wunsch, ihr Interesse an sozialem Engagement zu realisieren, führt schließlich zu dem konkreten Versuch, einen Beruf zu finden, mit dem sie sich identifizieren kann. Sie entschließt sich deshalb zu einer vom Arbeitsamt finanzierten Umschulung, die sie für die Arbeit mit Behinderten qualifiziert.

Ihre Erwartungen an die Umschulung werden jedoch enttäuscht. Sie kann sich mit der „Philosophie" des Lehrgangs nicht identifizieren, hat sich vor allem die praktische Arbeit nicht als derart belastend und den Umgang unter den Kollegen anders vorgestellt. Sie schließt die Umschulung zwar ab, will danach jedoch nicht in dem neuen Tätigkeitsfeld arbeiten und kehrt deshalb in ihren erlernten Beruf zurück. Ihre Hoffnungen, nach diesem Ausflug in den sozialen Bereich nun wieder mehr Interesse zu entwickeln und Freude an der Arbeit zu verspüren, werden enttäuscht; sie empfindet die Arbeit aufgrund eines scharfen Konkurrenzkampfes in der Kanzlei als belastender als zuvor. Sie wechselt das Notariat; doch auch diese neue Stelle bringt Konfliktsituationen mit sich. Sie fühlt sich, wie sie im Verlauf des Interviews immer wieder betont, von den Kolleginnen „gemobbt". Letztlich wird ihr in dem Notariat gekündigt, da sie, wie sie sagt, „endlich mal den Mund aufgemacht hat": „dann hab' ich was gesagt und dann bin ich von heute auf morgen..., konnte ich dann gehen" (Z. 251f). Nach diesem Erlebnis schließt sie resigniert mit dem Beruf der Notargehilfin ab. Über die Kündigung ist sie nicht traurig; sie empfindet sie vielmehr als Befreiung.

Sie meldet sich arbeitslos und arbeitet nebenher auf Geringfügigkeitsbasis bei einer Krankenkasse im kaufmännischen Bereich. Gleichzeitig wendet sie sich an einen Weiterbildungsanbieter, der mit dem Arbeitsamt zusammenarbeitet. Dort nimmt sie an Bewerbungskursen teil und realisiert zum ersten Mal Zeitarbeit als Beschäftigungsoption. Den Einstieg unternimmt Ruth B. sehr bedacht: Sie läßt sich von den Mitarbeitern des Zeitarbeitunternehmens eingehend informieren und beraten und beschafft sich einen Ratgeber. Erst nach drei Monaten entschließt sie sich, den Schritt in das ungewohnte Beschäftigungsverhältnis zu wagen: Sie war unsicher, wußte nicht, was auf sie zukommen und ob sie den Anforderungen entsprechen würde.

„(...) was für und gegen Zeitarbeit und dann hab' ich mir 'ne Liste gemacht – eh, mit ‚Ja' und ‚Nein', was auf mich zutrifft, ne, und was ich eben ablehne und dann war ich eigentlich nur noch skeptisch in bezug auf, eh, verschiedene Leiharbeitsunternehmen, weil man ja auch manchmal was Schlechtes hört, und, dann, also da hab' ich mich noch nicht so richtig rangetraut." (Z. 198ff)

In den beiden Jahren, die sie nun schon für das Unternehmen arbeitet, hat sie sechs oder sieben Einsatzbetriebe – so genau weiß sie das nicht mehr – kennengelernt.

5.1.1.2   Die Bilanz der Ruth B.

Die Rolle des Zeitarbeitunternehmens

Das Zeitarbeitunternehmen nimmt für Ruth B. eine wichtige Stützfunktion ein. Konflikte beim ersten Einsatz führen dazu, daß sie von der Entleihfirma vorzeitig an den Verleiher zurückgeschickt wird – was sie als ungerecht empfindet, da sie so keine echte Chance gehabt habe, ihre Fähigkeiten unter Beweis zu stellen. Entgegen ihrer Erwartung, nun entlassen zu werden, gibt man ihr eine zweite Chance. Häufig wiederholt B. im Interview, wie dankbar sie dem Zeitarbeitunternehmen für diesen Vertrauensvorschuß ist.

„Und dann dachte ich, jetzt könnte ich wieder gehen und so ungefähr, aber dann haben die von mehreren dasselbe wohl gehört und dann war das gefestigt und dann bekam ich auch 'ne neue Chance. Und dann hat das geklappt. Und seitdem klappt das nur noch." (Z. 597ff)

Die Rolle des Verleihers sieht sie insgesamt sehr positiv. Sie betont, wie sehr sich das Unternehmen für seine Mitarbeiter engagiere. Aussagen über ihr Alter und ihre Arbeitsmarktchancen zeigen, daß sie außerhalb der Zeitarbeit kaum eine Chance für sich sieht, einen Arbeitsplatz zu bekommen. Diese Notsituation prägt offenbar ihre Einstellung gegenüber Zeitarbeit und Verleihfirma.

„(...) und die Leiharbeitsfirma, die tut *sehr sehr* viel für ihre Mitarbeiter. Die lädt selber ein also mindestens drei Feste im Jahr, Sommerfest, einmal waren wir auf 'nem riesigen Schiff, hier von der, eh, KD, und da sind immer irgendwelche riesigen Feste, also mit dem Mitarbeiterstammtisch oder so." (Z. 1005ff)

Immer wieder betont sie die Vorzüge, die Zeitarbeit für Zeitarbeitskräfte habe. Auffällig ist dabei, daß sie in der Regel eher als Nachteile konnotierte Aspekte der Zeitarbeit, zum Beispiel den geringeren Verdienst oder das oft fehlende Urlaubs- und Krankengeld, letztlich positiv deutet. Ein typisches Beispiel für diese positivierende Haltung ist die Erklärung, daß sie als Zeitarbeitskraft im Krankheitsfall mit einem Verdienstausfall rechnen müsse. Diesen Umstand nimmt sie jedoch nicht als Nachteil wahr; sie wendet ihn statt dessen in einer bemerkenswerten Figur für sich zum Erträglichen: „Aber wenn man krank ist, gibt man auch weniger aus." (Z. 981f)

Die Rolle der Entleihunternehmen

„Ja, zuerst habe ich gedacht, eh, ja dadurch 'ne feste Arbeitsstelle zu kriegen und jetzt will ich aber komisch, das Fließende nicht mehr vermissen. <Lacht>" (Z. 1290ff)

Mehr oder weniger kompatibel mit der positiven Darstellung der Institution Zeitarbeit ist auch die Beschreibung ihrer Integration in die Einsatzunternehmen. Nur beim ersten Einsatz erlebt sie eine Ablehnung aufgrund ihres Status als Zeitarbeitskraft. Bei den folgenden Einsätzen wird sie zu Betriebsfesten eingeladen oder erhält zum Ende des Einsatzes auch ab und zu ein Geschenk als Anerkennung ihrer Arbeit: „Und dann auch die ganzen Geschenke, die ich dann auch oft kriege, das zählt auch noch irgendwo. Nach jeder Firma, ich hab' nach dem letzten Einsatz, da hab' ich ein riesiges Geschenk von den Mitarbeitern bekommen als ich ging" (Z. 1013ff). Solch positive Bestätigung scheint sie erst seit ihrer Tätigkeit als Zeitarbeitskraft zu erfahren; sie entschädigt sie für die finanziellen Einbußen und stärkt ihr Qualifikations- und ihr Selbstbewußtsein.

Unzufriedenheit im Entleihunternehmen läßt sich ansatzweise beim Thema Einarbeitung erkennen. Die bezieht sich aber weniger auf den Entleiher als auf die Belegschaft des Einsatzbetriebes. Die Einweisung in die auszuübenden Tätigkeiten durch dessen Mitarbeiter geschieht in ihren Augen nur rudimentär. Das Engagement der Festangestellten richte sich ganz nach den zeitlichen Ressourcen, die sie für eine Einweisung erübrigen zu können glaubten. In erster Linie ist Ruth B. auf sich selbst gestellt, sie muß fragen, die Mitarbeiter „belästigen" und eruieren, welche Regeln in den Betrieben herrschen, „den Geist der Firma" erfassen. Sie versucht deshalb, sich dem Einsatzbetrieb völlig anzupassen und unauffällig „mitzufließen". Ihrer Ansicht nach müssen sich Zeitarbeitskräfte auch durchfragen können: „Also man muß ein Mensch sein, der nachfragt ne?" (Z.

571). „Nachfragen" wird von ihr normativ gewendet, zu einem zentralen Anspruch an Zeitarbeitskräfte beziehungsweise zu einer Kompetenz erklärt, über die sie verfügen müssen. Da sie selbst diese Fähigkeit besitzt, empfindet sie die rudimentäre Einarbeitung letztlich doch nicht als Nachteil. So gelingt es ihr weiterhin, die wechselnden Zeitarbeitseinsätze positiv zu sehen.

Im Gegensatz zu vielen anderen Zeitarbeitskräften steht B. trotz oder gerade wegen ihrer positiven Bilanzierung einer Übernahme mit gemischten Gefühlen gegenüber. Sie schildert einerseits, daß sie von einigen Entleihfirmen, in denen sie gearbeitet hat, gern übernommen worden wäre. Aus betrieblichen Gründen (z.b. der Umstrukturierung des Unternehmens wegen) sei es dann doch nicht dazu gekommen. Später erklärt sie, daß sich der Übernahmewunsch im Laufe der Zeit verloren habe. Sie will „das Fließende" nicht mehr verlieren. Sie hat sich in der Zeitarbeit eingerichtet, da sie an weitere Beschäftigungsoptionen auf dem freien Arbeitsmarkt nicht mehr glaubt.

Kompetenzentwicklung und Erwerbsarbeitssicherung

Da sie nicht wieder in einem Notariat arbeiten möchte, spielt weniger der Kompetenzerhalt als vielmehr der Gewinn neuer Kompetenzen für ihr weiteres Erwerbsleben eine große Rolle. Hierbei stehen dann trotz ihrer Leiharbeitspräferenz *formale* Qualifikationen im Vordergrund. Dem steht entgegen, daß ihre Kompetenzgewinne zwar, wie sie berichtet, auch im fachlichen, vor allem aber im üblicherweise nicht sonderlich zertifizierten persönlichen, sozialen Bereich liegen.

So stellt sie einerseits heraus, zahlreiche Software-Programme kennengelernt zu haben, und hebt hervor, aufgrund der breitgefächerten Palette ihrer Einsatzgebiete nicht mehr nur auf ein Fachgebiet reduziert zu sein. Sie habe Bereiche kennengelernt, wie die Arbeit mit Computern, die ihr vorher unbekannt gewesen seien: „Und jetzt kenn' ich schon so viel daß ich glaube daß sie mich überall ..." <Lacht> (Z. 649f). Durch die Zeitarbeit fühlt sie sich in ihrem Qualifikationsbewußtsein gestärkt, da sie im Gegensatz zu früher von sich den Eindruck hat, daß man sie nicht mehr so leicht verunsichern kann, man „kann mir so schnell nichts mehr vormachen" (Z. 1772). Durch die Einblicke in unterschiedliche Firmen habe sie außerdem eine schnellere Auffassungsgabe gegenüber den Abläufen in den Unternehmen entwickeln können.

Andererseits hat Ruth B. über ihre Zeitarbeitfirma an einem Kurs teilnehmen können, der über Techniken zur Bewältigung von Konflikten informierte. Dieser Kurs hat ihr sehr viel gegeben, wie sie sagt. Daß er tatsächlich viel in ihr ausgelöst zu haben scheint, dafür finden sich zahlreiche Hinweise im Interview. Der von ihr empfundene Bedarf an Weiterbildung konzentriert sich folgerichtig hauptsächlich auf solche „psychologischen" Kurse, die sie auf – erwerbsbiographisch begründet – befürchtete Konflikte vorbereiten sollen. Die Anerkennung, die sie in den Unternehmen erhält, wertet sie als Resultat ihres früher mehr oder weniger durchgängig verunsicherten Einfühlungs- und Anpassungsvermögens. Ihr Kompetenzbewußtsein nährt sich somit eher aus ihren sozialen Kompetenzen als aus – offenbar doch tatsächlich gegebenen – fachlichen Fähigkeiten.

Dieses neu erworbene, eher ganzheitliche Kompetenzbewußtsein führt auch dazu, daß sie mögliche Dequalifizierungsprozesse, die ihr im Rahmen der Einsätze als Zeitarbeitskraft drohen, in Kauf nimmt. Den Einstieg in die Zeitarbeit empfindet sie heute als befreienden Ausstieg aus ihrem alten Arbeitsbereich, in dem sie letztendlich gescheitert ist.

Dies alles vor dem Hintergrund, daß die Tätigkeiten, die sie in den Einsatzunternehmen übernimmt, nicht dem Niveau der Notariatsarbeit entsprächen. Die Notariatsarbeit bezeichnet sie als „Gripsarbeit" (Z. 1207); im Gegensatz dazu beschreibt sie die Arbeiten, die sie als Zeitarbeitskraft ausübt, als „ungelernte" Tätigkeiten. Sie könne bei diesen Arbeiten nur wenig Verantwortung übernehmen, sei in erster Linie für reine Sekretariatsarbeit zuständig, und es komme auch vor, daß sie sich langweilt. Sie geht, konsequent, wie es scheint, nicht näher auf diese Tätigkeiten ein, betont nur, daß sie manchmal mit „Phantasie" an die Arbeit gehen müsse, da ihr die Einsatzbereiche völlig fremd sind, und stellt auch dies als positiv heraus. Sie betont immer wieder, daß ihr die Arbeit im Zeitarbeitsverhältnis Spaß mache, weil sie nun gebraucht werde. Diese Anerkennung scheint das niedrige Anforderungsprofil zu kompensieren.

„Und das ist auch sehr verschieden, in manchen Stellen wird man sehr gefordert, in manchen ist das so mittelmäßig, also es geht dann und manchmal sind auch so Zeiten da sitzt man dann rum als Zeitarbeitskraft <lacht>, das kann man sich gar nicht vorstellen, denn ich weiß nicht manchmal kann's auch einem langweilig werden ne?" (Z. 524ff)

Den Widerspruch zwischen ihrem offensichtlichen Anspruch, interessante Arbeit kompetent zu erledigen, und der Positivierung von Anforderungsarmut und Langeweile vermag sie nicht zu lösen. Offenbar überdeckt das Erleben, trotz ihres Alters einen vergleichsweise gesicherten Zugang zu Erwerbsarbeit erreicht zu haben, alles andere.

Die erwerbsbezogene Bilanz fällt bei Ruth B. denn auch sehr positiv aus. Ihrem im Laufe der Zeit immer instrumentelleren Bezug zur Arbeit entsprechend ist Zeitarbeit für sie ein Auffangnetz. Ohne ein festes Beschäftigungsverhältnis eingehen zu müssen, hat sie hier eine gewisse Sicherheit, da sie auch in entleihfreien Zeiten einen Mindestlohn erhält. So braucht sie keine Zukunftspläne zu schmieden und kann frei von jeglichen Beschäftigungsbindungen ihren Alltag gestalten. Sie betont, „jetztbezogen" zu leben und beschreibt die positive Spannung, alles einfach auf sich zukommen lassen zu können. Teil ihrer neuen Lebenshaltung ist es, sich an keinem Sicherheitsdenken mehr festzuhalten, da es keine Sicherheit im Leben gebe. Ob diese Einstellung Ausdruck von Resignation über ihre derzeitige Situation ist oder Konsequenz der dauerhaft prekären Beschäftigungssituation und des Versuchs, sich ihr aktiv anzupassen, bleibt im Laufe des Interviews letztlich undeutlich.

„Nee, ich hab' eigentlich keine Pläne, ich find' das immer spannend, also es, eh, für mich ist das irgendwo mehr jetztbezogen, ne? Ich leb' dadurch mehr jetztbezogen und, eh, sich neuen Situationen eh... So ist das Leben, sag' ich mir dann immer. (...) es gibt nirgendwo ein... ein'n Halt, nach dem viele Leute suchen im Leben, mit Sicherheit, genau, die gibt es nicht." (Z. 1913ff)

5.1.2 Gertrud R., 39 Jahre, Bürokraft

Gertrud R. war zum Zeitpunkt des Interviews 39 Jahre alt und arbeitete wie Ruth B. bereits zwei Jahre für ein Zeitarbeitunternehmen, bei dem sie sowohl intern, im Unternehmen selbst, als auch extern bei Kunden für einfache Tätigkeiten in Buchhaltung und Personalwesen eingesetzt wird. Auch bei internen Einsätzen wird sie jedoch ausschließlich als Zeitarbeitskraft geführt, hofft aber, dort irgendwann einmal eine feste Stelle zu bekommen. Ihr ist jedoch bewußt, daß ihre Chancen nicht sehr groß sind, da alle internen Stellen besetzt seien und die Marktlage momentan nicht gut sei.

5.1.2.1 Kurze Erwerbsbiographie der Gertrud R.

Nach der Schule beginnt Gertrud R., damals 15 Jahre alt, auf Wunsch ihres Vaters eine Ausbildung zur Friseurin und schließt diese nach drei Jahren erfolgreich ab. Sie arbeitet in ihrem Beruf, lernt ihren Mann kennen, heiratet nach weiteren drei Jahren und bekommt eine Tochter. Mit der Geburt des Kindes unterbricht sie in berufstypischer Manier ihre Erwerbstätigkeit, da, wie sie betont, die Familienarbeit für sie einen höheren Stellenwert einnimmt. R. bleibt in den ersten Lebensjahren des Kindes zu Hause, damit ihrer Tochter eine ähnliche Erfahrung erspart bleibe, wie sie, die als Kind hauptsächlich von Erzieherinnen betreut wurde und ihre Eltern nur selten zu Gesicht bekam, sie selbst gemacht hat: „Ich hab' en Erziehungsbild, wenn du ein Kind auf die Welt dir erlaubt hast zu bringen, mußte auch sehen daß du irgendwie Arbeit und Haushalt und Kind alles unter einen Hut bringen" kannst (Z. 601ff).
Als die Tochter in den Kindergarten kommt, fängt sie bei der Post als Sortiererin in der Spätschicht an, damit sie tagsüber für sie da sein kann:

Wenn der Mann am Nachmittag nach Hause kommt, geht sie zur Arbeit. Später übernimmt sie die Nachtschicht. Nach sieben Jahren wird jedoch die Poststelle geschlossen; sie erhält das Angebot, entweder in einem anderen Briefzentrum zu arbeiten oder mit einer Abfindung entlassen zu werden. R. entscheidet sich geschlechts- und milieutypisch für die Abfindung und wird arbeitslos.

Eine Woche später erhält sie von einer Bekannten das Angebot, in einer Bäckerei als Verkäuferin zu arbeiten. Diese Arbeit gibt sie jedoch aufgrund massiver Rückenprobleme bald wieder auf. Mit einer Bescheinigung, keine „stehenden Tätigkeiten" ausüben zu können, geht sie zum Arbeitsamt. Dort erhält sie durch regelmäßiges „Auf-den-Senkel-Gehen" die Möglichkeit, eine Umschulung für den kaufmännischen Bereich zu beginnen. Da es „eigentlich immer mein Traumberuf (war), Bürokauffrau" (Z. 653f), beginnt sie die Umschulungsmaßnahme hochmotiviert.

Bestandteil der Umschulung ist ein Praktikum, in dem die Teilnehmerinnen ihre erworbenen theoretischen Kenntnisse in der Praxis erproben sollen. Gertrud R. sucht sich zunächst ein Praktikum im Einzelhandel und findet einen Platz in der Kaufhalle; dort arbeitet sie in Wareneingangskontrolle und Buchhaltung. Die Einzelhandelskette würde sie nach der Umschulung übernehmen, was R. jedoch ablehnt, da ihr die Tätigkeiten nicht zusagen. Ihre zweite Praktikumsstelle findet sie über ein Zeitarbeitunternehmen. Sie wird an einen Entleihbetrieb verliehen und setzt dort ihr Praktikum fort.

Der Prozeß der Trennung von ihrem Mann trägt dazu bei, daß sie die dem Praktikum folgende Abschlußprüfung nicht besteht. Dennoch beschäftigt das Zeitarbeitunternehmen sie weiter. Die Prüfung will sie heute nicht mehr nachholen: „Ich hätte es, ne, also hätte mich noch mal anmelden können ne, also wie gesagt das war voriges Jahr im Frühjahr gewesen. Und – ich hab' da kein'n Nerv mehr für, weil ich meine Tochter finanziell auch über Wasser halte" (Z. 487ff).

Seit der Trennung lebt sie mit einem „Bekannten" und ihrer Tochter zusammen. Neben der Arbeit für das Zeitarbeitunternehmen hat Gertrud R. noch vier Putzstellen, denen sie trotz des Rückenleidens nachgeht.

5.1.2.2   Die Bilanz der Gertrud R.

Die Rolle des Zeitarbeitunternehmens

Ähnlich wie für Ruth B. übernimmt das Zeitarbeitunternehmen auch für Gertrud R. eine Rolle, die über die reine Vermittlungsfunktion hinausgeht. Zwischen ihren Einsätzen bei den Entleihunternehmen wird sie immer wieder intern eingesetzt. Auf der Basis ihrer guten Kontakte zu Kollegen und Disponenten findet eine Identifikation mit dem Unternehmen statt. Sie spricht, wenn es um den Verleiher geht, oft in der „Wir"-Form und erwähnt, sich dort durch die Übernahme spezifischer Aufgaben unersetzbar gemacht zu haben. Während des Interviews nimmt sie oft die Disponentenposition ein, sie spricht *als* Disponentin, beurteilt gar ex officio die Chancen anderer Zeitarbeiter:

„Also wir hören ja auch meistens – weil die eine Anfrage stellen oder eine Mitarbeiterin ordern die im Außendienst (??). Dann fragen die direkt nach, wie das ist mit den Übernahmemöglichkeiten, ne. Und dementsprechend sagen wir dann auch den Mitarbeitern, da besteht die Übernahmemöglichkeit. Oder da besteht die auch nicht." (Z. 1052ff)

Den Status als Externe spürt sie so kaum, wird, wie sie betont, auch nicht als solche behandelt:

„Also ich würde irgendwo..., ich bin zwar extern eingestellt werde aber auch intern irgendwie mit einbezogen. (...) Ich liege zwar in der Statistik als Externe, und eben halt auch weil ich immer rüberspringe, ich möchte das aber auch weil ich hab' gesagt: ,Je nach dem wenn es machbar in, in, in der Niederlassung, möchte ich schon gerne immer irgendwo mal zwischendurch extern eingestellt werden.'" (Z. 1310ff)

Sie möchte sich die Möglichkeit nicht versperren, immer wieder einmal einen neuen Einsatz zu übernehmen. Die neuen Erfahrungen durch wechselnde Einsätze gehören zu ihrer positiven Bilanzierung der Zeitarbeit: „Weil es ist für mich auch unheimlich schön, jetzt auch mal was anderes, mal woanders zu arbeiten. Dann sag' ich mir immer, durch diese Einsätze kann ich immer noch mehr Erfahrung reinholen." (Z. 949ff)

Die Rolle der Entleihunternehmen

Gertrud R. hat bis jetzt drei Entleihunternehmen kennengelernt. Die durchschnittliche Einsatzzeit beläuft sich auf drei bis sechs Monate. Eingearbeitet wird sie jeweils vom Entleihunternehmen, wobei es jedoch keiner großen Lernprozesse bedarf, da es einfache Tätigkeiten seien, die sie schnell beherrsche. Mit Stolz spricht sie während des Interviews häufiger ihre schnelle Auffassungsgabe an: „Und irgendwann habe ich das nach kurzer..., wirklicher kurzer Einarbeitungszeit konnte ich das" (Z. 864f) und „ich habe es dann einfach angewendet" (Z. 82f).
    Zuerst wird R. in der Buchhaltung einer Chemiefabrik in Odenkirchen eingesetzt. Obwohl sie „sowieso keine Ahnung von der Buchhaltung" (Z. 77) habe, arbeitet sie sich schnell ein und eignet sich die nötigen Kenntnisse am Computer an. Ihr nächster Einsatz führt sie in das Sekretariat eines handwerklichen Betriebes, wo sie im Kundendienst für die Monteure mitarbeitet. Anschließend wird sie an ein Institut verliehen, in welchem sie hauptsächlich in der Telefonzentrale eingesetzt wird. Hier nimmt sie

Anrufe entgegen und öffnet die Tür; ein Tätigkeitsfeld, das sie mit der Zeit sehr langweilt: „und ich hätte auch ohne weiteres zig Pullover strikken können" (Z. 127f).

Trotz dieser wenig anspruchsvollen Tätigkeiten bilanziert R. die Rolle der Entleihunternehmen positiv, da sie sich in den Firmen in der Regel wohlfühlt, integriert wird und nicht auf kompetenzbezogene Grenzen stößt. Ausgeprägter noch als bei Ruth B. scheint sich bei Gertrud R. ein instrumenteller Bezug zur Arbeit entwickelt zu haben; ihre geringen Ansprüche werden durch die Beschäftigung in Zeitarbeit befriedigt.

Kompetenzentwicklung und Erwerbsarbeitssicherung

Die abgebrochene Umschulung und Einsätze, die unterhalb ihres trotz des Abbruchs doch erreichten Qualifikationsniveaus liegen, führen zur Dequalifizierung der ausgebildeten Friseurin. Gertrud R. fühlt sich dennoch positiv bestätigt; schon das Gefühl, gebraucht zu werden, gilt ihr als starke symbolische Gratifikation. Trotz oft mangelnder Kenntnisse fühlt sie sich weder je über- noch unterfordert: Jeden neuen Einsatz empfindet sie als willkommene Herausforderung.

„Dann war meine Art immer zu sagen: ‚Ach wissen Sie was, ich hab' gar nicht viel Ahnung davon.' Hier so zum Beispiel die Buchhaltungskenntnisse, aber was soll es. ‚Also ich hab' zwar nicht viel Ahnung, von', sag' ich, ‚aber ich kann gut Kaffee kochen', sag' ich. ‚Also ich komme gerne. Und helfe da aus.' Wie es da mal ist – irgendwie hatte ich nie Probleme." (Z. 897ff)

Sie führt das weitverbreitet inkriminierte „Kaffeekochen"-Können und -Wollen als Arbeitsmarktvorteil für sich ins Feld, bezeichnet sich als Praktikerin, die nur kurze Einweisungen für die auszuführenden Tätigkeiten benötige; mit rein theoretischen Erklärungen könne sie nichts anfangen. An permanenter Weiterung ihre Horizontes ist sie dabei gewiß nicht desinteressiert; die Internalisierung (das „Reinholen") wertvoller Erfahrungen durch häufig wechselnde Einsätze ist ihre Form der Kompetenzentwicklung. Den Umgang mit spezifischen Computerprogrammen zum Beispiel habe sie durch ihre wechselnden Einsätze lernen können.

Aber auch hier findet sich der erlebte und in wechselnden Passagen des bildungs- und erwerbsbiographischen Interviews manifeste Widerspruch zwischen dem qualifikationsmilieutypischen Insistieren auf dem höheren Wert von Erfahrungswissen einerseits und dem dennoch hohen Stellenwert zertifizierter Qualifikation andererseits, wie ihre Hartnäckigkeit bei dem Kampf um die Umschulung zur Bürokauffrau ausweist. Ihr nur gering erscheinendes Qualifikationsbewußtsein, das sich hauptsächlich auf ihre schnelle Auffassungsgabe und ihre praktische Begabung stützt, ist wohl zurückzuführen auf die minimale Transferqualität des eben von vornherein kaum längerfristig aussichtsreichen Friseurinnenberufs[1] und den Umschulungsabbruch – beides bildungsbiographische Brüche, die zu einem bestenfalls geringen Vertrauen in den Wert formaler Ausbildung geführt haben, ihr aber dennoch kaum Grund zur Verunsicherung bieten. Dagegen steht der unmißverständliche Arbeitsstolz der „Macherin": „Ich bin keine Theoretikerin, sondern ich bin eine Praktikerin. Ich sag': ‚Zeigen Sie es mir. Ich mache es.'" (Z. 855f)

Obwohl Gertrud R. die Bedeutung zertifizierter Qualifikationen auch explizit betont, will sie deshalb die nicht bestandene Prüfung nicht wiederholen und verzichtet darauf, sich durch Weiterbildungsmaßnahmen formal zu qualifizieren; angesichts ihrer Erfahrungen erscheint dies nur als konsequent. Der Bewältigung ihrer mißlichen Einkommenssituation kommt als ständig akutem Problem eine höhere Priorität zu. Da sie zusätzlich zu ihrer Arbeit für das Zeitarbeitunternehmen noch Nebentätigkeiten übernommen hat, auf die sie finanziell angewiesen ist, bleibt ihr außerdem wenig Zeit zu eventuellen, im Zweifelsfall in ihrer Freizeit abzuwickelnden Qualifizierungen. Mit ihren subjektiv „fertigen" Qualifikationen und ihrem Interesse an zuwachsendem Erfahrungswissen fühlt sie sich ausreichend gewappnet für die auf sie zukommenden Arbeitssituationen.

Zeitarbeit betrachtet R. ganz allgemein als „Sprungbrett" in eine feste Anstellung. Sie hofft schon, eines Tages in der Verleihfirma fest angestellt zu werden – dennoch möchte sie das Sprungbrett für sich selbst nicht nutzen. Was angesichts des doch immer wieder durchscheinenden Wunsches, in die Kernbelegschaft ihres Verleihers übernommen zu werden, wie ein Widerspruch klingt, erklärt sich durch ihre spezifische Lebenssituation. Zeitarbeit ist für sie nämlich auch die beste Möglichkeit, erwerbstätig zu sein, ohne ihrem geschiedenen Ehemann, der von Sozialhilfe lebt, Unterhalt zahlen zu müssen. „Aber", räsonniert sie, „das sehe ich irgendwo nicht ein" (Z. 223). Da ihr Einkommen im Zeitarbeitsverhältnis vergleichsweise gering ist, ist sie von diesen Zahlungen befreit. Durch eine Festanstellung in einem Betrieb, die mit einem höheren Verdienst einherginge, wäre sie dagegen gezwungen, diese Leistungen gegen ihren Willen zu zahlen. Sie würde Zeitarbeit als Sprungbrett unbedingt empfehlen; und zwar obwohl sie erlebt hat, daß Entleihfirmen selbst bei einer Übernahme nur befristete Verträge vergaben und die Betroffenen sich nach einem halben Jahr wieder beim Verleiher bewerben mußten: „Ich würde es weiterempfehlen. Ja. Also ich würde es weiterempfehlen,

---

[1] Siehe hierzu die äußerst aufschlußreichen Ergebnisse der Längsschnittanalysen des Projekts „Statuspassagen in die Erwerbstätigkeit" des 2001 ausgelaufenen Sonderforschungsbereichs 186 („Statuspassagen und Risikolagen im Lebensverlauf").

weil ich mir sage, es ist einfach ein Sprungbrett" (Z. 1352ff) in ein gesichertes Erwerbsleben – aber eben nicht für sie.

So lebt sie bis auf weiteres von ihren internen und externen Einsätzen als Leiharbeitskraft und den Putzstellen:

„Ich mach' das auch so, gut ich habe zwei Freistellungen, aber es geht nicht anders, mein Mann hat mir zwanzigtausend Mark Schulden hinterlassen. Und wenn Sie eine Miete von fast tausend Mark haben und haben achtzehnhundert netto und haben ein Kind, wo sie kein'n Unterhalt 'für beziehen weil sie sechzehn ist, da ist kein Amt für zuständig. Muß ich den Rest dann halt selber bezahlen." (Z. 726ff)

Gertrud R. richtet sich in ihrer Notsituation so gut ein, wie es eben geht. Was nützt ihr das Klagen: Da ist kein Amt für zuständig.

5.1.3 Franz Y., 52 Jahre, SAP-Fachmann

„Ich komme also aus einer Bergmannsfamilie – und aus dem Jungen muß natürlich was Besseres werden, ganz klar, der kann ja nicht Bergmann werden der muß ins Büro." (Z. 2106ff)

5.1.3.1   Kurze Erwerbsbiographie des Franz Y.

Der im Bergarbeitermilieu seit Generationen verbreitete Topos prädestiniert den Werdegang des Franz Y. Seine Eltern sehen seine Berufstätigkeit in einem *white-collar*-Beruf im Büro. Infolgedessen besucht er nach der Volks- die Handelsschule und schließt sie erfolgreich ab, obwohl es ihm keinen Spaß macht. Nach der Handelsschule beginnt er eine Ausbildung zum Industriekaufmann in einem Chemieunternehmen, absolviert nach deren Abschluß seinen Wehrdienst, kehrt im Anschluß daran in seinen Ausbildungsbetrieb zurück und arbeitet dort im erlernten Beruf.

Da er mit seiner Ausbildung im Unternehmen keine Aufstiegsperspektive sieht und sich nicht leistungsgerecht bezahlt fühlt, besucht er das Abendgymnasium und studiert anschließend Betriebswirtschaftslehre. Während des Studiums arbeitet er in seinem Ausbildungsbetrieb als Werkstudent und kann sich durch die Arbeit in unterschiedlichen Abteilungen viele neue Kenntnisse aneignen. Nach dem Studium sammelt er in mehreren Unternehmen und in verschiedenen Tätigkeitsbereichen Berufs- und Führungserfahrung. Ausführlich beschreibt er seine langjährigen Beschäftigungen in den Unternehmen. Immer wieder habe er dabei die Erfahrung machen müssen, als Angestellter mit seinen Verbesserungsvorschlägen vor den Hürden von Hierarchie und Mikropolitik des Unternehmens zu stehen.

Mit der Zeit entdeckt er sein großes Interesse an der Herstellung der Waren. Da er aber nach seiner langjährigen Arbeit in den kaufmännischen Abteilungen nicht in die von seinen Eltern perhorreszierte Produktion wechseln möchte, entscheidet er sich schließlich für die *controlling*-Abteilung. Franz Y. besucht eine Management-Akademie, für die sein damaliger Beschäftiger die Kursgebühren bezahlt und er im Gegenzug auf seinen Erholungsurlaub verzichtet.

Wirtschaftliche Schwierigkeiten eines seiner letzten Beschäftiger im Normalarbeitssegment veranlassen ihn, in eine Unternehmensberatung zu wechseln. Dort berät er Großunternehmen, unter anderem bei der Einführung von SAP.[1] Nach einiger Zeit gehen jedoch auch der Unternehmensberatung die Projekte aus, und es können keine neuen Aufträge akquiriert werden. So entscheidet sich Y. schließlich für eine berufliche Umorientierung und bewirbt sich unter anderem auf Geschäftsführerstellen. Zur Realisierung seines eigentlichen Wunsches, ein eigenes Unternehmen zu gründen, ist er seiner Meinung nach zu alt.

„Ich konnte mich nicht mehr selbständig machen mit..., bin mittlerweile 52 Jahre alt und sich da selbständig zu machen, braucht man sicherlich fünf Jahre und dann bin ich 57 und dann fragt man sich: ‚Was wird das?'"(Z. 47ff)

Im Internet stößt er bei der Stellensuche zufällig auf die Homepage eines Zeitarbeitunternehmens. Ursprünglich war Franz Y. einer Beschäftigung in Zeitarbeit gegenüber sehr skeptisch eingestellt. Immerhin habe er selbst mit Zeitarbeitskräften, die als Mitarbeiter in seinen Abteilungen beschäftigt waren, keine guten Erfahrungen gemacht.

Trotzdem bewirbt er sich als Interimsmanager. Hier, bei der Schilderung des Entscheidungsprozesses für oder gegen Zeitarbeit, tun sich scheinbar Widersprüche auf. Auf der einen Seite berichtet er, es sei eine Notfallentscheidung gewesen, da ihm die Kündigung drohte; zum anderen stellt er seinen Schritt in ein Zeitarbeitsverhältnis als bewußte und freiwillige Entscheidung zwischen alternativen Optionen dar. Für Y., dessen Selbstbild ihm vorschreibt, Entscheidungen nur rational und nach ausreichender Recherche zu treffen, ist dieser scheinbare Widerspruch dennoch in sich stimmig: Auch in der Not der Beschäftigungslosigkeit heißt es, kühlen Kopf zu bewahren und erst nach einem Informations- und Abwägungsprozeß rational zu entscheiden.

„Eigentlich auch aus der Not heraus, auf Stellensuche war ich, aber eben, wie gesagt, war interessant... Im Internet übrigens, interessante Beschreibung und da

---

[1] „*S*ysteme, *A*nwendungen, *P*rodukte in der Datenverarbeitung": Unternehmenslösungen der gleichnamigen Walldorfer Softwarefirma.

denke ich: Da fängst du erst mal an, schaden kann es ja nicht. Bisher, muß ich sagen, wirklich eine sehr positive – sehr positive Entwicklung. Und auch so, finanziell, in nichts steh' ich da nach, im Gegenteil." (Z. 194ff) – „Ich hätte also auch wieder in der Industrie anfangen können, da waren genügend Optionen auch da, habe mich dann aber für Schmitt entschieden." (Z. 307ff)

Ausschlaggebend ist für ihn, daß dieses Unternehmen hauptsächlich gut qualifizierte Leute beschäftigt und seine Verdienstmöglichkeiten dieselben sind wie in der Unternehmensberatung.

Seine wohl tatsächlich überdurchschnittliche fachliche Kompetenz zeigt sich darin, daß er sich im Grunde selbst vermittelt, das Zeitarbeitunternehmen also im engeren Sinne des Wortes lediglich als Arbeitskraftmakler auftritt: Er wird von einer Disponentin des Verleihers zu einem Kundenunternehmen mitgenommen, das für die Einführung von SAP einen Berater entleihen möchte. Gemeinsam mit der Vertreterin des Verleihbetriebes kann er in dem Gespräch den Auftrag für das Zeitarbeitunternehmen einholen. Zum Zeitpunkt des Interviews arbeitet er dort seit einem halben Jahr als SAP-Berater.

5.1.3.2   Die Bilanz des Franz Y.

Die Rolle des Zeitarbeitunternehmens

Franz Y. hat durch das Zeitarbeitunternehmen positive Unterstützungsleistungen erfahren. Einen großen Vorteil sieht er darin, daß sein Verleiher neue Arbeitseinsätze für ihn akquiriert. Er selbst muß sich nicht mehr damit befassen, so wie es bei der Unternehmensberatung zu seinen Aufgaben zählte. Seine Schilderungen über die Beschaffung neuer Aufträge bei dem alten Arbeitgeber machen deutlich, daß er diese Aufgabe nur sehr ungern übernahm.

Grundsätzlich kann Y. sich gut vorstellen, auch weiterhin für seinen Verleiher zu arbeiten. Ausdrücklich hebt er dessen Geschäftsgebaren als Ausnahmefall hervor, der für Zeitarbeitunternehmen nicht typisch sei, aber die einzige Zukunftsperspektive für die Branche darstelle:

„Ja ich muß ganz ehrlich sagen, ich beziehe diese Form der Zeitarbeit die Schmitt betreibt und dieses Konzept was Schmitt hat, nur darin sehe ich eigentlich Zukunft für Zeitarbeit. Dieses andere, sage ich mal, wo da also wirklich Billigstkräfte da beschäftigt werden und wo es also wirklich dann nur dadrum geht im Prinzip eigentlich eine Abzocke zu machen mit den Leuten: Dieses ist für mich moralisch verwerflich und ich muß Ihnen auch ganz ehrlich sagen, das wird keine Zukunft haben." (Z. 1954ff)

Er würde sich allerdings wünschen, in Zukunft auch in der Geschäftsführung eingesetzt zu werden, da es ihm auf Dauer zu anspruchslos ist, nur als SAP-Berater zu arbeiten. So habe er eine Idee für einen neuen Geschäftszweig seines Arbeitgebers eingebracht und möchte dies weiterverfolgen. Dabei gehe es um ein Dienstleistungsangebot, für das ein Stab von Mitarbeitern aufgebaut werden soll, die SAP-Projekte betreuen können. Diese Beschäftigten sollen nicht klassische Unternehmensberater sein, sondern Personen, die aus der Praxis kommen und somit ganz anders beraten können als herkömmliche Unternehmensberater, die seines Erachtens – im Umkehrschluß – offenbar von dem, wozu sie beraten sollen, nicht viel verstehen. Die im Projekt Beschäftigten sollten nicht nur Konzepte für ihre Kunden entwickeln, sondern auch aktiv bei deren Einführung mitarbeiten. Dies würde sie dann, so Y. weiter, von herkömmlichen Unternehmensberatern erheblich unterscheiden.

Den einzigen Nachteil seines Zeitarbeitsverhältnisses sieht er in der fehlenden Weisungsbefugnis den anderen Projektmitarbeitern gegenüber. Für die Projektarbeit wäre es günstiger, wenn er den anderen Beteiligten klare Anweisungen geben könnte. So müsse er sich an deren Vorgesetzte wenden, damit diese dann die Anweisungen geben: „Ich meine, jetzt kommt eins, das ist sicher ein Nachteil wieder, wenn man selbst Manager wäre kann man sagen: So das wird jetzt gemacht. Aber ich habe ja keine Weisungsbefugnis." (Z. 758ff)

Insgesamt bilanziert Franz Y. seine Arbeit in dem Zeitarbeitunternehmen als ausgesprochen positiv: „Bisher, muß ich sagen, wirklich eine sehr positive – sehr positive Entwicklung" (Z. 200f).

Die Rolle des Entleihunternehmens

Franz Y. ist mit seinem Tätigkeitsbereich im Entleihunternehmen rundum zufrieden. Sowohl an dessen Hauptsitz als auch in den kleineren Zweigstellen tätig, gefällt ihm an dieser Tätigkeit besonders gut, daß er im Gegensatz zu seinen früheren Arbeitsverhältnissen bei seinen Einsätzen keine Rücksicht mehr auf die Mikropolitik des Unternehmens nehmen muß. Er könne sachorientiert arbeiten und die effizientesten Lösungen vorschlagen, ohne auf Hierarchien Rücksicht nehmen zu müssen. Dies ist für Y. eine ganz neue Erfahrung.

Seine auf das Entleihunternehmen bezogenen Narrationen konzentrieren sich so auf die Themen fachkompetenter Expertise innerhalb hierarchischer Kontrollstrukturen und das Verhältnis zu seinen Kollegen im Einsatzbetrieb. Y. ist es wichtig, mit den Festangestellten gut auszukommen, denn nur so könne er gute Arbeit leisten. Er geht zudem davon aus, daß ein guter Kontakt zu den Mitarbeitern sich auf einen möglichen Folgeeinsatz auswirken könnte; denn seine Fachkompetenz alleine, weiß er, entscheide nicht über eine Weiterbeschäftigung.

Anfänglich sei man ihm mit Skepsis begegnet, da man wohl nicht mit einer Zeitarbeitskraft für diese Aufgabe gerechnet hatte, berichtet er von der gleichen Skepsis in der Belegschaft, die er früher als Festangestellter selbst an den Tag gelegt hatte. Insgesamt sei er jedenfalls von den Mitarbeitern des Entleihunternehmens sehr gut aufgenommen worden, weil bald registriert wurde, daß er ihnen bei Problemen mit SAP helfen kann. Selbst auf dem Flur sei er um Rat gefragt worden.

„Und die haben sehr schnell gemerkt daß ich ihnen helfen kann. Ich werde immer wieder gefragt, hier auf dem Flur: ‚Sagen Sie mal, ich weiß Sie haben keine Zeit aber wie ist das denn beim SAP?' und so weiter. Ja da habe ich gesagt: ‚Ja da kann ich Ihnen aber zumindest mal so wieder so einen Tip geben so 'nen Wink ..., und so weiter und das wird schon anerkannt. Also mittlerweile ist das so, daß das also ja, ‚Wie, am 15. August wollen Sie in Urlaub gehen? Wie soll das denn ohne Sie gehen?'‚Ja ', ich sage, ‚das weiß ich alles nicht, da müssen wir mal sehen.' ‚Nee nee, aber das geht ja nicht, so schnell können wir Sie aber nicht weglassen!' und so weiter." (Z. 1894ff)

Wenn nötig, übe er dennoch auch Kritik an den (Mit-)Angestellten. Wichtig sei ihm nämlich, sich im Arbeitsleben, besonders und gerade als Zeitarbeitskraft, nicht unterwürfig zu verhalten. Man solle selbstbewußt, nicht „duckmäuserisch" auftreten, dabei aber nicht „übertreiben" und sich statt dessen durch Leistung auszeichnen (Z. 1930ff).

Kompetenzentwicklung und Erwerbsarbeitssicherung

Franz Y. ist eine derjenigen Zeitarbeitskräfte, die ein nachvollziehbar starkes Interesse an Weiterbildung äußern. Im Gegensatz zu Ruth B. und Gertrud R., die durch fehlende Angebote oder Ressourcen daran gehindert werden, sich weiterzuqualifizieren, ist Franz Y. von seiner Verleihfirma eine SAP-Fortbildung in Aussicht gestellt worden.

Das Interesse an Bildung und Weiterbildung ist, anders als bei den meisten Leiharbeitern, auch nicht durch Übernahmehoffnungen oder durch reale oder erwartete Dequalifizierungsprozesse und den Versuch ausgelöst, diese zu kompensieren, sondern genuines Motiv des Franz Y., sich immer weiter zu spezialisieren und seinen Horizont zu erweitern. Im Gegensatz zu den beiden Frauen, die aufgrund von Dequalifizierung und dadurch verunsichertem Qualifikationsbewußtsein ihren subjektiven Bildungsweg bereits in jüngeren Jahren als abgeschlossen betrachten, ist Y. sowohl beruflich als auch privat stets an Lernprozessen interessiert.

Hinzu kommt ein extremes Leistungsbewußtsein, das sich im Laufe seiner Biographie, voll und ganz internalisiert, zu einem ebenso außergewöhnlichen Leistungsdruck verdichtet und wohl auch gegen ihn gewendet hat, wie es seine unentwegten Äußerungen zu seinen hervorragenden Leistungen nahelegen. Alles in seinem Leben hat er „exzellent" gemacht: seine Ausbildung, seine unterschiedlichen Arbeitsstellen, Bewerbungsschreiben, den Hausausbau, und auch die Frau, für die er sich entschieden hat, erledigt die Familienarbeit ganz exzellent. Dabei klingen zum Beispiel seine Schilderungen über seine Arbeit, seine Einlassungen zu Managementtätigkeiten und seine Einschätzungen zum Phänomen Zeitarbeit fundiert und nachvollziehbar.

... „also wenn ich das mache, dann mache ich das exzellent. Auch da wo ich keine Lust habe, das wird dann exzellent gemacht." (Z. 2130ff) – ... „bei dem einen, der mich auch besonders gut leiden kann, dem habe ich mal gesagt: ‚Darf ich mal einen Vorschlag machen?' Also wir kannten uns ein bißchen besser und haben auch... ‚Ich sage jetzt mal..., darf ich jetzt ganz offen was sagen zu Ihnen?'– ‚Ja, aber sicher doch.' Ich sage: ‚Halten Sie sich mal raus, dann läuft das auch. <Lacht> Sind Sie mal ganz ruhig.',Ja', sagt er, ‚dann mache ich das.'" (Z. 1155ff)

Motivation zu und Kosten-Nutzen-Abwägung von Bildungsaufwand geraten bei Franz Y. als höherqualifizierter Zeitarbeitskraft mit anspruchsvollen und herausfordernden Tätigkeiten biographisch begründet positiver und schließlich auch ertragreicher als bei Zeitarbeitskräften, die in niedrig- oder unqualifizierten Bereichen verliehen und eingesetzt werden.

Ganz im Gegensatz zu vielen anderen Zeitarbeitskräften wirkt sich für Y. auch der Aspekt des Alters positiv aus. Negativ bewertet er zwar, daß er seinen Wunsch, ein eigenes Unternehmen aufzubauen, aufgrund seines Alters nicht mehr verwirklichen kann. Dennoch vermag er für sich keine schlechteren Arbeitsmarktchancen zu realisieren. Gerade in dem Bereich, in dem er jetzt tätig ist, sei es von Vorteil, daß er sich aufgrund seines großen Erfahrungshorizonts schnell in neue Sachverhalte und Abläufe hineindenken und kompetente Lösungen entwickeln könne.

„Ich brauche viel Erfahrung, das was ich mache, das kann eigentlich ein Dreißig-, Fünfunddreißigjähriger gar nicht leisten, weil es sehr..., weil man erstens, eh, von der Sache sehr viel verstehen muß und sozusagen auch einen weiten Blickwinkel haben, man muß etwas gesehen haben um dann auch eine Konzeption entwickeln zu können, Lösungsvorschläge machen zu können und das könnte ich mit Sicherheit nicht wenn ich nicht diesen Background sehr langer Berufserfahrung, der vielen Facetten die ich durchgemacht habe, gesehen hätte." (Z. 99ff)

Alles das gipfelt schließlich darin, daß ihm sein Verleiher jede nötige zusätzliche Qualifizierung ermöglicht, so daß seine Kompetenz auch langfristig gesichert erscheint: „Schmitt macht das also was ich machen will. Da ist das im Weiterbildungskonzept vorgesehen daß man seinen Bedarf da anmelden kann." (Z. 1236ff)

Franz Y. strebt keine weiteren Karriereschritte mehr an, er hatte bereits genug verantwortungsvolle Positionen inne. Ihm genügt jetzt, für das Zeitarbeitunternehmen unterschiedliche Projekte zu bearbeiten. Im Unterschied zu Ruth B. und Gertrud R. kann er seine hochgesteckten inhaltlichen Ansprüche an eine Erwerbsarbeit im Zeitarbeitsverhältnis realisieren. Er übt eine Tätigkeit aus, die offenbar seinen Fähigkeiten entspricht und auch Verantwortung und Kompetenz von ihm erwartet. Er sieht jedoch auch, daß seine Situation in Zeitarbeit eine sehr spezifische ist, was sich zum Beispiel auch in der geschilderten Episode manifestiert, in der er gemeinsam mit der Mitarbeiterin seines Verleihers den aktuellen Einsatz akquiriert hatte. Er hat große Gestaltungsmöglichkeiten innerhalb des Entleihunternehmens, was für Zeitarbeitskräfte, die in der Produktion tätig sind, seiner Meinung nach nicht möglich ist, weshalb diese die Zeitarbeit aus einer ganz anderen Perspektive bewerteten.

Sein Gehalt ist zudem nicht schlechter als bei der Unternehmensberatung, für die er zuletzt gearbeitet hatte; insgesamt ist seine Einkommenssituation sogar besser geregelt als zuvor, da er jetzt ein festes Gehalt bezieht. Bei der Unternehmensberatung wurden vierzig Prozent seines Gehaltes nach Erfolg bezahlt; das hieß für ihn, daß er zu Zeiten, in denen es keine Aufträge gab, mit einem erheblich geringeren Einkommen auskommen mußte. Ein angenehmer Aspekt von Zeitarbeit sei schließlich auch das Wissen darum, daß man den Zeitarbeitgeber nach jedem Einsatz wieder problemlos verlassen könne, wenn es einem nicht gefällt.

Seine weitere, andere Zukunft scheint ihn überhaupt intensiv zu beschäftigen. Aufgrund seines Alters setzt er sich schon mit der nicht mehr fernen Ruhezeit auseinander. Am wichtigsten sei ihm, auch weiterhin aktiv bleiben zu können. Sein ganzes bisheriges Leben ist durch Aktivität und Arbeit geprägt, und so möchte er sein Leben auch nach der Erwerbsarbeit fortsetzen: „Hauptsache ich bin im Leben. Also warten auf den Tod, das möchte ich nicht." (Z. 2609ff)

Er würde dann gerne reisen, um andere Länder, deren Kultur und Menschen kennenzulernen. Er könnte sich auch vorstellen, nach China zu gehen, da dort ältere Spezialisten gefragt sind und er gerne sein Wissen weitervermitteln würde. Er könnte sich des weiteren vorstellen, ein Psychologiestudium aufzunehmen. Als dritten Lebensentwurf für seine Zeit als Rentner hat er die Vorstellung, ein soziales Projekt ehrenamtlich zu managen, wie zum Beispiel ein Projekt zur Versorgung von Obdachlosen.

„Das würde ich also gerne machen, um einfach aktiv zu bleiben. Ich kann mir also schlecht vorstellen heute, jetzt gehe ich aber auch davon aus daß mein Körper dann auch noch derjenige ist, wie er heute ist, ich kann mir also nicht vorstellen, zu Hause dann zu sitzen und zu sagen: ‚Jetzt lese ich mal Zeitung, jetzt machen wir Frühstück und dann gehen wir einkaufen und dann war es das.' Oder was weiß ich, ständig nur in Urlaube zu fahren oder so, ich weiß nicht, ob das eine sinnvolle Beschäftigung ist." (Z. 2546ff)

5.1.4 Positive Bilanzen: Kompetenzentwicklung und erwerbsbiographische Instrumentalisierung der Arbeitsform Zeitarbeit

Ruth B., Gertrud R. und Franz Y. kommen zu insgesamt positiven Bilanzen ihrer Beschäftigung in Zeitarbeit. Das Zeitarbeitsverhältnis dient ihnen als wichtige Stützeinrichtung, die nicht nur unmittelbar erwerbsbezogene, sondern auch soziale Funktionen erfüllt. Bei Einsatzlücken und -abbrüchen werden sie vom Verleihunternehmen aufgefangen. Gertrud R. arbeitet zeitweise im Kernbereich ihres Verleihers mit, was schließlich zur Identifikation mit den dort eingesetzten Disponenten und Mitarbeitern führt, und Franz Y. konnte sich eine weitgehend autonome Stellung aufbauen.

Eine auffallende Gemeinsamkeit bei Ruth B. und Gertrud R. ist ihr instrumenteller Erwerbstätigkeitsbezug; inhaltliche Ansprüche an die zu übernehmende Tätigkeit werden kaum noch gestellt. In beiden Fällen ist er erwerbsbiographisch begründet, manifestiert also keineswegs die „Gleichgültigkeit des Lohnarbeiters gegenüber seiner Arbeit" und indiziert auch nicht so etwas wie „Charaktereigenschaften" oder psychische Dispositionen.[1] Sie haben sich für das Zeitarbeitsverhältnis entschieden, um sich finanziell abzusichern und Arbeitslosigkeit zu verhindern, und so genügt es ihnen, in geringqualifizierte Tätigkeiten heterogener Einsatzbereiche verliehen zu werden. Dieses erwerbsbiographisch begründet auf das Minimum, die einfache Subsistenz reduzierte Anspruchsniveau ist ein wichtiges, wenn nicht das zentrale Moment der positiven Saldierungen der beiden Interviewpartnerinnen. Nicht zu hohe Erwartungen können auch nicht so leicht enttäuscht werden.

Franz Y. hingegen ist in diesem Sinne ein Ausnahmefall: Als Hochqualifizierter auf einem Anbietermarkt mußte er keinen Dequalifizierungsprozeß hinnehmen. Im Gegenteil: die Beschäftigung in Zeitarbeit hat ihm erwerbsbiographisch neue Perspektiven aufgezeigt und ihn in seinem Qualifikationsbewußtsein bestätigt. Außerdem nimmt ihm der Verleiher ihm aufgedrängte, seiner fachlichen Qualifikation gerade eben nicht entsprechende und sein Tätigkeits-Zeitbudget ungehörig belastende Arbeitsbereiche ab: Die Verantwortung für die Akquisition neuer Projekte – nicht unbedingt das Mitspielen dabei – und die Konsequenzen erfolgloser Akquisitionsbemühungen bleiben nun auf seiten der Verleihfirma.

---

[1] Beides theoriegeschichtliche Erklärungsmuster mit weiter Verbreitung, das eine älteren, das andere wieder einmal aktuelleren Datums, die die subjektive Geschichte und Betroffenheit der einzelnen nicht ernstnehmen (und ihrer methodologischen Ansätze wegen auch nicht zu ergründen *vermögen*).

Wir können aufgrund der biographischen Analysen noch weitergehen: Im Grunde haben wir in Y. den *einzigen* Fall von vornherein und widerspruchsfrei positiver Bilanzen. Das liegt schließlich daran, daß er eben *kein* typischer Leiharbeiter ist – in seinem Beschäftigungssegment „schmeißt" er „den Laden"; der Verleiher scheint – auch seines fortgeschrittenen Erwerbsalters wegen – eher von ihm als er von seinem Verleiher abhängig zu sein. Damit entfällt ein zentrales empirisches Kriterium von Leiharbeit als gesellschaftlichem Phänomen: die starke Abhängigkeit des Arbeitskraftanbieters von seiner letzten Chance.

5.2 Ambivalente Bilanzen

Die folgenden drei Fälle – Dieter G., Kurt F. und Regina E. – saldieren Zeitarbeit weder positiv noch eindeutig negativ. Aus unterschiedlichen Gründen bleibt das Resümee ihrer Erfahrungen mit Zeitarbeit unbestimmt, ambivalent.

5.2.1 Dieter G., 46 Jahre, Netzwerkadministrator

Dieter G., gelernter Büromaschinenmechaniker, ist zum Befragungszeitpunkt 46 Jahre alt. Vier Jahre zuvor hatte er eine vom Arbeitsamt geförderte Umschulung zum Netzwerkadministrator absolviert, und seither arbeitet er in diesem Beruf, seit vierzehn Monaten für ein Zeitarbeitunternehmen. Zum Zeitpunkt des Interviews pausiert er, da seine Verleihhöchstdauer von zwölf Monaten ausgeschöpft ist, und arbeitet statt dessen am Empfang des Zeitarbeitunternehmens.

5.2.1.1   Kurze Erwerbsbiographie des Dieter G.

Die Entscheidung für den Ausbildungsberuf folgt G.s Interesse an Technik. Ursprünglich wollte er sich zum Tontechniker bei einem Rundfunksender ausbilden lassen. Wegen der hohen Bewerberzahl und einer nur geringen Menge an Ausbildungsplätzen kann er seinen Berufswunsch jedoch nicht realisieren. Daraufhin bewirbt er sich auf andere Ausbildungsstellen im technischen Bereich, wobei es sein dominierendes Interesse war, möglichst schnell eine Ausbildungsstelle zu finden und Geld zu verdienen. Etwa bei der fünften Bewerbung erhält er die Zusage für eine Ausbildung zum Büromaschinenmechaniker.

Nach der Ausbildung arbeitet er in verschiedenen Betrieben in seinem Beruf – eine Arbeit, die er als „ganz angenehm" bezeichnet. Immer wieder einmal zwischendurch jobbt Dieter G. nebenberuflich als selbständiger Kurierdienstfahrer, er baut ein Tonstudio auf und arbeitet als Produzent – ein Hobby, dem er heute noch nachgeht. Bei offensichtlich hoher Bereitschaft zu beruflicher Flexibilität und Mobilität bleiben die Gründe für die häufigen Wechsel, sowohl innerhalb seines Berufes als auch in Jobs beziehungsweise Selbständigkeit, unklar.

Schließlich hat die technische Entwicklung den Beruf des Büromaschinenmechanikers obsolet werden lassen. Dies war sicherlich der Hauptgrund für seinen Entschluß, nach dem Scheitern der verschiedenen Selbständigkeitsversuche die Umschulung zum Netzwerkadministrator anzutreten, die ihm vom Arbeitsamt angeboten wurde: „Also die Zeit war gekommen, da so richtig noch mal durchzustarten und noch mal was zu tun. Und, eh, das hat auch gut geklappt" (Z. 171ff). Erste Einblicke in den Umgang mit Computern hatte er durch die Tätigkeit in seinem Tonstudio erworben.

Im Anschluß an die Umschulung kann G. eine Stelle als Netzwerkadministrator im Außendienst antreten. Als der Firma die Aufträge wegbleiben, wird ihm betriebsbedingt gekündigt.

„Von anderer Seite" hört er von einem Zeitarbeitunternehmen und bewirbt sich bei diesem per E-Mail. Es kommt dann sehr schnell zu einem Vorstellungstermin, und ein paar Tage später kann er seinen neuen Arbeitsvertrag unterschreiben. Er wird unmittelbar an eine große Versicherung weitergereicht, wo er wieder als Netzwerkadministrator arbeitet; im *second level support*, als Endanwenderbetreuer der Beschäftigten des Entleihers, einer Versicherung.

Anscheinend hatte er die Möglichkeit, Einfluß auf die Wahl des Entleihbetriebes zu nehmen, wobei für ihn „eigentlich nur die geographische Lage wichtig" war. Durch kürzere Wegezeiten verfügt er jetzt über einen vergleichsweise hohen Freizeitanteil in seinem Zeitbudget, und schließlich kommen auch die flexiblen Arbeitszeiten des Einsatzbetriebes seinen auf Freizeitaktivitäten ausgerichteten Interessen entgegen.

Auch seine früheren Erfahrungen im Außendienst lassen ihn die Vorteile der neuen Arbeit wertschätzen. Die typischen Erfahrungen wechselnder Einsätze in unterschiedlichen Entleihunternehmen blieben ihm bislang erspart. Unterschiedliche Arbeitseinsätze möchte er denn auch vermeiden; im Außendienst möchte er überhaupt nicht mehr arbeiten.

„Also, ehm, für mich war jetzt eigentlich der Vorteil da speziell bei dem Kunden, daß da flexible Arbeitszeiten waren. Daß es quasi bei mir um die Ecke ist. Und daß ich also effektiv meine Arbeitszeit von der Freizeit als..., getrennt bekomme. Und auch sehr viel privat Zeit habe. Und das ist für mich auch ein Grund sehr wahrscheinlich wieder da hinzugehen." (Z. 412ff)

5.2.1.2   Die Bilanz des Dieter G.

Die Rolle des Zeitarbeitunternehmens

G. hatte zuerst ein durchaus reserviertes Verhältnis Zeitarbeit und Zeit-
arbeitunternehmen gegenüber. Der durch Mundpropaganda empfohlene
Verleiher, auf den er durch die Jobbörse gestoßen ist, entspreche diesem
Bild aber ganz und gar nicht. Er habe auch im Vorfeld nur Gutes über die
Firma gehört. Vielleicht liege dies an deren Klientel-Segment überwie-
gend Höherqualifizierter; das Zeitarbeitunternehmen konzentriere sein
Vermittlungsangebot auf „Engineering, (...) IT, (...) Office, Industry und
Finance". E-Learning-Fortbildungen seien durchaus üblich.

Sein Bild von Zeitarbeit ist durch diese Situation geprägt. Er spricht
von Übernahmequoten von „über fünfzig Prozent" bei den „Kunden", den
Entleihern, und begründet dies ganz im Stil der aktuellen wirtschaftspoli-
tischen Debatte über Zeitarbeit:

„Ja, ich war eine Woche genau arbeitslos. – Also, das hat gut geklappt. – Weil
jetzt dazu zu sagen wäre noch, also bei Zeitarbeitfirmen, die oft so... Über fünfzig Prozent bleiben, ehm, werden auch vermittelt beim Kunden. Weil der Kunde
hat so die Möglichkeit, ehm, natürlich die Mitarbeiter erstmal kennenzulernen
ohne praktisch eine Bindung einzugehen. Und, ehm, ja, es ist angenehm für beide
Seiten. Für den Mitarbeiter als auch für den Kunden, erstmal Abchecken und
Kennenlernen, wo man dann, eh – vielleicht dann auch zu einer Festanstellung
übergeht." (Z. 59ff)

Die kleine Atempause, möglicherweise bedingt durch seine eigene, seinen
Worten widersprechende Erfahrung und das „Vielleicht" relativieren die
Hoffnung auf einen Arbeitsplatz im Segment gesicherter Beschäftigung
nur einen Augenblick, bis er wieder auf die Makroebene ausweicht, um,
abermals nicht ungebrochen, festzuschreiben: „Jo. Das ist eigentlich (!)
allgemein üblich" (Z. 72). Selbstverständlich würde er vor dem Hintergrund seiner Erfahrungen Zeitarbeit weiterempfehlen.

Ausdrücklich relativiert er später, im Verlauf des Interviews, seine generelle Einschätzung auf diese seine eigenen Erfahrungen, die nicht zuletzt auch sein letztes Arbeitsverhältnis im Normalarbeitsegment reflektieren. Ein „riesen Vorteil" von Zeitarbeit sei, daß man schnell wieder
getrennte Wege,

„gut auseinandergehen (könnte), ohne daß sich das dann irgendwie auch eskaliert
oder so, ja? Das ist also ein riesen Vorteil. Gut, ich mag jetzt nicht über andere
Zeitarbeitfirmen... Ich wüßte... Ich habe auch andere Sachen gehört, wo es also
nicht so gut ist, wo die Leute danach auch schnell wieder vor der Tür stehen und
eh... Das habe ich also bei uns noch nicht erlebt." (Z. 137ff)

Die Rolle des Entleihunternehmens

Die Arbeit im Entleihunternehmen erlaubt es ihm, „am Ball" zu bleiben, keinen Qualifikationsverlust hinnehmen zu müssen. Es ist ihm – wohl wieder vor dem Hintergrund anderer Erfahrungen – wichtig, zu betonen, daß die Kollegen ihm den Einstieg leicht gemacht hätten:

„Die Kollegen da, die waren sehr nett kann man sagen. Die haben jetzt nicht geblockt. Das ist eben auch immer die Voraussetzung, irgendwo reinzukommen ne. Also, man hat das oft auch anders. Dann ist das nicht so leicht. Also es ist schon... Man muß sich schon erstmal... Man ist ja neu. Man muß sich auch natürlich ehm, zeigen und und und...: Wenn die Leute erstmal sehen, was mit einem los ist... Ich habe eh keine Probleme mit Leuten. Deswegen, mir fällt das eher dann leicht." (Z. 393ff)

Von Vorteil ist, wie er wiederholt bemerkt, die „geographische Lage" des Betriebs, in dem er fast ein Jahr lang eingesetzt war und wo er gerne wieder eingesetzt werden würde, ganz anders als in seinem letzten Arbeitsverhältnis, das ihm ständig neue Einsatzorte bescherte, schließlich die flexiblen Arbeitszeiten, die ihm sein Freizeitengagement erleichtern:

„Ich war ein Jahr... zwei Jahre, sehr lange im Außendienst tätig. Also, für das Unternehmen wo ich vorher beschäftigt war. Und ehm, das wollte ich auf keinen Fall mehr machen. Also, ehm, für mich war es jetzt eigentlich ehm der Vorteil da speziell bei dem Kunden, daß da flexible Arbeitszeiten waren. Daß es quasi bei mir um die Ecke ist. Und daß ich also effektiv meine Arbeitszeit von der Freizeit als..., eh, getrennt bekomme. Und auch sehr viel private Zeit habe. Und das ist für mich auch ein Grund sehr wahrscheinlich wieder dahin zu gehen." (Z. 408ff)

In bemerkenswerter Abhebung von seiner Fünfzig-Prozent-These sieht Dieter G. für sich selbst deshalb auch keine Übernahmechancen:

„Nein, weil dieses Unternehmen selbst noch nicht diesen Einfluß mehr hat. Weil das wieder auch schon Konzernpolitik ist. Und dieses Unternehmen ist mehr oder weniger auch schon wieder ein Teil einer großen Gruppe. Und ehm, da werden die anders gesponsort. Weiß also heute auch keiner, was im nächsten Monat passiert. (...) Gut, ich hatte natürlich mit dem Gedanken gespielt da was zu machen. – – – Aber das eh, hat sich nicht ergeben. Weil da selber Probleme, bei den Leuten, gegen die selber im Grunde genommen..., ja, wie soll man sagen, da ist eine Umschichtung geht vor, vor sich, ja. Und in so einem riesen Unternehmen da kann es durchaus passieren, daß Sie heute..., Sie arbeiten hier in dem Büro und machen die und die Arbeit. Und nächsten Monat arbeiten Sie ganz woanders und machen eine ganz andere Arbeit. Da können Sie aber gar nichts für machen. Also, das ist schon... stetiger Wandel." (Z. 459ff)

Er verweist, mit Blick auf das Unternehmen gewiß nicht ohne Grund, auf die Einbindung des Betriebes in die übergeordnete Konzernpolitik. Dort seien zur Zeit, wie in den meisten Unternehmen dieser Art, Strukturanpassungen im Gange, die zu „Verschlankungen" führen sollen, Personalbedarf eher vorsichtig über Zeitarbeit decken lassen und zunächst einmal Probleme für die dort Beschäftigten schafften. Diese Umstrukturierungen und die damit verbundenen Versetzungen seien eben nicht beeinflußbar, als Beschäftigter sei man dem hilflos ausgeliefert.

Kompetenzentwicklung und Erwerbsarbeitssicherung

Obwohl die Bedingungen dafür seinen Schilderungen zufolge ausnehmend gut sind –

„Jetzt von der Zeitarbeitsfirma... – – – da haben wir also, eh, ein gewisses Trainingsprogramm. Das nennt sich Netz-G-Trainings... Da gibt es speziell auch für den EDV-Bereich Kurse die man belegen kann. Und wenn sich also, *wenn*... (kann) man maximal sich vier Kurse raussuchen. Und kann die dann, eh, entweder, ja, über, also online übers Internet oder man kann die downloaden. Und eh – dann kann man diese Kurse machen. Die sind recht gut" (Z. 337ff) –,

bilanziert G. für sich persönlich keine Kompetenzgewinne durch das Zeitarbeitsverhältnis. Allerdings ermögliche ihm die Tätigkeit, „am Ball der Entwicklung" in seinem Qualifikationssegment zu bleiben, wo man andernfalls nach „drei, vier Monaten raus" sei. Die Antwort auf die Frage, ob er sein Wissen so noch erweitern könne, fällt kurz und bündig aus: Kompetenzentwicklung finde, wenn überhaupt, dann durch *learning by doing* statt, beziehe sich aber lediglich auf neue Problemkonstellationen und -lösungsmöglichkeiten der Anwender.

Das Spektrum der Weiterbildungsmöglichkeiten, die sein Verleiher den Beschäftigten bietet, relativiert sich im Verlauf der weiteren Erzählung. Es handele sich um individualisierte Lernformen. Für Qualifizierungen räume die Zeitarbeitfirma keine Zeit ein, es sei denn, sie fänden zwischen den Einsätzen statt.

Die von der Interviewerin provozierte Vorstellung, das Entleihunternehmen sei vielleicht für die Weiterqualifizierung entliehener Arbeitskräfte zuständig, hält er für abwegig. Der entleihende Betrieb setze vielmehr fertige Qualifikationen voraus. Dieter G. absolviert diese Kurse dennoch, offenbar verdeckt, während seiner Arbeitszeit, da er nicht einsieht, auch noch seine Freizeit dafür opfern zu müssen: „Ich versuch' es natürlich auf der Arbeitszeit, während der Arbeitszeit, weil ich nicht einsehe, eh, überhaupt..." (Z. 361f).

Denkbar wäre ihm vor dem Hintergrund seines Qualifikationsprofils, sich zum Programmierer fortbilden zu lassen. Diese Option fällt jedoch aus, da eine solche Weiterbildung seiner Ansicht nach seine Beschäftigungschancen nicht unbedingt verbessern würde. Vielmehr sei das praktische Wissen von Bedeutung, um seine Beschäftigungsfähigkeit zu erhalten und gegebenenfalls wieder eine neue Arbeitsstelle zu finden. Dieter G. demonstriert eine relative Zufriedenheit mit seiner Arbeitssituation und der Entlohnung. Die realitätsbezogene Einschätzung seiner beruflichen Situation nährt diese Zufriedenheit: In seinem Alter, als Quereinsteiger und ohne übermäßig viel Berufserfahrung kann er keine hohen Ansprüche stellen. Und weil der Arbeitsmarkt in seinem Bereich schlecht aussieht („Der Markt ist kaputt"; Z. 543), mangelt es ihm an Alternativen. Bilanziert, überwiegen die Vorteile. Existentiell bedeutsamer und offensichtlich wichtiger als alle anderen Aspekte ist ihm die immer wieder betonte Beschäftigungssicherheit; arbeitsinhaltliche Interessen, die er in seiner augenblicklichen Situation im Büro seines Arbeitgebers nicht realisieren kann, sind einer deutlichen Freizeitorientierung gewichen:

(Wie das gefällt?) „Hm. Ja. – Ach so, ehm, weniger. Das Feld ist mir zu klein. Das sind die Leute..., die Tätigkeit ist mir zu anspruchslos. Für drei Wochen war es mal interessant. Man hat so die ganzen Bereiche ein bißchen kennenlernen können – und ja, es ist auch ein bißchen frustrierend." (Z. 538ff)

Seine Zukunftsaussichten hinsichtlich einer weiteren Erwerbstätigkeit beurteilt Dieter G. ambivalent. Auf der einen Seite geht er davon aus, daß Spezialisten wie er immer gesucht werden. Auf der anderen Seite sieht er aber die Umstrukturierungs- und Reorganisationsprozesse der EDV-Unternehmen, die Stellen abbauen und Abteilungen ausgliedern, weshalb er eine Phase der Arbeitslosigkeit für sich nicht ausschließt, zumal er diese Erfahrung selbst auch schon gemacht hat. Offenbar hat G. angesichts seiner eigenen Arbeitslosigkeitserfahrungen ein sehr ausgeprägtes Bewußtsein für Arbeitsmarktrisiken – was als in diesem Kontext durchaus untypischer Realitätsbezug gelten muß. Die Möglichkeit, noch einmal arbeitslos zu werden, kalkuliert er als realistisches Risiko ein: „Und, da kann es natürlich dann auch sein, eh, daß ich nochmal..., daß ich nochmal arbeitslos werde. Das kann natürlich, das kann natürlich durchaus sein." (Z. 206f)

Da er aber seiner Erwerbstätigkeit höchste Priorität einräumt, ist er inzwischen, nicht nur seines fortgeschrittenen Alters und der sich dadurch zunehmend verengenden Berufschancen wegen, vorsichtig und darauf bedacht, sein Beschäftigungsverhältnis zu sichern. Er schätzt seine Optionen innerhalb des Zeitarbeitunternehmens eher optimistisch ein. Selbst bei schlechter Auftragslage, wie im Moment, müsse er nicht mit einer Kündigung rechnen: Bei fehlenden Einsätzen würden die Zeitarbeiter dieses Verleihers nicht entlassen: „Auch wenn es da mal Engpässe gibt, und keine Arbeit da ist, dann hat man eben keinen Einsatz, bleibt zu Hause. Lernt ein bißchen was oder macht was im Büro" (Z. 446ff).

Deshalb verfolgt er auch keine parallelen Bewerbungsstrategien. Er könnte sich zwar für die Zukunft auch vorstellen, wieder einmal etwas ganz anderes zu machen. Konkretisieren mag er dies allerdings nicht. Auch Selbständigkeit schließt er nicht aus; doch klingt auch diese ferne Option sehr vage.

5.2.2 Kurt F., 30 Jahre, Kaufmann für Immobilien und Wohnungswesen

Kurt F. ist dreißig Jahre alt, gelernter Schlosser und hat eine Umschulung zum Kaufmann für Immobilien- und Wohnungswesen hinter sich. Zum Zeitpunkt des Interviews arbeitet er seit sechs Monaten als Zeitarbeitskraft, mittlerweile schon im fünften Einsatzbetrieb.

5.2.2.1 Kurze Erwerbsbiographie des Kurt F.

Nach der Fachoberschulreife absolviert F. eine Ausbildung zum Schlosser bei einem Rheinstädter Automobilbauer. Die Wahl des Ausbildungsberufs folgt der Familientradition. Zahlreiche Familienmitglieder arbeiteten dort schon, zum Teil in der dritten Generation: „Also meine Großmutter war im Betriebsrat, mein Großvater fing damit an, Meister, mein Onkel ist da im Management, ist eigentlich alles Auto-Bauer." Die Ausbildung macht ihm nicht viel Spaß; er sah aber auch keine Alternativen. Auch für ihn gilt nämlich der Topos: „Na gut, haste eine Ausbildung, ist immer gut ne?" Er folgt, zumal er selbst „halt total unentschlossen (war), was (er) damals machen wollte", der Normvorstellung und umgeht somit Anstrengungen und Auseinandersetzungen mit seiner Familie (Z. 356ff).

Während seiner Ausbildung bei Auto-Bauer spielt er in der Firmen-Fußballmannschaft mit dem Ziel, Profifußballer zu werden. Seine Leistungen reichen jedoch nicht aus: Die Mannschaftskameraden schafften den Schritt in den Profifußball, „nur ich nicht", wie er sagt. Die Lehre beendet er währenddessen, obwohl er sich nicht besonders engagiert, mit der Note „gut". Daß er dennoch gut abschloß, habe daran gelegen, daß die Ausbildung nicht besonders anspruchsvoll gewesen sei.

Nach der Ausbildung möchte er denn auch nicht mehr in Lehrberuf und -betrieb arbeiten. Ihn stört die Arbeitsumgebung, die Werkshalle, in der er arbeitet. Außerdem mißfällt ihm, daß viele seiner Kollegen Türken sind, deren Leistungen seiner Meinung nach weit unter seinem Niveau liegen. Er provoziert die Kündigung, was er schließlich aufgrund häufiger Krankmeldungen auch erreicht. Er erhält sogar eine kleine Abfindung, die er als

Basis für eine Existenzgründung im Versicherungs- und Finanzberatungswesen nutzt. Der Versuch, sich selbständig zu machen, scheitert jedoch.

Wieder auf Arbeitssuche, bewirbt er sich nun auf eine Annonce bei dem Logistik-Unternehmen Moves. Er wird eingestellt und bekommt die Verantwortung für die Koordination der technischen Anlagen zugewiesen. Zwischenzeitlich geht er ein Jahr zur Bundeswehr, kehrt danach aber zu Moves zurück.

1998 wird ihm im Zuge der Umsiedlung des Unternehmens in die Benelux-Staaten gekündigt. Er erhält seine zweite Abfindung und meldet sich wieder arbeitslos. Beim Arbeitsamt wird er auf eine Umschulung zum Kaufmann für Grundstücks- und Wohnungswesen aufmerksam gemacht; er nimmt das Angebot an und entscheidet sich für die arbeitsamtsfinanzierte zweijährige Maßnahme. In der Umschulung lernt er seine Freundin kennen und erhält von ihr das Angebot, als freier Mitarbeiter auf Selbständigen-Basis in ihrer Hausverwaltung tätig zu werden.

Die Erwerbsbiographie des Kurt F. vor dem Eintritt in das Zeitarbeitsverhältnis scheint eine Aneinanderreihung ungewollter Fehlstarts zu sein. Unentschlossenheit begleitet immer wieder seine Entscheidungen. Die Ausbildung zum Schlosser bei Auto-Bauer zu machen, war nicht seine Idee, sondern die seiner Familie. Er möchte nicht mehr als Schlosser arbeiten und versucht, sich selbständig zu machen, was „dann aber auch wieder nichts" war, wie er es ausdrückt. Er macht sich dann in der Versicherungs- und Finanzberatung selbständig, hat aber keine Lust auf Hausbesuche bei Kunden, was doch ein wesentlicher Bestandteil des Berufsbildes ist. Als er schließlich für seine Freundin arbeitet, scheint er seine Vorstellung vom „angenehmen" Arbeiten endlich einmal verwirklichen zu können. Relativ frei in der Arbeitszeitgestaltung, kann er das Büro, das eine Etage unter den Wohnräumen liegt, „im Bademantel" aufsuchen.

Als die Beziehung zerbricht, steht er vor dem „Nichts", mit offenbar großen Geldsorgen; die Lösung dieses Problems wird für ihn zum zentralen Thema. Da er im Betrieb seiner Freundin nicht sozialversicherungspflichtig gearbeitet hat, kann er keine Ansprüche auf Arbeitslosengeld geltend machen. So sieht er zur Lösung seiner prekären finanziellen Situation nur zwei Möglichkeiten: entweder den Gang zum Sozialamt oder den Einstieg in die Zeitarbeit. Da die Sozialhilfe für ihn subjektiv nicht in Frage kommt, bleibt lediglich die Zeitarbeit. Er bewirbt sich bei einer Zeitarbeitfirma und wird eingestellt. Bei der Einstellung gibt er seine beiden Berufe an, betont aber, seit 1992 nicht mehr als Schlosser gearbeitet zu haben.

5.2.2.2 Die Bilanz des Kurt F.

Die Rolle des Zeitarbeitunternehmens

Attraktiv an dem Zeitarbeitverhältnis ist für ihn vor allem, daß ihm der Verleiher einen Abschlag zahlt, so daß sich durch den Einstieg in die Zeitarbeit eine konkrete Möglichkeit eröffnet, seine akuten Geldprobleme auf einen Schlag zu relativieren; das Abschlagsangebot wird für ihn zum „Glücksfall".

„Es war ein Glücksfall, weil ich hatte ja nichts gehabt, und sage ich mal so, ich hätte wahrscheinlich dann zum Sozialamt gehen müssen, dann hätte ich einen Graus gekriegt. Also war es ein Glücksfall." (Z. 893ff) – „War Not am Mann. Und für mich, kann ich ja dann auch direkt sagen, was dann für mich dann so auch ins Auge gefallen ist, und der sagte auch..., weil ich auch Geldnot hatte, also ich konnte mich überbrücken schon, also Geld war, eh – daß sie dann auch damit reizen, daß man sich dann (...) einen Abschlag holen kann, also daß wenn man eine Woche gearbeitet hat, daß man sich dann Anfang der Woche dann auch dann direkt, Bares auf jeden Fall mitbekommt." (Z. 102ff)

F. sieht letztlich keine Alternative zur Zeitarbeit. Die einzige Möglichkeit, die Sozialhilfe zu umgehen, führt in eine doppelte Abhängigkeit von seinem Verleiher, die durch den „Abschlag" geradezu idealtypische Ausmaße annimmt.

Die schlechten Verdienstmöglichkeiten in seinem Zeitarbeitsverhältnis sind ein weiteres zentrales Thema des Interviews. In dem geringen Verdienst sieht er den größten Nachteil der Zeitarbeit:

„Ja, ich bin ja froh, daß ich überhaupt einen Job gekriegt habe, aber andererseits sage ich mal als Facharbeiter einen Stundenlohn von siebzehn Mark ist nicht die Welt." (Z. 644ff) – „Schlecht ist es nicht, aber für längere Sicht kann es nicht sein denke ich mal (...) Jetzt, wenn das immer nur bei demselben Geld bleibt" (Z. 944ff).

Er erfährt, daß andere Zeitarbeitskräfte mehr verdienen, ein Großteil aber verdient noch weniger als er. Im kaufmännischen Bereich würden seine Verdienstmöglichkeiten noch schlechter ausfallen; deshalb möchte er trotz seiner Umschulung zum Immobilienkaufmann auch weiterhin als Schlosser eingesetzt werden. Eine Gehaltserhöhung zu fordern, traut er sich nicht, da er als Konsequenz eines solchen Ansinnens mit der Kündigung rechnet.

Die Rolle der Entleihunternehmen

Kurt F. macht, wechselweise als Schlosser oder im kaufmännischen Bereich eingesetzt, an den ihm zugewiesenen Arbeitsstellen überwiegend positive Erfahrungen. Im ersten Unternehmen, einem metallverarbeitenden Betrieb, der Walzen herstellt, wird er in der Kleinteilabteilung an der Drehbank eingesetzt. Der Einsatz dauert drei Monate; danach ist für ihn zunächst kein weiterer Einsatz vorgesehen. Nach eineinhalb Wochen Wartezeit wird er in einem zweiten Einsatzunternehmen, wo er „Schreibkram" zu erledigen hat, für zirka sieben Wochen eingesetzt; beim nächsten Mal, für ganze drei Tage, im kaufmännischen Bereich. Es folgt wieder eine Arbeitsstelle als Schlosser, wo er für die Maschinenbedienung zuständig ist; doch bricht er diesen Einsatz nach vier Tagen ab, weil der Betrieb für ihn, der an der äußeren Peripherie der Stadt wohnt, zu verkehrsungünstig liegt. Zur Zeit arbeitet er also im fünften Einsatzbetrieb, in dem Meßgeräte hergestellt werden. Dort ist er wieder – für neun Monate – als Schlosser eingeplant.

Die Arbeit, die er im Moment übernommen hat, macht ihm Spaß – wobei es nicht der Lohn sein kann, den er für gering, aber nicht steigerbar hält, und auch nicht die Tätigkeit, die er ausübt; vielmehr ist es das Klima in seiner „Clique": „Aber so, ich sag' mal, unsere Clique die wir da sind mit dem Azubi, also das... bombig. Also das muß man schon... Also macht Spaß die Arbeit" (Z. 808ff). So wichtig ist ihm das Arbeitsklima, daß er sonst quittieren würde: „Wäre schlimm, wenn es nicht so ist, aber da bin ich auch einer... ich sag' das dann aber auch direkt ne. Dann würde ich gehen." (Z. 815ff)

Die wechselnden Einsätze, einmal als Schlosser und ein anderes Mal als Sachbearbeiter, scheint er nicht als große Belastung wahrzunehmen. Er lobt ausdrücklich – und das ist eher die Ausnahme – die ausreichenden Einarbeitungszeiten. Entgegen seinen Bedenken, nach neun Jahren wieder als Schlosser zu arbeiten, stellte er nämlich fest, daß er recht schnell die in der Ausbildung erworbenen Kenntnisse aktivieren kann: „...ist Fahrradfahren denke ich mal, was man schon mal gemacht hat das kommt halt... das ist dann wiedergekommen" (Z. 553f). Wenn Aufgabenbereiche für ihn neu sind, fragt er entsprechend häufig nach, oder er beschäftigt sich mit den Maschinen, bis ihm der Umgang mit ihnen vertraut ist.

„Und dann wurde mir das gezeigt anhand der Zeichnungen, gut, ich habe dann daneben gestanden wie er das gemacht hat. Das waren immer unterschiedlich..., aber anhand der Zeichnungen konnte man das eigentlich. Da brauchte man keine große Einführung. Nur wie halt nochmal was mit Drehzahlen und so was, würde ich nochmal, das habe ich mir angeguckt, mal ein paar Fragen gestellt, und dann ging das. – – Und ja, dann bei der Nova-Bank, ja auch noch mal vorgestellt, waren alle nett, hat der gezeigt, und habe ich dann erst angefangen mit Archivierung, also mir wurde dann gesagt, die Sache nach so und so einem Jahr sortieren und neuordnen dann, was nach Düsseldorf, Frankfurt ging, konnte man aber auch erkennen an bestimmten Merkmalen der Akte..., und die sortieren und im Computer auflisten und solche Sachen. Man hat mir das immer gezeigt, klar. Ja." (Z. 497ff)

Kompetenzentwicklung und Erwerbsarbeitssicherung

Auf eine Nachfrage der Interviewerin, was er denn gelernt habe während seines Einsatzes als Zeitarbeitskraft, weiß Kurt F. eine eindeutige Antwort: „Gelernt als Zeitarbeitskraft?" – „Ja."– „Hm. <Lacht>. Ach, während meiner Zeitarbeitstätigkeit, was ich da gelernt habe? – Nichts." <Lacht> (Z. 830ff)

Die Bilanz seiner Kompetenzgewinne fällt dementsprechend mager aus. Kurt F. spricht das Thema der auch in dieser Hinsicht enttäuschten Erwartungen an. Seine bisherigen Kenntnisse reichen aus, um den an ihn gerichteten Anforderungen nachzukommen. Er habe lediglich seine Schlosserkenntnisse erhalten und auffrischen können. Das einzige, was er in diesem Zusammenhang positiv verbucht, ist der – eher investigativ motivierte als kompetenzförderliche – Einblick in alte Akten, den er im Rahmen des Einsatzes bei der Nova-Bank nehmen konnte.

Da F. sowohl als Schlosser als auch als Kaufmann trotz im großen und ganzen dequalifizierender Einsätze ein ausgeprägtes qualifikatorisches Selbstbewußtsein zeigt – auf eine angemessene Beachtung der von der Industrie- und Handelskammer anerkannten Prüfung und des damit erworbenen formalen Abschlusses legt er großen Wert – und weil er seine Übernahmehoffnungen seiner vorhandenen Qualifikationen wegen für realisierbar hält, sieht er keinen Bedarf an weiteren beruflichen Fortbildungsmaßnahmen; für die von ihm gewünschte Position reichten die vorhandenen Kompetenzen aus. Daß er andererseits bereit ist zu tun, was getan werden muß, hat er mit der Umschulung schon nachgewiesen.

Das Zeitarbeitunternehmen hatte ihm einmal ein Weiterbildungsangebot unterbreitet; dieses Angebot hat er jedoch aufgrund von Schwierigkeiten bei der zeitlichen Vereinbarkeit von Arbeit und Fortbildung nicht wahrgenommen. Das Risiko, das mit einer Weiterbildungsmaßnahme durch Erwerbsausfälle verbunden ist, ist F. zu groß. Beruflich ist er seiner Meinung nach „ausgelernt"; seine Qualifikationen genügen zur Berufsausübung, vor allem, weil er schon eine zweite Ausbildung absolviert hat.

„Die hatten mir mal was angeboten. Das war mir auch zu weit, zu weit gewesen. Weil zwischendurch habe ich dann auch mal wieder mich mit meiner Frau vertragen, habe aber trotzdem arbeiten wollen. Und da war irgendwas gewesen in Lasertechnik und da hätte ich natürlich eine Umschulung, eine Schulung machen müssen auf jeden Fall. Das hätte..., das hätte..., habe ich ihnen gesagt: ‚Das schaffe ich nicht.' Ich kann nicht mit dem Zug so und so, kreuz und quer und um sechs Uhr dort sein, obwohl mit dem Auto wär' das ein Katzensprung bis Weienich, aber so ging das überhaupt nicht." (Z. 576ff)

Priorität hat für ihn die Sicherheit eines Arbeitsplatzes. Sein Ziel ist es, auf dem ersten Arbeitsmarkt Fuß zu fassen, wobei es keine vorrangige Rolle spielt, ob er im gewerblichen oder im kaufmännischen Bereich eine Festanstellung findet.

In der Frage, ob Zeitarbeit für ihn eine veritable alternative Beschäftigungsoption darstellt, bleibt er unentschieden. Einerseits ist er der Meinung, daß bei den vielen Wechseln, die als solche zunächst durchaus interessant sein könnten, Zeitarbeit letztendlich längerfristig keine Perspektive bietet und nur zu Bodenständigkeit führt, wenn sie als Sprungbrett fungiert. Das Bild von der „Bodenständigkeit" gilt ihm wohl als Synonym für „Boden unter den Füßen haben". Dies zu erreichen, sieht er, seiner Norm(al)vorstellung folgend, als erwerbsbiographisches Ziel. Auf der anderen Seite schützt er sich vor der doch wohl erwarteten Enttäuschung, indem er sich als jemanden darstellt, der nicht dreißig Jahre im selben Betrieb beschäftigt sein möchte. Er zweifelt, ob er das überhaupt aushalten könnte.

„Ich sag' mal, es ist interessant, man lernt vieles kennen, bei mir war es ja auch, irgendwo war es ja auch sehr interessant, lustig. Man ist im Schlosserischen, und dann ist man direkt im Kaufmännischen, dann macht man mal das, mal das. Ja, am Anfang ist es interessant, wie alles irgendwann interessant..., aber irgendwann möchte man dann bodenständig werden denke ich mir mal. Es gibt Leute... Also ich wär' auch keiner, das war auch damals bei Auto-Bauer so, wie ich gesagt habe, wo ich mir vorgestellt... booh jetzt dreißig Jahre nur in der Halle, ne, nur arbeiten...? Na ja, das wäre dann..." (Z. 962ff)

Gegen die Praxis, von seinem Verleiher sowohl als Schlosser als auch als Kaufmann eingesetzt zu werden, sträubt er sich nicht, weil er hofft, dadurch seine Übernahmechancen zu vergrößern. Die Frage der Übernahmechancen stellt für ihn wohl *das* zentrale Thema überhaupt dar. In dem entleihenden Betrieb, in dem er zur Zeit des Interviews im Einsatz ist, ersetzt er einen Beschäftigten, der kürzlich verstorben ist. Diese Stelle soll mittelfristig wieder besetzt werden; allerdings wurde mit ihm noch nicht offen darüber gesprochen, ob man ihn für diese Stelle vorsieht. „Aber ich hoffe daß da, ich denke mal daß die Chance ist daß ich da übernommen werde, gehe ich mal schwer von aus" (Z. 212ff).

Mit der möglichen Übernahme verbindet er vor allem die Hoffnung, seinen Leistungen entsprechend bezahlt zu werden. Zudem sieht er darin offenbar die einzige Chance, überhaupt wieder eine Festanstellung zu erhalten. Zeitarbeit stellt für ihn unter diesen Umständen eine letzte Brücke dar, soll die Türöffner-Rolle spielen. Trotz seines durchaus vorhandenen Qualifikations-Selbstbewußtseins schätzt er nämlich seinen Marktwert sehr gering ein, so daß er nicht erwartet, über Eigeninitiative eine Anstellung zu finden beziehungsweise überhaupt eine Chance auf dem Arbeitsmarkt zu haben. Der scheinbare Widerspruch ist für ihn aufgeklärt: Von der Zeitarbeit erwartet er, „daß man da eher genommen wird als sich dann auf dem freien Markt zu bewerben für die Stelle. Denn da wird man nun wirklich aussortiert. Das wissen wir ja alle." (Z. 1021ff)

So bleibt lediglich die Hoffnung – und da trifft er dann auf die Widersprüche, die er im Interview aufdeckt und die ihn stocken lassen:

„Ich versuche gerade nur einen festen Job zu kriegen, ich denke, man hat die Möglichkeit über die Zeitarbeitfirma. Nicht weil die mir gesagt haben..., weil ich es auch von den... also damals vom Meister, der sagte also direkt schon mal... Wo will ich denn hin? Momentan ist die Lage da nicht so groß, aber ich habe auch mit Leuten gesprochen die vorher schon in Zeitarbeit gearbeitet haben und die dann übernommen wurden von denen. Nur momentan haben sie keinen übernommen. Was weiß ich, Sommerloch oder so. Also das ist schon möglich." (Z. 745ff)

5.2.3 Regina E., 38 Jahre, Call-Center-Agentin

Regina E. ist 38 Jahre alt und alleinerziehende Mutter eines 13 Jahre alten Sohnes. Da ihre Mutter vor 17 Jahren verstarb, fühlt sie sich auch für die Betreuung ihres alkoholkranken Vaters verantwortlich.

5.2.3.1 Kurze Erwerbsbiographie der Regina E.

E. verfügt über keine abgeschlossene Berufsausbildung. Sie verläßt die Hauptschule ohne Abschluß und absolviert ein Berufsgrundschuljahr für den Bereich Wirtschaft und Verwaltung. Auf Anraten der Eltern besucht sie danach die Handelsschule, die sie jedoch nach einen halben Jahr wieder verläßt, weil sie sich dort, wie sie sagt, „in den Boden gelangweilt hat" (Z. 624). Auf der Volkshochschule holt sie dann die Mittlere Reife nach und besucht im Anschluß daran eine Fachoberschule für Sozialarbeit, um dort die fachgebundene Hochschulreife zu erwerben. Die schafft sie jedoch nicht, da ihre Mathematikkenntnisse nicht ausreichten.

Nachdem ihre Versuche gescheitert sind, einen weiteren Schulabschluß zu erlangen, jobbt sie vier Jahre im Gastronomiebereich, bringt mit 25 Jahren ihren Sohn zur Welt und lebt von der Sozialhilfe. Als der Sohn in den Kindergarten kommt, fängt sie eine Ausbildung zur Erzieherin an. Für die Ausbildung habe sie sich entschieden, weil sie es „immer schon gut mit Kindern konnte" (Z. 1944f) und ehrenamtlich Kinder- und Jugendarbeit bei der Evangelischen Kirche geleistet hatte; außerdem hatte sie ihr Jahrespraktikum in einem Kinderhort absolviert. Die Ausbildung bricht sie jedoch wieder ab. Einerseits seien ihr die Ausbildungszuschüsse gestrichen worden, andererseits habe ihr die Ausbildung auch nicht zugesagt. Was dort vermittelt wurde, erschien ihr vor dem Hintergrund ihrer eigenen Mutterschaft als realitätsfremd. Sie geht dann die weiteren zehn Jahre keiner geregelten Erwerbsarbeit nach.

Seit ihrem 17. Lebensjahr an Astrologie interessiert, beschäftigt sie sich mit der Erstellung von Horoskopen und gibt ihre Kenntnisse im Rahmen von Kursen in einem „Wissenschaftsladen" weiter. Zudem ist sie politisch aktiv und sitzt ehrenamtlich für die Grünen im Rat einer rheinischen Gemeinde. Im Rahmen eines Programms „Arbeit statt Sozialhilfe" werden ihr zwei Arbeitsstellen vermittelt. Die erste Stelle, in einem Frauenhaus, in dem sie als Kinderhelferin arbeitet, wird ihr nach vier Monaten gekündigt. Die zweite Anstellung, bei einem freien kommunalen Rundfunkverein, verliert sie nach einem Jahr. Beide Arbeitsverhältnisse enden im Streit, obwohl sie ihre Arbeit gut gemacht habe, „obwohl ich die beste Presse für diesen Verein gemacht hab' den er seit zehn Jahren hatte" (Z. 726f). Man habe ihr aus Mißgunst gekündigt: In der Arbeit seien ihr nämlich die Fähigkeiten und Kenntnisse zugute gekommen, die sie im Rahmen ihres ehrenamtlichen Engagements habe sammeln können. Dadurch sei sie in der Lage gewesen, die Arbeit genauso gut zu erledigen wie die ausgebildeten Fachkräfte – damit aber habe sie „denen unbewußt die Hierarchie durcheinandergebracht" (Z. 654ff); sie sei deshalb „gemobbt" worden.

Sie ist daraufhin eineinhalb Jahre arbeitslos. Während dieser Zeit unternimmt sie keine Versuche, wieder Arbeit zu finden, da sie sich erst einmal habe erholen müssen. Die Erfahrung des Scheiterns hat ihr psychisch sehr zugesetzt. In bezug auf ihre Beschäftigungsfähigkeit stark verunsichert, habe sie diese Phase der Arbeitslosigkeit gebraucht, um „mein Selbstwertgefühl wieder auf den Teppich zu kriegen" (Z. 55f). Aus dieser Verunsicherung heraus beschließt sie endlich, statt sich sofort „irgendwo zu bewerben", im Rahmen von Zeitarbeit erst einmal „was auszuprobieren" (Z. 60f).

Auf die Stellenanzeige des Zeitarbeitunternehmens ist sie wegen der nur geringen qualifikatorischen Anforderungen aufmerksam geworden. Wie stark ihre Verunsicherung war, drückt sich darin aus, daß sie Zweifel hat, selbst derart geringen Anforderungen entsprechen zu können. „Vorsichtshalber" zählt sie beim Vorstellungsgespräch auf, „was (sie) alles nicht kann" (Z. 69). Daß sie den Job dann wirklich erhält, schreibt sie in erster Linie dem Umstand zu, daß händeringend Arbeitskräfte gesucht wurden.

5.2.3.2   Die Bilanz der Regina E.

Die Rolle des Zeitarbeitunternehmens

Da sie sich um ihren Sohn, der Legastheniker ist, und auch um ihren alkoholkranken Vater, der sich nach einem Schlaganfall nicht mehr selber versorgen kann, kümmern muß, spielt die Frage der Vereinbarkeit von Arbeitseinsätzen einerseits und Familienverpflichtungen andererseits eine wichtige Rolle. Dabei nimmt allein ihr Arbeitsweg täglich drei Stunden in Anspruch.

Das Zeitarbeitunternehmen kommt ihr hier nicht entgegen. Sie muß im Schichtdienst arbeiten, obwohl sie zu Beginn darum gebeten hatte, aufgrund der schwierigen Organisation der Familienbetreuung nicht für solche Einsätze eingeteilt zu werden. Sie will demnächst darum bitten, daß man ihr zukünftig für sie geographisch günstiger gelegene Einsatzorte vermittelt. Daß die Zeitarbeitfirma dieses Problem eher nachrangig behandelt, beeinflußt ihr Urteil über das Zeitarbeitsverhältnis stark.

„Ja, das sind, das sind im Prinzip... Ich fahre von Siegdorf bis Rheinstadt eineinhalb Stunden und eineinhalb zurück. Und dafür bin ich ehrlich, ist es mir zu wenig Geld. Ne, also da... Ich habe jetzt auch gesagt dadurch daß..., ich bin ja alleinerziehend, und mein Vater hatte jetzt vor kurzem einen Schlaganfall, das heißt da muß ich auch noch, sag' ich mal, alle zwei Tage gucken ob da alles im grünen Bereich ist, und ich habe jetzt gesagt, ich möchte lieber wieder so eingesetzt werden daß ich sagen kann: ‚Pi mal Daumen eine Stunde maximale Fahrzeit und nicht mehr eineinhalb.' Dadrunter, werde ich nicht durchkriegen." (Z. 1125ff)

Zeitarbeit sieht Regina E. bis auf weiteres als einzig realistische Chance des Einstiegs in ein „normales" Erwerbsleben. So bleiben ihr kaum Druckmittel gegenüber ihrem Verleiher, auch nur ein wenig auf ihre objektiv schlechten Ausgangsbedingungen einzugehen: Sie ist auf ihn angewiesen.

Es habe auch schon Zeiten gegeben, wo „ich selbst auch sag': ‚Ich bin da im Irrenhaus. Ich will da weg'" (Z. 1607); dennoch vermittelt das Zeitarbeitsverhältnis der 38jährigen ein eigenes Gefühl der Sicherheit vor den Unwägbarkeiten des ersten Arbeitsmarktes. Es könnte ja sein, daß sie Pech hat mit ihrem Arbeitgeber, und ob es dann leichter würde, wieder bei dem Zeitarbeitunternehmen anzufangen, sei höchst ungewiß:

„Das Problem ist, wenn ich bei Planzeit kündige, um woanders hinzugehen, es kann sein, daß die mich hinterher nicht wieder nehmen (...) Wenn ich jetzt, meinetwegen ich würde mich irgendwo bewerben und würde nach drei Monaten sagen: ‚Booh nix wie raus hier. Gefällt mir nicht', dann kann es mir passieren, daß Planzeit mich nicht zurücknimmt (...) das ist das was gerüchteweise unter den

Planzeitern kursiert, daß sie das nicht so schätzen, wenn man ihnen laufengeht." (Z.1677ff)

Die Rolle der Entleihunternehmen

Regina E. macht auch in den Entleihunternehmen keine guten Erfahrungen. Zum Zeitpunkt des Interviews ist sie seit sechzehn Monaten als Zeitarbeitskraft beschäftigt und hat bislang zwei Einsatzunternehmen kennengelernt, in denen sie jeweils im Call-Center zur Betreuung einer Kunden-Hotline eingesetzt wurde. Im ersten Einsatzunternehmen, einem Telekommunikationsmittel-Anbieter, war sie ein Jahr beschäftigt, wobei ihr zu Beginn lediglich eine viermonatige Einsatzdauer angekündigt wurde. Der Verleiher hat nach Ablauf der vier Monate die Dauer des Einsatzes bis zum Erreichen der zu der Zeit erlaubten Einsatzhöchstdauer von zwölf Monaten um jeweils einen Monat verlängert.

Während des Einsatzes hat sie unterschiedliche Arbeitsbereiche im Call-Center kennengelernt. Größtenteils bestand ihre Aufgabe jedoch darin, Reklamationen von Kunden entgegenzunehmen, was ihr auf Dauer sehr unangenehm gewesen sei. Sie habe erst im Laufe der Zeit erkannt, daß die Hotline in erster Linie dazu dienen sollte, die Kunden zu vertrösten: Wir „waren also weniger eine Bearbeitungs-Hotline, sondern mehr eine Vertröst- und Abwimmel-Hotline; das haben wir jedoch zuerst nicht gewußt" (Z. 82ff). Dementsprechend emotionsgeladen seien denn auch die Anrufe von Kunden gewesen, die nach mehreren Versuchen feststellen mußten, daß ihre Reklamationen ins Leere liefen. Sie habe versucht, ihre Belastung zu mindern, indem sie gemeinsam mit den Kolleginnen Wege suchte, den Kunden trotzdem weiterzuhelfen. Sie gab Informationen an die Kunden weiter, was ihr eigentlich untersagt war.

„Also wir haben uns furchtbar geärgert, jedoch halt nur untereinander, weil es war klar daß die uns das nicht erzählt haben, weil stellen Sie sich mal vor wir hätten das dem Kunden erzählt! Wir haben das nachher gemacht unterderhand, wenn der Kunde das sechste Mal anrief haben wir ihm gesagt: ‚Beschweren Sie sich.' Und wenn wir die dann schon gut kannten und die waren nett, dann haben wir ihnen auch gesagt wo. Ne? Das sind alles Sachen die haben wir nicht gedurft ne. Jedoch es ging ja halt nicht mehr anders. Als ich nachher im Beschwerdemanagement saß, da habe ich erstmal gemerkt wie das funktioniert. Da werden nur Sachen bearbeitet die von Rechtsanwälten kommen die direkt an den Geschäftsführer gehen oder an irgendeinen Vorstandsvorsitzenden, alles andere wird in den Rechner getippt und kommt in den Schrank." (Z. 1470)

Die Einarbeitung, die sie im ersten Entleihunternehmen erfahren hat, beschreibt sie als „knallharten" Ausleseprozeß, an dem Entleiher und Verleiher in unterschiedlichem Maße beteiligt waren. Zwar habe das Zeitarbeitunternehmen keinerlei Vorerfahrungen mit der Arbeit in einem Call-

Center als Einstellungsvoraussetzung gefordert, in der konkreten Arbeit zeigte sich jedoch, daß die völlige Unkenntnis angesichts der rigiden Einarbeitungsstrategie für die Zeitarbeitsbeschäftigten von Nachteil war. Während die Beschäftigten des Entleihunternehmens im Rahmen einer einwöchigen Fortbildungsveranstaltung in die Tätigkeit eingewiesen worden seien, habe man den Zeitarbeitern lediglich einen „Crash-Kurs" gewährt, was Regina E. sowohl als ungerecht als auch als ungenügend empfindet. Im Schnellverfahren sei ihnen von einem Mitarbeiter erklärt worden, worin ihre Aufgaben bestanden. Sie hätten dann ein bis zwei Tage lang einer eingearbeiteten Zeitarbeitskraft über die Schulter schauen können und spätestens am dritten Tag ihren Arbeitsplatz einnehmen müssen: „Wir lassen Sie ins Haifischbecken und wenn Sie schwimmen können, dann behalten wir Sie" (Z. 112f). Die Qualität der Einarbeitung hing deshalb entscheidend vom Wohlwollen der schon eingearbeiteten Kraft ab; immerhin konnte man nicht unbedingt von deren Interesse ausgehen, als Externe andere Externe einzuarbeiten.

„Und wir hatten den Telecaller, der uns da eingearbeitet hat. Und die Telecaller hatten eigene Schulungen. Also, wir wurden, ja geschult ist ein Witz eigentlich, wir wurden ein zwei Tage neben jemand gesetzt und danach mußten wir gucken daß wir alleine klarkamen, und wenn wir was nicht wußten mußten wir irgendeinen fragen. Die Telecaller kriegen für die gleiche Datenbank eine Woche Schulung." (Z. 459ff)

Am Tag des Interviews steht sie zwei Tage vor dem Ende ihres zweiten, insgesamt sechsmonatigen Einsatzes, ebenfalls bei einem Telekommunikationsmittel-Anbieter. Auch hier im Call-Center eingesetzt, betreut sie per Hotline die Großkunden des Unternehmens. Ob der Verleiher einen weiteren Einsatz für sie hat, weiß sie bis zu diesem Zeitpunkt noch nicht. Ton und Umgang empfindet sie hier alles in allem um einiges angenehmer als bei ihrem ersten Entleiher. Dennoch erlebt Regina E. Diskriminierung und Ausgrenzung – durch Festangestellte. „Es gab Abteilungen die waren sauer daß sie Zeitarbeitskräfte bekamen. Die haben die behandelt wie den letzten Dreck" (Z. 277ff). Sie ist der Überzeugung, daß Diskriminierung und Ablehnung gegenüber Zeitarbeitskräften am stärksten bei solchen Beschäftigten ausgeprägt ist, die aufgrund ihrer unsicheren Position im Betrieb die Zeitarbeitskräfte als Konkurrenz und Bedrohung ihrer eigenen Arbeitsplätze ansehen: Der Einsatz von Zeitarbeitskräften im eigenen Betrieb führe ihnen vor Augen, daß schon morgen auch sie durch Externe ersetzt werden könnten.

Besonders freundlich reagierten dagegen Kollegen, die in den Zeitarbeitskräften eine Entlastung sehen könnten. Was allerdings davon abhinge, daß man seine Arbeit auch ordentlich erledigt.

„Ja, das waren ja auch... Wie gesagt, das ist manchmal, manche sind sehr nett und denen ist das völlig egal, die freuen sich wenn Sie irgendwas können das Sie ihnen abnehmen können, weil die ersticken in Arbeit. Die Zeitarbeitskräfte werden ja nicht gerufen wenn keine Arbeit da ist. Und wenn die dann feststellen, die haben da jemand der sich einarbeiten will und der flott ist, dann haben Sie da auch einen Lenz. Es sei denn, Sie kommen an so einen Mitarbeiter der sich wieder mal bedroht fühlt, dann haben Sie natürlich Pech gehabt." (Z. 871 ff)

Die Chance, von einem Entleiher übernommen zu werden, schätzt sie ganz generell als sehr gering ein; ihrer Beobachtung nach werde mit den Zeitarbeitnehmern gespielt:

„Ich muß Ihnen sagen, ich weiß nicht mehr, ob das Strategie ist? Ob man uns das immer wieder erzählt wenn wir irgendwo anfangen. Weil Sie kriegen immer erzählt Sie würden übernommen, aber Sie werden nie übernommen. Es wird Ihnen in jeder Abteilung erzählt, daß, wenn Sie gut sind, daß man Sie behält, aber es behält Sie keiner." (Z. 141 ff)

Sie geht davon aus, daß Übernahmeversprechen strategisch eingesetzt werden, um den Zeitarbeiter zur bestmöglichen Leistung zu motivieren. Die Disponenten der renommierten Zeitarbeitfirma lachten nur über solche Hoffnungen:

„Ne, von Planzeit, Planzeit sagt da gar nichts zu, die kennen das, die lachen immer, wenn irgendeiner von uns kommt und sagt: ‚Die haben mir gesagt, Sie würden uns übernehmen.' Weil viele Firmen machen das als Politik, weil dann sind Sie motiviert und sind sehr gut. Und, eh, also ich bin inzwischen auf dem Ohr ganz taub <lacht>."

Einer Übernahme steht sie zudem in vielerlei Hinsicht mit gemischten Gefühlen gegenüber, ihre Hoffnungen und Orientierungen richten sich daher eher an den Verleiher. Sie hat Sorge, im Falle einer Übernahme letztlich doch nicht im Betrieb klarzukommen und die Arbeit wieder zu verlieren. Diese Angst ist hauptsächlich durch die Erfahrungen begründet, die sie vor ihrer Arbeitslosigkeitsphase in den Betrieben gemacht hat, in denen sie beschäftigt war. Aus finanziellen Gründen hielte sie eine Übernahme jedoch für erstrebenswert. Sie geht davon aus, außerhalb des Zeitarbeitsverhältnisses mehr zu verdienen. Sie befürchtet darüber hinaus, daß sich mit zunehmenden Alter ihre beruflichen Chancen weiter verschlechtern werden, weshalb es ihr geboten erscheint, mittelfristig eine Beschäftigung mit Perspektive zu finden.

„Wie gesagt, eine Festanstellung würde mich reizen, wenn, sag' ich mal, das Betriebsklima in Ordnung wäre, das ist mir ehrlich gesagt das Wichtigste, weil hat man so Gemobbe – möchte ich nicht mehr haben. Und eine vernünftige Bezahlung. Dann würde ich sagen: ‚Gut.' Also jetzt bei Mobifon ist das eigentlich schön so ein Betriebsklima, nur wie gesagt, ist nicht so viel los... Und die haben halt auch Einstellungsstop." (Z. 2193ff) – „Ja. Sicher. Machen würde ich das, weil das Betriebsklima nett ist, jedoch das ist eigentlich eine heiße Kiste, weil es ist ein amerikanisches Unternehmen und da kann es Ihnen passieren daß Sie ganz schnell nicht mehr nötig sind. Also ich habe jetzt auch Festangestellte in den Firmen gehabt, die in einem ganz rasanten Tempo da liegen sehen, was mich persönlich sehr geschockt hat, weil ich habe so was so noch nicht erlebt, daß jemand beim Chef reingeht und wieder rauskommt und sagt: ,Ich bin am nächsten Ersten nicht mehr da.' So was kannte ich so auch noch nicht." (Z. 2220ff)

Letztlich wäre also auch eine Übernahme keine Versicherung gegen plötzliche Arbeitslosigkeit, die, altersbedingt, irgenwann einmal keine Schleife mehr wäre.

Kompetenzentwicklung und Erwerbsarbeitssicherung

Positiv bilanziert Regina E. ihre Kompetenzerweiterungen während der Beschäftigung als Zeitarbeitskraft. Sie hat für sich die Bestätigung erhalten, daß sie beschäftigungsfähig ist. Vor dem Hintergrund ihrer Erfahrungen war es für sie in erster Linie wichtig, überhaupt wieder zu erleben, daß sie den Anforderungen des Arbeitslebens gewachsen ist und auch nicht zwangsläufig Probleme mit Kollegen und Vorgesetzten hat. Sie hat dabei neben einigen fachlichen Kenntnissen auch an persönlicher Stärke gewonnen.

„Humor. <Lacht> Wesentlich mehr, als ich vorher hatte. Mehr Geduld. Ich habe mit Sicherheit einiges an, an, ja an Computerkenntnissen, an... einfach an den ganzen Ablauf mehr gelernt. Und für mich muß ich sagen, hat mir sehr gut getan, daß das..., daß ich das Gefühlt hatte ich konnte das. Also, was... Mein Selbstwertgefühl ist sehr gestiegen dadurch, daß ich jetzt in den letzten ein Jahren und vier Monaten uberall gut zurechtgekommen bin, abgesehen von den drei Wochen in der Buchhaltung. Das hat mir eigentlich sehr gutgetan und ich habe so den Eindruck daß auch bis jetzt meine Vorgesetzten mit mir immer sehr zufrieden waren. Und dadurch daß ich, ich sag' mal so: die Sicherheit habe, auch wieder zu Mobifon zurückzugehen und zu sagen ,Mir paßt das so nicht', nehme ich auch nicht mehr so schnell ein Blatt vor den Mund." (Z. 1564ff)

Ambitionen, ihre Beschäftigungschancen durch berufliche Weiterbildung zu vergrößern, hat sie nicht; für die Tätigkeit im Call-Center braucht sie keine Förderung. Als Zeitarbeitskraft wurde ihr bislang auch keine Weiterbildung angeboten. Andere Qualifizierungsmaßnahmen, zum Beispiel durch das Arbeitsamt, kommen für sie aus finanziellen Gründen nicht in Frage. Das Budget wäre zu knapp, da sie noch einen hohen Schuldenberg abzutragen hat:

„Ich würde, wenn das Arbeitsamt käme und würde sagen: ‚Hier, wir bringen Ihnen noch das bei und das bei.' – ‚Gerne, jederzeit, jedoch ich kann davon nicht leben.' Ich bezahle siebenhundertsechzig Mark Miete, Strom und Heizung, Telefon, Kinderhort. Zweihundert Mark in der Regel Bus und Bahn." (Z. 2087ff)

Es scheint ihr sinnvoller, weitere Kompetenzen im Rahmen von Zeitarbeit zu erwerben. Diesen Weg hält sie für aussichtsreicher, weil sie sich auf diese Weise neue, marktrelevante Fähigkeiten aneignen könnte, die ihre Beschäftigungsfähigkeit erhöhen. Sie hofft, im Rahmen des nächsten Einsatzes weitere Kompetenzen und Kenntnisse erwerben zu können, die ihr den Schritt in eine Festanstellung ermöglichen.

„Ja, man kann natürlich so ein komisches Seminar machen zum Call-Center-Agent, da gibt's ja so Crash-Kurse von der IHK oder irgendsowas. Jedoch, ehm, ich glaube nicht daß man das zu einem anerkannten Beruf machen wird weil das ist sehr marktabhängig und sehr produktabhängig. Also wenn jetzt morgen alle Leute Snickers essen, dann wird man fünfhundert Call-Center-Agents für Snikkers einstellen, die können sie jedoch nicht gebrauchen, ich sag' mal in der Hotline für Zahntechnik. Das muß nicht sein daß jemand der Snickers verkauft am Telefon auch Zähne verkaufen kann oder sowas. Also, deswegen denke ich wird nicht sein, wo einem irgendwie eine Ausbildung in Anführungszeichen was nützt." (Z. 1764ff)

Am liebsten würde sie aber wieder ihre Horoskop-Seminare geben; für ihren Lebensunterhalt würde das jedoch auch nicht ausreichen.

5.2.4 Ambivalente Be- und Verwertung der Beschäftigung in Zeitarbeit

Die beruflichen Laufbahnen der drei dargestellten Fälle weisen zu Beginn ihrer Ausbildungswege einige Brechungen auf. Regina E. bleibt nach mehrfachen Fehlversuchen ohne abgeschlossene Berufsausbildung; Kurt F. hingegen verläßt den Pfad seiner Berufsbiographie, weil er nach der Ausbildung zum Schlosser nicht mehr in seinem Lehrberuf arbeiten möchte. Dieter G. kann seinen Berufswunsch nicht realisieren. Die ihm angebotene Ersatzlösung läßt ihn dennoch zu Beginn seines Erwerbslebens einen gelungenen Berufsstart für sich verbuchen; dann holen ihn die tatsächlichen Verhältnisse wieder ein, und nach einer längeren Arbeitslosigkeitsphase sieht er sich schließlich gezwungen, eine Umschulung zu akzeptieren.
Das Motiv für den Eintritt in Zeitarbeit ist bei allen dreien die drohende oder bereits eingetroffene Arbeitslosigkeit. Die Beschäftigung in Zeitarbeit wird von allen dreien gewählt beziehungsweise akzeptiert, weil sie keine anderen Möglichkeiten für sich sehen.

Die drei Fälle unterscheiden sich aber sowohl in ihren Bilanzen als auch in der Bewertung ihrer jeweiligen Zeitarbeitunternehmen und Entleiher voneinander. Regina E. kann trotz Unzufriedenheit die Beschäftigung in Zeitarbeit aufgrund der bestätigten Beschäftigungsfähigkeit positiv bewerten. Demgegenüber fällt Kurt F.s Bilanz trotz positiver Erfahrungen im Entleihunternehmen negativ aus. Dieter G. bilanziert seine Erfahrungen mit Zeitarbeit überwiegend positiv, relativiert diese jedoch als Ausnahmesituation.

Gemeinsam ist ihnen allen die Ambivalenz, die Zeitarbeit in ihrem Leben zukommt. Sie sind weder wirklich zufrieden, noch durchweg unzufrieden. Sie verharren in ihren Zeitarbeitsverhältnissen, da sie für sich entweder, wie F. und G., keine andere Chance sehen, erwerbstätig zu sein, oder, wie E., ihre Beschäftigungsfähigkeit zu beweisen.

Bei Dieter G. wird schließlich, was Ambivalenz dem Thema Zeitarbeit gegenüber angeht, besonders augenfällig: Im Grunde wäre ihm alles andere, das heißt ein „ordentliches" Beschäftigungsverhältnis ohne Befristung, lieber. Nur sieht er aufgrund seines ausgeprägten, was die *eigenen* Beschäftigungschancen angeht, äußerst selten anzutreffenden Realitätsbezugs jenseits des puren Zufalls keine realistische Chance. Angesichts der durch berufsspezifischen Arbeitsmarkt und individuellen Erwerbslebenlauf definierten Ausgangsbedingungen hat er es bislang jedoch gut angetroffen, möchte er die – schon nicht einmal kurzfristig mehr gesicherte – Beschäftigungssituation halten, zumal er sein Verhältnis zur Arbeit instrumentalisieren, die vieldiskutierte Entgrenzung von Arbeit und Leben für sich revidieren konnte. Es handelt sich bei G.s Situation um ein sehr fragiles Gleichgewicht: Normalisieren sich die Randdaten seines spezifischen Arbeitsverhältnisses zum Beispiel in Richtung kurzfristiger Einsätze, die auf sein Zeitbudget keine Rücksicht nehmen, dürfte sich die Ambivalenz in seiner Bilanz zum Negativen wenden. Gleiches steht im übrigen auch bei den beiden anderen an, wenn sich ihre Hoffnungen auf Anschlußbeschäftigungen – die noch keineswegs gesichert erscheinen – nicht bestätigen sollten, wenn das Zeitarbeitsverhältnis im Falle Kurt F.s nicht als Türöffner in die „Bodenständigkeit", im Falle Regina E.s die sich ihr andeutende Beschäftigungsfähigkeit nicht in dauerhafte Beschäftigung führen sollte.

5.3 Negative Bilanzen

Nahezu die Hälfte der Interviewten kommt zu einer solchen deutlich negativen Bilanzierung ihrer Zeitarbeitserfahrungen. Die folgenden Fälle der

Carola K., des Uwe L. und des Bastian X. sind Beispiele für diese Leiharbeiter, die ihre Beschäftigung in Zeitarbeit unmißverständlich nicht als Alternative zu einem gesicherten Arbeitsplatz verstehen können.

5.3.1 Carola K., 52 Jahre, Sekretärin

5.3.1.1 Kurze Erwerbsbiographie der Carola K.

Nach dem Abitur absolviert Carola K. eine Buchhändlerausbildung bei einer Verlagsauslieferung, da sie schon immer eine große Leidenschaft und Begeisterung für Bücher und Lesen besaß. Im Anschluß an die Ausbildung arbeitet sie zehn Jahre als Buchhändlerin in einer Buchhandlung. Durch ihre Arbeit eignet sie sich Kenntnisse und Fähigkeiten im Bereich der Dokumentation an, die sie in ihre anschließende, vier Jahre dauernde Berufstätigkeit in einem wissenschaftlichen Institut einbringen kann, indem sie für ein Forschungsprojekt die Dokumentation übernimmt. Nach Ablauf des Vertrages vermittelt ihr das Arbeitsamt eine Stelle als Archivleiterin in einem Wirtschaftsarchiv. Diese Arbeit macht ihr sehr viel Spaß, besonders die Unterstützung von Studierenden und Doktoranden bei der Suche nach Literatur. Nach der Wiedervereinigung wird das Archiv umstrukturiert, teilweise aufgelöst und nach Berlin verlagert. K. wird gekündigt und erhält eine Abfindung. Zu diesem Zeitpunkt ist sie ungefähr 41 Jahre alt.

Da sie eine Erbschaft gemacht hat – sie teilt sich mit ihrem Sohn die Mieteinnahmen aus einer Immobilie –, hat sie zunächst keine finanziellen Sorgen; sie meldet sich deshalb auch nicht arbeitslos. Statt dessen schickt sie zahlreiche Initiativbewerbungen ab, worauf sie allerdings nur Absagen erhält. Dies belastet sie aber nicht sonderlich, da sie sich, weil ihr Sohn in dieser Zeit den Haushalt verläßt, zunächst über den weiteren Verlauf ihres Lebens klar werden möchte.

Mit Mitte vierzig will Carola K. wieder arbeiten; zum einen, weil sie wieder berufstätig sein möchte, und zum anderen, weil ihr Erbe praktisch aufgebraucht ist. Da sie, wie sie annimmt aufgrund ihres Alters, keine ihren Qualifikationen und Berufserfahrungen entsprechende Stelle findet, bewirbt sie sich schließlich bei einem Zeitarbeitunternehmen. Diese Umorientierung, merkt sie an, habe zufällig stattgefunden; später erwähnt sie jedoch, daß Zeitarbeit die einzige Chance für sie darstelle, noch eine Anstellung zu finden: „und (ich) weiß auch, daß die Zeitarbeit die einzige Möglichkeit ist, um in Brot und Arbeit zu bleiben. Also um nicht arbeitslos zu werden und herumzusitzen ist die Zeitarbeit natürlich ein ideales Angebot." (Z. 518ff)

Mit dem Ziel, sich selbständig zu machen, um so ihre Interessen zu ihrem Beruf zu machen, unterbricht sie zweimal ihr Zeitarbeitsverhältnis. Diese Versuche scheitern allerdings. Sie begründet ihren Mißerfolg mit mangelndem Geschick bei der Kundeneinwerbung: „Aber wenn jemand einmal ein Angebot abgelehnt, bin ich natürlich weg wie der Wind und komme nie mehr wieder. Und diese Professionalität, die fehlt mir *völlig*, ne, da einen Kundenstamm aufzubauen." (Z. 633ff)

5.3.1.2   Die Bilanz der Carola K.

Die Rolle des Zeitarbeitunternehmens

Zeitarbeit wird von Carola K. zunächst wiederholt positiv konnotiert; vieles von dem, was Zeitarbeit ausmacht, kann sie in ihrer Lebenssituation positiv verbuchen: Sie kann sich bei Bedarf einsetzen lassen; ansonsten kann sie pausieren. Das Zeitarbeitunternehmen berücksichtigte ihren Wunsch, nur in ihrer Stadt eingesetzt zu werden. Zudem habe es ihr ermöglicht, zwischen zwei Einsatzbetrieben (einem kirchlichen und einem Medien-Betrieb) wechseln zu können. Sie stellt des weiteren als positiv heraus, daß sie nach dem Mißlingen ihrer Versuche, sich selbständig zu machen, wieder zurückkehren konnte. Und wenn es in seltenen Fällen schließlich doch zu Problemen während eines Einsatzes komme, stelle es sich als sehr angenehm heraus, daß die Verleihzeiten begrenzt sind, also immer wieder enden, und daß danach etwas Neues kommt.

Carola K. beginnt ihre Schilderungen mit dem Hinweis auf den schlechten Ruf, den Zeitarbeit in der Gesellschaft habe. Dies seien alte Vorurteile. Sie stellt dem ihre Erfahrungen mit ihrem Verleihunternehmen gegenüber, die tatsächlich zumindest insofern atypisch für die Branche sind, als es sich bei der Verleihagentur um „ältere Damen" handelt. Zunächst spricht K. nur einen einzigen Punkt an, der sie im Gegensatz zu den zahlreichen positiven Aspekten an Zeitarbeit stört. Sie ist verärgert, weder von ihrer Verleihfirma noch von den Entleihern einen Fahrtkostenzuschuß zu erhalten.

„Das sind alles ältere Damen, ne? Wie gesagt, die Chefin ist schon achtzig. Und die sind hier irgendwie unkonventioneller. Also wenn sie in so stromlinienförmige Zeitarbeitfirmen, wo es nur um... um Schnelligkeit geht oder wo... Ich weiß es nicht, wie es funktioniert, wo man vielleicht nicht mehr auf die einzelnen Menschen achtet. Also mit denen kann man sich unterhalten und man kann individuell abstimmen was getan werden muß. Und so schlimm ist es für die ja auch nicht, wenn man kurzfristig kündigt und dann später nochmal wiederkommt. Das ist ja in Ordnung. Ist auch juristisch okay. Man muß halt nur diesen Vertrag im Auge behalten. Möchten Sie Kaffee?" (Z. 578ff)

Im Verlauf des Interviews kommen dann weitere Kritikpunkte, einer nach dem anderen, hinzu. So saldiert sie den niedrigen Lohn, den sie für ihre Arbeit erhält, auf der negativen Seite. Zwar ist mit dem geringen Einkommen nicht gleich ein geringerer Lebensstandard verbunden, ja es scheint ihr nicht einmal aufzufallen, da sie auf die Mieteinkünfte aus dem geerbten Haus zurückgreifen kann. Ohne dies wäre ihre Entlohnung jedoch zu gering. Bei einem sehr anspruchsvollen und arbeitsintensiven Einsatz war sie dann mit der geringen Entlohnung besonders unzufrieden: „Für den Putzfrauenlohn! Da werde ich dann auch diffamierend. Dann fällt mir wieder ein, daß man eigentlich doch nur ein Spottgehalt bekommt." (Z. 824ff)

So führt sie an, daß oft Vorurteile gegenüber Zeitarbeitskräften spürbar seien. Zeitarbeitskräfte würden, verallgemeinert sie ihren Qualifikationsstatus, bezüglich des Bildungsniveaus häufig unterschätzt. Dafür, daß sie immer wieder beteuert, es sei ihr „egal", betont sie auffallend häufig, daß ihr Ablehnung nichts ausmache.

... „und insofern ist mir egal, ob die Zeitarbeit jetzt angesehen ist oder nicht. Jedoch es gab 'ne Zeitlang... oder es gibt immer noch Leute, die Zeitarbeitnehmer unterschätzen, von der Bildung her oder so. Die wissen... die denken Zeitarbeitnehmer, das wären halt Leute die nicht viel gelernt haben oder so. Also gibt es immer noch. Bei..., also bei großen Häusern treffen sie bestimmt immer jemanden der Vorurteile hat gegenüber Zeitarbeitnehmern und der die unterschätzt. Hier natürlich, also hier eigentlich weniger. – Nee, gar nicht. Also es hat natürlich kein Prestige eigentlich, wenn man darauf Wert legt. Jetzt sind Sie aber dran!" (Z. 312ff)

Dies ist der Zeitpunkt im Interview, zu dem ihr zum ersten Mal auffällt, daß sie tatsächlich immer deutlicher gegen das zuvor hochgelobte Zeitarbeitsverhältnis argumentiert, daß ihr jedenfalls auch der Prestigemangel ziemlich zu schaffen macht. Ganz gegen den von ihr bislang auch wahrgenommenen Duktus des Interviews fordert sie die Interviewerin nun auf, sie aus dem Zirkel in dem sie sich findet, zu befreien, und neu zu strukturieren: „Jetzt sind Sie aber dran!"

Die Rolle der Entleihunternehmen

Bisher hat K. für zwei verschiedene Entleihunternehmen gearbeitet, bei denen es ihr sehr gut gefiel und die auch mit ihr sehr zufrieden gewesen seien, weshalb sie von beiden Betrieben, die sie „meine Lieblingshäuser" nennt, immer wieder angefordert werde. Arbeitsklima und Arbeitsbedingungen seien bei den Einsätzen, die sich teilweise über mehrere Monate erstreckten, sehr gut.

„Ich bin inzwischen ein richtiger Freund davon, von der Zeitarbeit. Jedoch wie gesagt nur unter den Bedingungen, die ich jetzt geschildert habe, daß ich bei der gleichen Zeitarbeitfirma bleibe und daß die mich immer zwischen meinen beiden Lieblingshäusern hin- und herschickt." (Z. 904ff)

Was sich im negativen Fall einer problematischen Entleihsituation als Vorteil erweist, wendet sich für Carola K. im positiven Fall einer affirmativ besetzten Situation zum Nachteil von Zeitarbeit. Die zeitliche Begrenzung einer Entleihphase erlebt sie dann als Trennungsschmerz:

„Da gab es sogar ein kleines Abschiedsfest dann hinterher mit Umtrunk nach den vier Monaten oder fünf. Da habe ich viele Tränen vergossen als das zu Ende war. Wirklich. Das kommt übrigens auch noch. Das ist auch ein eigenes Phänomen bei der Zeitarbeit, wenn es gut läuft hier auch ne, daß man dann... daß sie eben kurzfristig... daß es sehr sehr weh tut da aufzuhören." (Z. 736f)

Da sie nur in zwei Entleihunternehmen eingesetzt wird, kommt dies für sie einer Festanstellung gleich. Die Arbeitsverhältnisse haben mittlerweile familiären Charakter, und sie hat viele soziale Kontakte aufbauen können. Bei der Vermittlung von Arbeitseinsätzen spielt auch ihr Alter keine Rolle, was sie ansonsten auf dem Arbeitsmarkt als starken Nachteil erlebt hat.

K. betont dennoch, „nicht für alle Zeit" als Zeitarbeitskraft beschäftigt sein zu wollen. Sie kann sich gut vorstellen, in einem der beiden Entleihunternehmen einen festen Arbeitsvertrag anzunehmen. Den kirchlichen Entleiher würde sie hierbei wohl vorziehen, da sie mittlerweile etwas unzufrieden ist mit ihrem Einsatz in dem Medienunternehmen: Sie habe wenig zu tun, der Redakteur sei häufig nicht ansprechbar, weil er sehr viel unterwegs sei und wenig Rücksprache mit ihr halte und zusätzlich habe sie auch noch einen Konflikt mit ihrer Kollegin, mit der sie sich ansonsten doch sehr gut verstehe.

Das kirchliche Unternehmen schickt ihr Ausschreibungen offener Stellen. Außerdem wird ihr zu einem Kirchenbeitritt geraten – ein Ratschlag, dem sie auch nachkommt, damit sie sich im Falle einer offenen Stelle problemlos bewerben kann. Man mache ihr damit deutlich, daß man dort an ihrer festen Mitarbeit sehr interessiert ist. Auch der private Kontakt zu Kollegen aus beiden Entleihfirmen ermöglicht ihr, sich über die neusten Entwicklungen bezüglich offener Stellen auf dem laufenden zu halten. Carola K. wird mithin die erstbeste sich bietende Gelegenheit nutzen, aus der Zeitarbeit auszusteigen – und wenn sie dafür in die Kirche eintreten muß. Bislang bot sich diese Gelegenheit aber noch nicht.

Kompetenzentwicklung und Erwerbsarbeitssicherung

K. schildert ihren Berufsweg *vor* dem Eintritt in die Zeitarbeit als permanenten Prozeß der Weiterbildung in der Arbeit. Bei jedem Arbeitsplatzwechsel habe sie sich hinsichtlich Arbeitsinhalten, Position und Bezahlung verbessern können. Dieser Prozeß hat eine sehr deutliche Umkehrung durch den Beschäftigungsbeginn in Zeitarbeit erfahren. Sie übt jetzt Tätigkeiten aus, die in keiner Beziehung zu ihrer Ausbildung und ihren erworbenen Kompetenzen stehen; die Bezahlung ist entsprechend gering. Möglichkeiten zum selbständigen Arbeiten ergeben sich für sie kaum. Diesen Dequalifizierungsprozeß nimmt sie mit dem Ziel der Sicherung ihres Arbeitsplatzes und des angenehmen kollegialen Umfeldes hin. Erneut dem Bewerbungsdruck auf dem Arbeitsmarkt aussetzen will sie sich jedenfalls nicht: "Weil das andere, da habe ich keine Lust mehr, auf den Wettbewerb und die Schlange stehen und Ablehnungen und so weiter." (Z. 48ff)

Trotz der dequalifizierenden Einsätze sieht K. für sich keinen Kompetenzentwicklungsbedarf. Das Zeitarbeitunternehmen macht ihr auch keine Angebote. Sie hält das aber auch nicht für nötig, da sie die Fähigkeiten für Sekretariatsarbeiten mitgebracht habe; neue Kenntnisse eigne sie sich durch *learning by doing*, durch „diese Weiterbildung in praxi" an. Sie betont mehrfach, viel Neues gelernt zu haben und daß ihr dies bei der Arbeit sehr wichtig sei. Andererseits: in einem der beiden Entleihunternehmen bestehe eventuell die Möglichkeit, bei einer Computerschulung mitzumachen – sofern sie dann noch in diesem Unternehmen eingesetzt wird. Konkrete Absprachen gebe es noch nicht. „Und je nachdem was angeboten wird, lerne ich etwas von dem ich jetzt noch nichts weiß ne." (Z. 1122ff). Nur angeboten worden ist ihr eben noch nichts.

Carola K. würde es jedoch bevorzugen, ihr Geld ohne regelmäßige außerhäusliche Erwerbsarbeit zu verdienen, indem sie Bücher im Internet verkauft und ihren „Buchfindedienst" wieder anbietet. Sie hofft, sich diese Nebenverdienstquelle zu erhalten, da sie keine zusätzlichen Einnahmen durch das Erbe mehr hat und deshalb darauf angewiesen ist, sich etwas hinzuzuverdienen: Das Gehalt, das sie von ihrem Arbeitgeber, dem Zeitarbeitunternehmen erhält (etwa 2.100 Mark netto), würde, das weiß sie jetzt, zur Deckung ihrer Kosten nicht ausreichen (allein die Miete beläuft sich auf 1.400 Mark; die Fahrtkosten zur Arbeitsstelle betragen 150 Mark). Was weitere Einkünfte angeht, werde sie kreativ und erfinderisch werden müssen – eine Herausforderung, der sie, wie allem, optimistisch gegenübersteht.

Bemerkenswert ist bei K. der sehr ambivalente Stellenwert ihrer Erwerbstätigkeit. Ein Blick auf ihre Berufsbiographie macht deutlich, daß sie immer versuchte, eine ihrer Leidenschaften, die Beschäftigung mit Büchern, zu ihrem Beruf zu machen. So konnte sie eine Zeitlang in ihrer

Arbeit ihre Interessen verwirklichen. Besonders ihre Erzählungen über ihre Arbeit als Dokumentarin zeigen, wie engagiert sie diesen Beruf ausgeübt hat. Die Möglichkeit, dabei selbständig zu arbeiten, ist von besonderer Wichtigkeit für sie und führte zu den beiden Versuchen, sich selbständig zu machen.

Ihre jetzige Berufstätigkeit dient demgegenüber lediglich der Existenzsicherung; ihre Interessen kann sie in diese Tätigkeiten nicht einbringen. Daß Carola K. diesen Umstand im Interview allerdings nicht explizit problematisiert, obwohl sie doch immer wieder verdeutlicht, wie wichtig es ihr sei, ihre Kompetenzen in der Arbeit zu nutzen und sich durch und in der Arbeit zu verwirklichen, stellt sich als ein Paradoxon dar, daß nur über ihre subjektiven Relevanzsetzungen nachvollziehbar wird. Ihr Plan, sich mit einem Dokumentationsservice und einem Buchfindedienst selbständig zu machen, entstammt eben diesem Bedürfnis, qualifikationsgerecht zu arbeiten und ihre Ausbildungen und Lernprozesse in der Arbeit nicht umsonst hinter sich gebracht zu haben. Sie möchte diese ihre Idee weiterverfolgen.

So stellt sich immer deutlicher heraus, daß Zeitarbeit nur der letzte „Strohhalm" für sie ist. Die positiven Konnotierungen resultieren weitgehend aus dem guten kollegialen Umfeld („Da ist mir das völlig egal daß es eigentlich ein Putzfrauenlohn ist"; Z. 858f); negative Aspekte, die sie nur wie nebenbei erwähnt, die sich aber doch als stärker belastend als angegeben entpuppen, offenbaren sich in emotionsgeladenen Nebensätzen: „Das geht immer so hin und her, wenn einem das nicht gefällt dann kann man schon einmal in so ein Schwarzes Loch fallen und denken: Oh, ne, daß..., Zeitarbeit ist wirklich scheiße." (Z. 833ff)

Da Carola K. ihre arbeitsinhaltlichen Interessen in ihrem Zeitarbeitsverhältnis nicht wiederfindet, betont sie, daß sie schon immer andere Dinge gemacht habe, die ihr wichtiger gewesen seien als die Berufstätigkeit. Das steht im Widerspruch zu ihren begeisterten Erzählungen über ihre anderen Arbeitsstellen. Nur weil sie die aktuell ausgeübte Erwerbstätigkeit nicht ausfüllt, versucht sie, diese ihre Interessen in erster Linie in außerberuflichen Aktivitäten, in künstlerischer Tätigkeit, zu realisieren. Die aktuell stärkere Orientierung auf den Freizeitbereich ergibt sich aus der unbefriedigenden Situation im Alltag ihres Erwerbslebens als Zeitarbeiterin.

5.3.2 Uwe L., 41 Jahre, Kraftfahrer

5.3.2.1   Kurze Erwerbsbiographie des Uwe L.

Nach dem Hauptschulabschluß absolviert der in der Eifel aufgewachsene Uwe L. eine Ausbildung zum Maurer. Seine Berufswahl erfolgte fraglos –

„Mein Vater dessen Vater war Maurer, mein Vater war Maurer und ich bin auch Maurer. Nur dieses Handwerk ist also... Ich hab' das Handwerk noch so gelernt wie es eigentlich sein sollte, das Mauern – aber heute ist alles mit Fertigbauteilen, Beton. – – Und – das war nachher nicht mehr meine Sache so" (Z. 532ff)

– und habe zudem tägliches Fernpendeln erfordert, schildert er einen außerhalb des Milieus der Freien Berufe selten gewordenen Fall von Berufsvererbung. Nach der Lehre wird er zur Bundeswehr eingezogen, bei der er, wie er betont, den LKW-Führerschein machen *muß*. Im Anschluß an den Wehrdienst ist er zunächst arbeitslos, kann dann jedoch die beim Bund erworbene Qualifikation verwerten, indem er in der Firma, in der sein Schwager beschäftigt ist, als Fahrer arbeitet.

Der mißlungene Übergang an der zweiten Schwelle, die Entscheidung, sich nicht mehr um eine Stelle in seinem Ausbildungsberuf zu bewerben, stellt den ersten Bruch in seinem Erwerbsleben dar. Uwe L. arbeitet dann 17 Jahre lang, bei fünf verschiedenen Arbeitgebern, als Kraftfahrer, unter anderem als Auslieferer einer Getränkefirma, für die er den Gabelstapler-Schein braucht und erwirbt – bis er wegen zu hoher Alkoholwerte am Steuer seinen Führerschein verliert.

Zur Überbrückung muß er sich um eine andere Einkommensquelle bemühen. Durch eine Zeitungsannonce wird er auf Zeitarbeit aufmerksam. Als Übergangslösung weckt das Angebot sein Interesse, weil er, sobald er seinen Führerschein zurückerhält, wieder als Kraftfahrer arbeiten möchte.

„Und dann, wie gesagt, so lernte ich dann Zeitarbeitfirmen... Führerschein weg. Zeitung aufschlagen. Probieren. Bumm. Fertig. <Lacht>" (Z. 526ff) – „Und dann ging das von heute auf morgen bummbumm fertig. Und die Zeitstrafe ist demnächst abgesessen und dann fahre ich wieder LKW. Das ist relativ einfach finde ich oder?" <Lacht> (Z. 10ff)

In dem Entleihunternehmen, an das er zum Zeitpunkt des Interviews ausgeliehen ist, ent- und belädt er als Anführer einer kleinen Kolonne von Zeitarbeitskräften mit dem Gabelstapler Lastwagen und erledigt die anfallenden Formalitäten für die LKW.

5.3.2.2   Die Bilanz des Uwe L.

Die Rolle der Zeitarbeitunternehmen

Zunächst macht Uwe L. keine guten Erfahrungen in der Zeitarbeit. Er lernt insgesamt drei Verleihfirmen kennen. Die erste Firma verleiht ihn für unqualifizierte Tätigkeiten, obwohl eine Tätigkeit als Gabelstaplerfahrer abgesprochen ist. Er soll Fließbandarbeit übernehmen. Da er ein ausgeprägtes Selbstbewußtsein als „gelernter" Arbeiter besitzt, der auf eine umfangreiche Berufserfahrung als Fahrer zurückblicken kann, und es in der Stadt mehrere Zeitarbeitunternehmen gibt, hat er keine Bedenken, eine Stelle nicht anzunehmen, und lehnt diesen Auftrag ab.

„Und Firmen gibt es von dieser Sorte eigentlich genügend. Also muß man also nicht Angst vor haben so also." (Z. 158ff) – Das „war also schon so ein bißchen halle-drin, fabrikmäßig, Fließbandarbeit und sowat... Das ist schon mal für, sag' ich mal als Kraftfahrer, also sach ich mal von vorneherein gar nichts für mich. Und da habe ich das von vorneherein abgelehnt." (Z. 183ff)

Auch vom nächsten Verleiher wird er nicht als Staplerfahrer vermittelt. Nachdem er mehrmals darauf hingewiesen hat, daß er nicht mehr – entgegen den Absprachen – Hochöfen beschicken und mit giftigen Stoffen hantieren möchte, sagt die Firma zu, einen anderen Einsatz für ihn zu organisieren. Als ihm dies jedoch zu lange dauert, provoziert er die Kündigung, indem er drei Tage unentschuldigt fehlt. Die drei Tage nutzt er, um sich bei der dritten Zeitarbeitfirma, bei der er auch jetzt noch tätig ist, zu bewerben.

„Ich habe dann in der Firma Bescheid gesagt: ‚Ich komme jetzt drei Tage nicht arbeiten.' Und dann wird man ganz normal, drei Tage unentschuldigt gekündigt. Und in der Zeit hatte ich Rücksprache mit der anderen Firma. Also ich habe da keinen Verlust. Das ging von da rein da raus." (Z. 149ff)

Mit seinem aktuellen Arbeitgeber ist er zufriedener, da die Betreuung durch die Disponenten hier besser sei als in den beiden anderen Unternehmen. Möglicherweise könne er später, wenn er seinen Führerschein zurückerhalten hat, als Fahrer für das Zeitarbeitunternehmen arbeiten.

„Und meine Firma möchte mich, also so wie ich das mitbekommen habe, sehr ungern gehen lassen. Also die also ist schon bereit dazu, wenn ich den Führerschein wieder zurückhabe, mich als..., in de gleichen Firmen weiter einzusetzen als Kraftfahrer. Und wenn ich finanziell mit den Leuten einig werde warum soll ich nicht dableiben?" (Z. 384ff)

Zwei für ihn zentrale Aspekte von Zeitarbeit kritisiert der ansonsten eher optimistisch eingestellte Uwe L. dezidiert: die kurzen Kündigungsfristen, die keine Sicherheit vermitteln, und die systematische Diskriminierung – daß er zum Beispiel als Zeitarbeiter im Gegensatz zu den Festangestellten zu bestimmten Tätigkeiten verpflichtet wird, ohne sich dem widersetzen zu können, oder daß er für dieselben Tätigkeiten wesentlich schlechter bezahlt wird:

„Die (Kollegen in den Entleihbetrieben) machen im Grunde genommen nur die gleiche Arbeit wie ich auch, nur daß die bei der Tankstelle beschäftigt sind. Und das ist also, denke ich mal, das ist ja auch dat, dat wat ich also eigentlich für, für *blöd* finde eigentlich so, daß die Leute das Dreifache an Geld haben für das gleiche Geld... eh, für die gleiche Arbeit als wir. Und wir machen das Gleiche auch wie die so. Und das ist ein bißchen wat. Da sollten die ein bißchen was überlegen, ob das alles richtig wäre oder so. Ich denke mal schon, daß die Zeitarbeitsfirmen, die an mir soviel Geld verdient, wie eigentlich auch... auch verdiene im Monat mit Sicherheit. Und das ist der fiese Unterschied zwischen... Und darum ist halt die Zeitarbeit so unbeliebt so... ne. Obwohl meine Firma noch sehr gut bezahlt. Mit eine der bestzahlendsten Firmen. Aber da gibt es noch ganz andere Leute, die zocken einen richtig ab. Die lassen einen da für fünf Euro arbeiten oder so... sowas. Es gibt sogar Leute die machen das. Ja." (Z. 762ff)

So bleibt es trotz seiner etwas verbesserten Situation bei der negativen Bilanz seines Zeitarbeitverhältnisses – das eben nur besser ist als gar keine Arbeit.

Die Rolle der Entleihunternehmen

Nach den schlechten Erfahrungen mit den ersten Entleihfirmen, die ihn nicht seinen Kompetenzen und den Absprachen entsprechend einsetzten, zum Teil sogar unangekündigt mit Gefahrstoffen haben arbeiten lassen, trifft Uwe L. es in dem Einsatzbetrieb, in den ihn sein derzeitiger Verleiher geschickt hat, besser an. Die Einarbeitung verläuft ohne Probleme und offenbar nicht ohne Systematik: Die Einweisungen bauen aufeinander auf, beginnend mit den einfachen Tätigkeiten. Dann wird er schrittweise an die höher qualifizierten Tätigkeiten herangeführt, für die er eingestellt wurde. Diese Einarbeitungsstrategie hält L. für vorbildlich. Da kaum neue Anforderungen an ihn gestellt werden, hat er sich schnell eingewöhnt.

„Dann geht man, also die schicken einen dort zum Werk hin oder fahren einen sogar dorthin. Und da wird man schon praktisch unterwiesen sowat. Und die sehen auch sofort ob man mit dem Ding umgehen kann oder nicht. Also das erkennt man sofort. (...) Und der Schichtführer, der das..., die Verantwortung an gewisse Leute trägt, der zeigt dann allen wo wie was wann geht. Und das wird dann so erstmal eingeteilt so eine Arbeit die leicht ist, daß man sieht das ist okay, das funktioniert. Und dann geht es immer staffelweise weiter bis man dort wo man jetzt sein sollte oder sowat. Das machen die schon ganz, ziemlich geschickt. Also nicht einfach so bumm: ‚Mach mal'; man wird schon auch so hingewiesen möchte ich schon sagen, also nicht so..., man wird nicht ins kalte Wasser gesetzt. Und das klappt ganz gut finde ich." (Z. 689ff)

Als Kolonnenführer trägt er jetzt Verantwortung und verfügt über einen begrenzten Bereich der Entscheidungsfreiheit und Weisungsbefugnis: „Mich hat es eigentlich ganz gut erwischt, weil ich mache auch den Papierkram für diese LKWs, habe auch so eine kleine, also eine Kolonne zu führen, von denen ich sagen kann: Ihr macht das so und so und so." (Z. 231ff)

Dennoch bleibt auch hier seine Bilanz bestenfalls zwiespältig: So sieht er sich oft mit Vorurteilen gegenüber Zeitarbeitnehmern konfrontiert und befürchtet, als Kraftfahrer einer Verleihfirma in den Entleihbetrieben eine schlechtere Position zu haben. Obwohl er mit seinen Kollegen und Vorgesetzten gut auskomme, fühle er sich gegenüber anderen Mitarbeitern herabgesetzt. Als Zeitarbeiter werde er im Entleihbetrieb als „Mensch zweiter Klasse angesehen. In einer solchen Situation müsse man sich durchboxen, was er wohl geschafft habe.

Daß er selbst diese Vorurteile verinnerlicht hat, unterstreicht die subjektive Bedeutung dieser Wahrnehmungen. Er malt an anderer Stelle das eigene negative Bild von Zeitarbeitnehmern aus: Zeitarbeiter seien „Chaoten" – der Begriff steht offenbar für Marginalexistenzen. 95 Prozent verfügten über keine Ausbildung; viele fielen durch Alkoholmißbrauch und Krankheiten auf. Sie sähen, vermerkt Uwe L. mit kritischem Bedenken, Zeitarbeit als einzige Möglichkeit, nicht arbeitslos zu werden, da sie sich auf dem ersten Arbeitsmarkt keine Chance mehr ausrechneten.

„Ich weiß nicht, also für meinen Begriff sind da Leute drin auch, die, ich weiß nicht, Geschiedene, wat weiß ich, aus dem Gefängnis kommen oder wat weiß ich auch sowat. Ne, also da gibt es dann also schon Unterschiede dabei. Also, ich möchte mal so...: daß die Klassusmenschen da schon eine Rolle spielen, obwohl man immer also als Mensch..., erstmal als Mensch zweiter Klasse angesehen wird so ne." (Z. 167ff)

Er distanziert sich von diesem Bild und weigert sich, sich mit der stigmatisierten Arbeitsform zu identifizieren, indem er ausdrücklich auf dem Übergangscharakter seines Zeitarbeitsverhältnisses beharrt und ihm die Funktion einer auf relative Dauer gestellten Beschäftigungsoption jedenfalls für sich nicht zugesteht.

Er könnte sich durchaus vorstellen, für den Entleiher in einem Festanstellungsverhältnis zu arbeiten. Würde ihm eine solche Stelle angeboten, würde er sofort zugreifen. Eine realistische Übernahmechance sieht er hier aber nicht. Zeitarbeit habe schließlich deshalb Zukunft, weil sie den Einsatzbetrieben die Kosten für die Leerzeiten normaler Beschäftigungsverhältnisse (wie Krankheit oder Urlaub) ersparten. Dafür könne „eigenes

Personal" abgebaut werden – was die Firma auch praktiziere. Uwe L. hat zudem die Beobachtung gemacht, daß Kollegen selbst bei einer Übernahme durch Drittfirmen nur einen Jahresvertrag bekamen. Daß jemand irgendwo fest angestellt worden sei, habe er noch nicht gehört.

„Nä. Nein, ganz im Gegenteil, die bauen sogar noch eigenes Personal ab. Und ich weiß gar nicht was die da richtig vorhaben da. Also eigenes Personal wird abgebaut, also Leute die fünfzig Jahre alt werden die können die Frührente einreichen oder Vorarbeitsruhezeit oder wie das sich nennt irgendwie sowas. Und dafür werden dann wieder Zeitunternehmen eben wieder eingestellt. Also nicht... eingestellt. Dann haben die zum Beispiel mit Urlaub nichts mehr zu tun. Wenn jetzt von uns einer in Urlaub geht, für mich muß wieder jemand da sein ne. Also wenn die Firma da zwanzig..., also zehn Leute bestellt, also der Stand von zehn Leuten muß immer da sein. Wenn einer krank ist oder Urlaub hat oder oder..., dann müssen die eben andere Leute... Und da hat die Ölchemie AG also nichts mehr mit zu tun. Die rufen da an: ‚Hallo.' Und dann muß das funktionieren... Da stelle ich auch irgendwie fest, daß machen also alle Großen wie die Pharma AG, die großen Chemiekonzerne, die machen das alles auf Richtung mittlerweile. Also die Zeitarbeit, denke ich mal, die hat in Zukunft hat die Zukunft mit Sicherheit. Ganz bestimmt. Behaupte ich <lacht>. Keine Ahnung. (...) Doch, wenn die gesagt hätten, eh: ‚Komm' Junge, du bist gut. Du kannst hier bleiben', hätte ich nicht ‚nein' gesagt. Ganz bestimmt nicht. Klar. Hätte ich mich nie wieder auf die Fahrerbank gesetzt. Ganz bestimmt nicht. (... Daß Zeitarbeiter irgendwo anders etwas finden), das höre ich eigentlich weniger. Es gibt Leute (!) die hoffen darauf. (...) Und wenn, dann gibt es auch nur Jahresverträge, die eigentlich ziemlich so unsicher wären oder so. Und wenn der die Firma verläßt, dann bleibt der ein Jahr da, ein Jahr zu Ende dann kann man wieder gehen. Das ist dann, ich weiß nicht, dann kann ich auch da bleiben wo ich bin und dann nachher länger. Also das würde ich dann schon überlegen, ob ich das für ein Jahr wirklich machen würde. (...) Und wie gesagt Leute gibt es, die hoffen drauf daß sie angesprochen werden und im Grunde genommen wissen sie auch daß das nie wird, weil wenn eine Firma Personal abbaut stellen sie keine Neuen ein. Also das geht nicht. Und die bilden auch selber Leute aus als Chemikanten. (...) Und da denke ich mal, daß wir wo wir tausend Berufszweige drin haben daß da eigentlich gar keine Chance besteht. Ganz ganz wenig wenn überhaupt. Gar keine möchte ich sagen. Jo. Da mache ich mir erstmal gar keine Hoffnungen drüber, warum?" (Z. 786ff)

Kompetenzentwicklung und Erwerbsarbeitssicherung

Uwe L. gehört zu den Zeitarbeitskräften, die sich im Verlauf ihrer Erwerbsbiographie eine eher defensiv-konservative Haltung angeeignet haben. Typischer Weiterbildungsabstinenzler,[1] ist er überzeugt, ausgelernt zu haben und alle Qualifikationen zu beherrschen, die für die ihm offenen

---

[1] Zu Phänomen und subjektiver Stimmigkeit von Weiterbildungsabstinenz s. *Bolder/Hendrich* 2000.

Tätigkeiten vorausgesetzt werden. Um berufliche Weiterbildung hat er sich nie gekümmert; es sei ihm auch nie eine angeboten worden. Obwohl er zumindest den Stapler-Führerschein gemacht hat, kann er den Sinn irgendwelcher Fortbildungsmaßnahmen nicht erkennen: Sobald er seinen Führerschein zurückerhält, wird er wieder in seinen Beruf zurückkehren; dazu braucht er lediglich den während des Wehrdienstes erworbenen Führerschein der Klasse II. Somit können ihm weitere Qualifizierungen weder monetären Nutzen bringen, noch seinen beruflichen Kompetenzhorizont erweitern. Vielleicht, denkt er darüber nach, war er „zu faul das zu lernen oder (ich) bilde mir ein, ich brauche es ganz einfach nicht. Aber ich arbeite mich selber (am PC) ein und bin am Üben. Also tick-tickmäßig so. Ich weiß gar nicht, wo ich mich hätte einsetzen können. Keine Ahnung." (Z. 615ff)

Da er seine Beschäftigung in Zeitarbeit als Übergangslösung betrachtet, dequalifizierende Tätigkeiten strikt ablehnt und mit einer Tätigkeit als Gabelstaplerfahrer oder Kraftfahrer auch recht zufrieden zu sein scheint, gibt es für ihn keine Motivation zu einer Weiterqualifizierung, die ihm von seiner aktuellen Tätigkeit und Position wegverhelfen würde. Er

„brauchte also nichts zu lernen, weil ich denke mal, ich bin eigentlich der Meinung wenn man einen Staplerschein hat, sollte man auch mit so einem Teil umgehen können, egal wie groß oder wie klein oder wie kompliziert der ist, das ist gar kein Problem. (...) Also ich habe da keine Probleme mit gehabt, weil ich konnte mit dem Ding umgehen, und das war für mich direkt..., da war kein Übergang, also nichts Kompliziertes oder so, daß ich da hätte üben müssen oder sonstwas. Also für mich war das kein Problem." (Z. 1005ff)

Hätte er nicht den Gabelstapler-Führerschein und die Stelle in dem Zeitarbeitunternehmen bekommen, hätte er sich statt dessen arbeitslos melden müssen. Dann hätte er vielleicht eine Umschulung oder Weiterbildung in Betracht gezogen, wäre ihm vom Arbeitsamt eine angeboten worden. Er hatte allerdings – und das nur folgerichtig – keine Vorstellung, in welchem Bereich er sich weiterbilden lassen sollte. In einem Nebensatz erwägt er die Möglichkeit, sich gegebenenfalls über das Arbeitsamt zum Berufskraftfahrer umschulen zu lassen. Alles dies bleiben höchst unverbindliche, konjunktivisch vorgetragene Projektionen. Tatsächlich sieht er keinen Bedarf, sich neue Kompetenzen anzueignen:

„Hätte ich jetzt zum Beispiel jetzt nicht irgendwas gemacht so dann als Gabelstaplerfahrer, oder ich hätte nichts gefunden als Arbeiter, und dann hätte ich mich erstmal arbeitslos gemeldet. Und hätte mal gewartet, abge..., hätte mal abgewartet was das Arbeitsamt so anbietet oder was weiß ich, dann vielleicht hätte ich..., vielleicht die Ausbildung als, als Kraftfahrer berufsmäßig vom Arbeitsamt bezahlt bekommen oder oder..." (Z. 639ff)

Der durch den Führerscheinverlust ausgelöste Bruch in seinem Erwerbsleben führt bei Uwe L. zu einer Veränderung seiner Erwerbsorientierung. Da er zum Zeitpunkt des Interviews im Zweischichtsystem, entweder von 5:30 Uhr bis 13:30 Uhr oder von 13:30 Uhr bis 21:30 Uhr, arbeitet, hat er für sich den Wert von Freizeit und der dazu erforderlichen geregelten Arbeitszeiten wieder schätzen gelernt. Diesem Thema kommt im Interview ein zentraler Stellenwert zu. Als Fernfahrer hatte er oft eine 100-Stunden-Woche, unregelmäßige Arbeitszeiten und war viel unterwegs. Im Zeitarbeitsverhältnis beträgt das Arbeitszeitvolumen weniger als die Hälfte, und so kann er seinem Hobby, dem Segelfliegen, wieder intensiver nachgehen.

Für die Zeit nach dem Führerscheinverlust ist es ihm deshalb wichtig, eine Stelle zu finden, bei der er am Wochenende Zeit für sein Hobby hat. Dann möchte L. durchaus wieder als Fahrer arbeiten; allerdings nicht mehr im Fernverkehr. Er würde sogar eine im Vergleich zum Fernverkehr geringere Bezahlung in Kauf nehmen, wenn er im Gegenzug dazu geregelte Arbeitszeiten hätte:

„Und auf zweihundert bis vierhundert Mark kann ich gern drauf verzichten. Aber dafür habe ich pünktlich Feierabend und fange pünktlich an." (Z. 417ff) – „So Fernverkehr – das will ich nicht mehr. Gar nicht mehr. Dafür ist mein Hobby viel zu schön, die Zeit zu kostbar, also ich weiß nicht also... <lacht>." (Z. 437ff)

Die Veränderung des Stellenwertes seiner Erwerbsarbeit steht für Uwe L. nur insoweit im Zusammenhang mit seiner Option für die Zeitarbeit als beides durch die Zwangssituation des zeitweisen Führerscheinverlusts provoziert wurde. Jede andere Erfahrung geregelter Arbeitszeiten hätte bei ihm die gleiche Prioritätenverschiebung bewirkt.

„Und das (Dreischichtsystem) ist wat, das möchte ich also nicht machen. Erstmal wegen dem Hobby nicht, und zweitensmal denke ich mal, wenn andere Leute zu Baggerlöchern fahren und was weiß ich da schwimmen gehen oder sowat, und du mußt dann arbeiten, samstags sonntags feiertags und sowat, dann muß ich das nicht haben" (Z. 968ff). – „Umgekehrt in der (Frühschicht) geht man nach Hause, man kann nachmittags noch in der Sonne liegen wenn Zeit dazu ist oder oder oder... Also man hat mehr Freizeit also. Und das pünktlich und nicht irgendwann mal. Das ist also klasse. Das ist der Unterschied zwischen Fahren (wie früher) und dem was ich jetzt tue." (Z. 1052ff)

5.3.3 Bastian X., 35 Jahre, Call-Center-Agent

Nach der Mittleren Reife besucht Bastian X. die Höhere Handelsschule und schließt diese nach drei Jahren erfolgreich ab. Daran anschließend absolviert er zunächst seinen Zivildienst im Jugendhilfebereich. Seither ist sein Berufsweg von zahlreichen vergeblichen Versuchen gekennzeichnet, seine Ausbildung abzuschließen.

5.3.3.1 Kurze Erwerbsbiographie des Bastian X.

Sein Wunsch war es, Betriebswirtschaft zu studieren. Der Zugang zum Wirtschaftsstudium an der Fachhochschule könnte sich ihm auch ohne Abitur eröffnen, wenn er entweder eine Berufsausbildung im kaufmännischen Bereich oder ein entsprechendes einjähriges Praktikum im Anschluß an die Höhere Handelsschule nachweisen kann. Er beginnt also mehrere Ausbildungen, die er allerdings allesamt nicht abschließt. Ein Betrieb sei aufgekauft worden, während er sich noch in der Ausbildung befand. Das Unternehmen des nächsten Ausbildungsbetriebs sei in Konkurs gegangen, so daß er auch dort nicht fertig ausgebildet werden konnte. Schließlich bemüht er sich um eine Praktikumstelle in einer Getränkehandlung. Die Arbeit dort gefällt ihm sehr gut; doch dann zieht das Unternehmen nach Süddeutschland, und Bastian X. kann auch das Praktikum nicht beenden. Damit sind seine Versuche, seine berufliche Perspektive über das Betriebswirtschaftsstudium zu realisieren, bislang fehlgeschlagen.

Unterstützung durch die Familie erhält er nicht. Um seinen Lebensunterhalt zu bestreiten, arbeitet er in der Produktion. Als er dann im Radio von der Möglichkeit hört, am Abendgymnasium das Abitur nachzumachen, sieht er seine Chance und setzt dies sofort in die Tat um. Er schafft das Abitur mit einem Notendurchschnitt von 1,5, worauf er sehr stolz ist. Während dieser drei Jahre arbeitet er als LKW-Fahrer für den Betrieb, bei dem er vorher im Lager tätig war.

„Und dann habe ich im Radio, ich glaub' das war Radio Rhein oder WDR, weiß ich jetzt gar nicht mehr, das war noch während der Arbeit habe ich gehört, daß im Abendgymnasium, daß halt da die Möglichkeit besteht für Berufstätige das Abitur nachzumachen. Und dann habe ich... Das war meine Chance. Und dann habe ich auch wirklich nach der Arbeit drei Jahre..., das ging auch drei Jahre. Wollte ich erst Fachabitur machen, aber dann habe ich gesehen daß das so gut lief, also ich hab' fast nur Einsen gehabt. Weil wenn man so sieht, alle Chancen sind irgendwo verbaut, dann, wenn man eine Chance bekommt, dann nutzt man die auch. Und das lief sehr gut, und dann habe ich mir gedacht: Gut, dann hängste noch das Jahr dran, machste richtig Abitur. Ja, und das klappte sehr gut." (Z. 233ff)

Mit dem Abitur kann X. nun endlich das ersehnte Wirtschaftsstudium aufnehmen. Er erhält einen Studienplatz und Unterstützung nach dem Berufsausbildungsförderungsgesetz, die ihm jedoch zum Leben nicht ausreicht. So nimmt er neben seinem Studium Nebenjobs an, was wiederum zur Vernachlässigung des Studiums führt. Nach Ablauf der BAFöG-Leistungen gibt er das Studium auf und lebt von Tagelöhner-Jobs. Um nicht von Tag zu Tag über die Studentenvermittlung Arbeit suchen zu müssen, entscheidet er sich für Zeitarbeit, die vor diesem Hintergrund mehr Sicherheit verspricht: „Ich wollte was Festes haben. Jou." (Z. 352f)

5.3.3.2 Die Bilanz des Bastian X.

Die Rolle des Zeitarbeitunternehmens

Zeitarbeit als Form der Arbeitsvertragsgestaltung bewertet Bastian X. sehr negativ. Wie wohl die meisten Zeitarbeiter verbindet er mit dem Zeitarbeitsverhältnis aber die Hoffnung, über kurz oder lang eine feste Stelle in einem Entleihunternehmen zu bekommen. Wie wohl für die meisten, so ist sie auch für ihn nur als Übergangslösung denkbar, „ein Notstopfen, also mehr ist das nicht" (Z. 1345f) – eine Notlösung, die er nur weiterverfolgen will, solange ihm nichts anderes übrigbleibt. Das heißt, der mit dem Verleiher abgeschlossene Arbeitsvertrag soll lediglich eine Brücken-, letztlich die Türöffner-Funktion übernehmen. Hätte er eine andere Chance, würde er sie sofort nutzen und mit der Zeitarbeit aufhören: „So, geben Sie mir 'nen Job, ich hör' da sofort auf <lacht>. Ich bin da sofort weg" (Z. 957ff).

„Ja, eigentlich ist das eine Notsituation. Eigentlich ist das, bin ich mehr oder weniger da reingerutscht, eh, als Übergangslösung" (Z. 13ff). – „Und dann bin ich halt da bei der Zeitarbeit gelandet. Wollte das eigentlich nur so als Über..., also als, sobald ich wieder was hab'..., aber jetzt bin ich da immer noch." (Z. 34ff)

Auf dieses spezifische Arbeitsverhältnis hatte sich Bastian X. nur eingelassen, weil er Schwierigkeiten hatte, als ungelernte Arbeitskraft auf dem Ersten Arbeitsmarkt eine Stelle zu finden. Von seiten des Arbeitsamtes habe er bei der Stellensuche keine Unterstützung erfahren; seine Kritik an der Institution zieht sich durch das ganze Interview. Zeitarbeitunternehmen gebe es schließlich nur deshalb, weil die Arbeitsämter ihre Aufgaben nicht erfüllten:

„Es ist irgendwo, also ich will das Unternehmen nicht schlecht machen oder ich will nicht sagen, daß..., die sind nicht fair oder so, aber das ist so, eh, wo das Arbeitsamt versagt oder wo der erste Arbeitsmarkt versagt, etablieren sich solche Unternehmen." (Z. 1049ff)

Ein wichtiger negativer Aspekt von Zeitarbeit sei etwa der geringe Verdienst. Vor allem zwischen den Einsätzen, wenn sein Arbeitgeber wesentlich weniger zahlt, sieht er sich gezwungen, in einem Kiosk nebenbei schwarz zu arbeiten, um seinen Lebensunterhalt finanzieren zu können. Ein sehr großer Nachteil sei des weiteren, daß den Zeitarbeitskräften von ihren unmittelbaren Arbeitgebern keine Entwicklungs- und Aufstiegsmöglichkeiten geboten würden. In seinem letzten Normalarbeitsverhältnis hatte er als Lagerarbeiter angefangen und sich schließlich zum LKW-Fahrer hocharbeiten können. Solche Entwicklungen seien bei Zeitarbeitfirmen ausgeschlossen, da man für eine bestimmte Aufgabe und auch nur für eine begrenzte Zeit an ein Unternehmen verliehen werde. Das einzig Positive daran sei, daß man als Zeitarbeiter unterschiedliche Betriebe kennenlernen und berufliche Erfahrungen sammeln könne.

„Aber von der Bezahlung her, ich mein' die wollen ja auch leben, ne, das ist irgendwo ist das eine Notlösung, muß man einfach mal sagen, weil... eh, letztendlich machen so gerade diese... diese Zeitarbeitfirmen, ich sag' es mal ganz provokativ: moderner Sklavenhandel." (Z. 380ff)

Zeitarbeit, meint Bastian X., sei moderner Sklavenhandel, von dem ausschließlich die Ver- und die Entleiher profitierten, nicht aber die Zeitarbeitnehmer. Empfehlen würde er sie niemandem:

„*Niemals.* Ich würde nur sagen, das ist eine Notlösung. Und ich sag' *noch* mal, da wo das Arbeitsamt versagt, haben solche Unternehmen, also wie Zeitarbeits..., wie gesagt, ich will die nicht schlecht machen, die machen ja auch nur ihren Job. Aber da, wo das Arbeitsamt versagt, haben solche Unternehmen wie Zeitarbeitsfirmen ihre, ich sag' mal: Daseinsberechtigung oder die übernehmen dann halt diesen Part." (Z. 1100ff)

Die Rolle der Entleihunternehmen

Als erstes stand X. bei einem Kosmetikartikelproduzenten am Fließband, um Flaschen zuzuschrauben. In diesem Unternehmen hat es ihm nicht gefallen, da er einerseits schlecht bezahlt wurde und andererseits mit dem Tätigkeitsspektrum nicht zufrieden war. Die Tätigkeiten, die er dort ausübte, bedurften keiner Qualifikation oder Vorbildung; seine Kollegen hatten teilweise keinen Schulabschluß und diese Arbeit nur angenommen, weil sie ansonsten gar keiner Erwerbsarbeit hätten nachgehen können. Die Arbeitssituation sieht er als Ausnutzungs- und Ausbeutungsverhältnis. Nach einigen Wochen meldet er sich dann bei den Disponenten seines Zeitarbeitgebers und bittet darum, einen anderen Einsatz zu bekommen.

„Ja, L'Odeur habe ich da eh, na ja, das war... Das macht man dann irgendwo. Also, es war total unterbezahlt. Da waren auch welche, die überhaupt gar keinen Schulabschluß hatten. Die das machten bevor man gar nichts hat. Das macht man dann irgendwo, aber es ist Ausnutzung, Ausbeutung." (Z. 406ff). – „Ich hab' gesagt: ,Ich will... Ich mach' das nicht mehr.' Weil, eh, von der Bezahlung her, hätte ich ja gleich Sozialhilfe beantragt dann hätte ich vielleicht sogar noch mehr gekriegt." (Z. 495ff)

Daraufhin wurde er an eine Bank verliehen. Hier bearbeitete er Kontierungen und machte die Ablage. Diese Arbeit war zwar ebenfalls monoton, trotzdem machte er sie gerne, weil ihm auch das Umfeld mit den Kollegen besser gefiel. Vor allem war die Bezahlung entschieden besser; er bedauert, nicht die Möglichkeit gehabt zu haben, dort länger zu arbeiten.

„Das sind *auch* alles sehr einfache Tätigkeiten gewesen, aber schon von der Bezahlung her überhaupt gar kein Vergleich wie diese Fließbandarbeit. (...) Da war ich auch ganz zufrieden, nur leider war der Einsatz dann irgendwo zu Ende, weil sie ja auch nur Leute für eine begrenzte Zeit gesucht haben." (Z. 430ff)

Nach diesem Einsatz arbeitete er bei einem Fernsehsender im Call-Center. Seine Aufgabe bestand darin, Kandidaten für eine Show zu suchen. Mittlerweile ist er im Call-Center eines anderen Senders eingesetzt, spielt Hörern am Telefon Musikstücke vor und befragt sie nach deren Beurteilungen. Daß er keine Vollstelle hat, schlägt naturgemäß auf seine finanzielle Situation durch, die einmal mehr prekär ist.

Zu Beginn seiner Beschäftigung in Zeitarbeit hatte Bastian X. die Hoffnung, von einem Einsatzbetrieb übernommen zu werden. Er hat selbst in dem Betrieb, in dem er fünf Jahre festangestellt war, beobachten können, daß Zeitarbeitskräfte in eine Festanstellung übernommen wurden. Diese Erfahrung hatte ihn bei seiner Entscheidung, für ein Zeitarbeitunternehmen zu arbeiten, stark beeinflußt. Das Problem der nicht abgeschlossenen Ausbildung beziehungsweise des gewünschten Studiums hätte sich dadurch von selbst erledigt. Ohne eine abgeschlossene Berufsausbildung sieht er in einer Übernahme jedoch nur eine geringfügig bessere Alternative. Die einzige Möglichkeit, aus dem Teufelskreis von unqualifizierter und unterbezahlter Arbeit herauszukommen, sieht er im Abschluß einer Ausbildung.

„Da warte ich ja immer noch irgendwo drauf, ne, daß... *Die* Möglichkeit gibt es. Und das habe ich auch selber schon erlebt, als ich fünf Jahre in dem Unternehmen war, wo ich fest, also erst als Lagerarbeiter und dann als Fahrer gearbeitet hab', da hatten wir selber also dieses Unternehmen hat selber auch damals schon Zeitarbeiter eingestellt und da wurden zwei über..., fest übernommen. Und ehm – aber gut, wenn ich dann irgendwo übernommen werde ohne Berufsabschluß, dann stehe ich wieder da wo ich damals stand. Aber immerhin noch besser als wo ich jetzt stehe." (Z. 1069ff)

Für Bastian X. war es eine enttäuschende Erfahrung, daß die Zeitarbeiteinsätze keine Festanstellung mit sich brachten.

Kompetenzentwicklung und Erwerbsarbeitssicherung

Insgesamt ist Bastian X. nun eineinhalb Jahre bei der Zeitarbeitfirma beschäftigt. Da er kaum zertifizierte berufliche Kompetenzen nachweisen kann, kann er nicht einmal sagen, daß er kontinuierlich unterhalb seines Qualifikationsniveaus eingesetzt worden sei: Die Tätigkeiten, die er ausübte, entsprachen dem nachgewiesenen Kompetenzspektrum. Der Einsatz in der Bank berücksichtigte seine kaufmännischen Kenntnisse, die Arbeiten in den Call-Centers, daß er schon als Schüler bei telefonischen Meinungsumfragen mitgearbeitet hatte. Bastian X. kann also in der Zeitarbeit keine Kompetenzgewinne für sich verbuchen.

„Nä, eigentlich nicht. Also es ist... Es hat nur Zeit gekostet, also Zeit die weg ist. Und eh..., wo ich was Sinnvolleres..." (Z. 748ff) – Das „ist ein riesiggroßer Nachteil bei der Zeitarbeit. Man ist bei der Zeitarbeit... man ist Lückenfüller, also man füllt ja irgendwelche Lücken aus. Es ist verschwendete Zeit und es bringt einen nicht weiter. Man lernt auch nichts Neues. Macht vielleicht Erfahrung: ‚Ach wie sieht es in dem Unternehmen aus?' – ‚Ach so sieht es in dem Unternehmen aus'; aber man bleibt auf dem gleichen Level, wobei hingegen, wenn man gelernt hat und irgendwo fest ist, eh, wie beispielsweise... und selbst wenn ich da als Lagerarbeiter angefangen hab', gab es doch die Perspektive weiterzukommen. Das hat man bei der Zeitarbeit nicht, da hat man auch gar nicht Zeit dazu. Da ist ein Einsatz, der Einsatz ist begrenzt und dann kommt man wieder raus. Und dann kommt man wieder, bekommt man wieder einen neuen Einsatz. Man wird älter und älter und man lernt nichts dazu. Und es ist verschwendete Zeit. –" (Z. 1426ff)

Weiterbildungen hat auch er von seinem Arbeitgeber bislang nicht angeboten bekommen. Er hätte, betont er, eine solche Möglichkeit auf jeden Fall angenommen. Ein Angebot erwartet er aber auch weder von seiner Verleihfirma noch von den Entleihern, sondern vom Arbeitsamt. Er hätte sich vorstellen können, entweder im medientechnischen Bereich oder im Bereich Werbung und Marktforschung Weiterbildungsmaßnahmen oder Umschulungskurse zu belegen. Eine Umschulung beispielsweise zum Werbekaufmann kann er selbst nicht finanzieren.

„Ganz konkret jetzt wollte ich eine Umschulung machen. Und zwar eine Umschulung im Bereich Werbe..., also Werbung, Kaufmann im, im Medientechnischen, also gibt es ja diese Möglichkeit. Marktforschung, da gibt es... Das wär' super für mich, weil ich halt schon oft auch für Institute gearbeitet hab'." (Z. 656ff)

Das Arbeitsamt sollte, meint X., auch dafür zuständig sein, Studienabbrecher aufzufangen. Er hätte sich Maßnahmen und Programme gewünscht, die ihm eine berufliche Perspektive aufgezeigt und ihn nicht in die Zeitarbeit getrieben hätten.

Die Frage nach seinen Zukunftsplänen beantwortet er ausweichend. Die beste Lösung wäre der Abschluß des Studiums; allerdings formuliert er dies im Potentialis. Er könnte sich auch vorstellen, wieder einen festen Job anzunehmen, wie damals die Lagertätigkeiten, und würde dann in den Abendstunden über die Fernuniversität Hagen sein Studium beenden. Er würde auch gerne eine Familie gründen, doch hat ihn seine Freundin, die mit seiner unklaren beruflichen Situation nicht zurechtgekommen sei, gerade verlassen. So wird für ihn die private Zukunftsplanung ebenfalls von einem Berufsausbildungsabschluß abhängig: Berufsausbildung und ein festes Beschäftigungsverhältnis stellen für ihn die Sicherheiten dar, die als Voraussetzung für die weitere Lebensplanung gegeben sein müssen. Letztlich erscheint seine Situation zum gegebenen Zeitpunkt als hoffnungslos: „irgendwo habe ich Pech gehabt" (Z. 45). Der Zeitarbeiter Bastian X. dreht sich im Kreis.

5.3.4 Negative Bilanzen: Kompetenzverlust in einer erwerbsbiographischen Sackgasse

Die Fälle von Carola K., Uwe L. und Bastian X. sind Beispiele für die weit überwiegende Zahl von Zeitarbeitskräften des Samples, für die das Beschäftigungsverhältnis in Zeitarbeit einer erwerbsbiographischen Sackgasse gleichkommt. Die Hoffnung, durch die als Durchgangsstation betrachtete Zeitarbeit eine feste Anstellung zu finden, begleitete ihren Entschluß, sich auf Zeitarbeit einzulassen. Carola K. hofft weiterhin auf eine Chance. Uwe L. hat die Hoffnung auf eine Übernahme durch den Entleihbetrieb mittlerweile aufgegeben, Bastian X. wurde noch nie eine Stelle in einem Entleihbetrieb angeboten. Doch nicht nur diese Enttäuschung prägt das negative Bild von Zeitarbeit, das sich in der Fallreihe der negativen Bilanzen aufgebaut hat, für die die drei hier vorgestellten Fälle eben nur exemplarisch stehen. Die symbolischen Zurücksetzungen durch Disponenten und Entleihbetriebe tragen bei den meisten zu ihrem letztlich ablehnenden Resümee bei.

Erwerbsbiographisch konnten die drei Protagonisten die Beschäftigung in Zeitarbeit nicht verwerten: Neue Kompetenzen haben sie kaum erworben. Eine berufliche Entwicklung hat, wenn überhaupt, dann eher rückwärtsgerichtet stattgefunden. Carola K. verliert durch ihre Einsätze in einfachen Tätigkeiten an Kompetenzen, die sie als Buchhändlerin und Dokumentarin erworben hatte; Ablage und Telefondienste führten auch bei Bastian X. nicht dazu, daß er die wenigen konkret erwerbsarbeitsbezogenen Kompetenzen, die er sich bisher durch Bürotätigkeiten aneignen konnte, verfestigen beziehungsweise ausbauen konnte. Uwe L. wird auf die gewiß weniger differenzierte Tätigkeit des Gabelstaplerfahrens reduziert. Sie alle nehmen den Dequalifizierungsprozeß jedoch hin: Die Ablehnung solcher Tätigkeiten würde den Verlust des „letzten Strohhalms" bedeuten.

5.4 Extrem negative Bilanzen

Bastian X. spricht bei seiner Bilanz, „ich sag' es mal ganz provokativ", von „modernem Sklavenhandel". Dennoch vermag er die Situation intellektuell zu verarbeiten; zudem braucht ihn der „letzte Strohhalm" nur noch so lange über Wasser zu halten, bis er das, was er als vorübergehende Phase versteht, überwunden haben wird. Darin unterscheidet er sich von den letzten drei Fällen, die nun vorgestellt werden: Sie haben alle Hoffnung aufgegeben.

Im Grunde ist denn auch die Unterscheidung zwischen den Gruppen „negativer" und „extrem negativer" Bilanzen ein Artefakt – das aber angemessen erscheint, den Umschlag der kontinuierlich immer negativeren Bilanzen in eine doch eigene Dimension von Enttäuschung und Verbitterung zu dokumentieren. Andererseits: Hätten wir nur diese extremen Fälle als „negative" vorgestellt, wäre zum einen das insgesamt triste Bild zu Recht als durch „Ausnahmefälle" überzeichnet kritisierbar gewesen. Zum anderen wäre auf diese Weise aber das relative Gewicht der negativen Bilanzierungen untergegangen. Von extrem negativen Erfahrungen haben zum Beispiel Susanne C., Nicole T. und Rolf I. berichtet.

5.4.1 Susanne C., 28 Jahre, Produktionshelferin

Susanne C. ist 28 Jahre alt und gelernte Fremdsprachenkorrespondentin. Zum Interviewzeitpunkt arbeitet sie für ein international orientiertes Zeitarbeitunternehmen als Produktionshelferin.

5.4.1.1 Kurze Erwerbsbiographie der Susanne C.

Im Anschluß an die Hauptschule besucht sie zunächst die Handels- und dann die Höhere Handelsschule. Da ihr das Fach Englisch besonders viel Spaß macht und es auch zu ihren besten Fächern zählt, entschließt sie sich zu einer Ausbildung zur Fremdsprachenkorrespondentin mit dem Schwerpunkt Englisch. Von den Ausbildungsinhalten ist Susanne C. jedoch enttäuscht, da die zu übersetzenden Texte und die zu lernenden Vokabeln sich nur auf die spätere Arbeit im Bürobereich beziehen und nicht ihren Interessen und Neigungen entsprechen. Sie fühlt sich unterfordert. Obwohl ihr die Ausbildung zu „trocken" und zu „lahm" ist , schließt sie sie nach zwei Jahren mit einem IHK-Zertifikat ab. Sie muß jedoch die Erfahrung machen, daß ihr das Zertifikat auf dem Arbeitsmarkt noch keine Beschäftigung als Fremdsprachenkorrespondentin eröffnet: Ihre zahlreichen Bewerbungen werden mit der Begründung abgelehnt, daß Personal mit mindestens zwei, besser noch drei Fremdsprachen gesucht werde.

Aufgrund der häufigen Ablehnungen nimmt sie nach der Ausbildung eine Stelle an, die weit unter ihrem Qualifikationsniveau liegt. Dennoch ist sie mit der Arbeit in der Postabteilung eines Unternehmens im großen und ganzen zufrieden, was nicht zuletzt daran liegt, daß sie mit ihrem direkten Vorgesetzten und ihren Kollegen gut auskommt.

Neben der Erwerbsarbeit besucht C. das Abendgymnasium, um mit dem dort erworbenen Abitur einmal ein Studium der Sozialarbeit beginnen zu können. Die Arbeit in der Poststelle muß sie jedoch aufgeben, als das Unternehmen nach Süddeutschland zieht. Um nicht arbeitslos zu werden, sucht sie noch vor Ablauf ihres Beschäftigungsverhältnisses nach einer neuen Stelle.

Bei der Suche wendet sie sich an ein Zeitarbeitunternehmen. Sie bewirbt sich dort für eine Stelle im Bürobereich. Einmal mehr muß sie die Erfahrung machen, daß ihre Ausbildung nicht hinreicht, um ihr den Zugang zu einer Bürotätigkeit zu verschaffen; auch die Arbeitserfahrung in der Poststelle bringt sie hier nicht weiter. Das Zeitarbeitunternehmen lehnt sie für den *white-collar*-Bereich ab, da sie im Umgang mit dem Computerprogramm Excel nicht sicher genug sei. Die Fremdsprachenkorrespondentin wird infolgedessen an die gewerbliche Abteilung desselben Unternehmens verwiesen.

Zum Zeitpunkt des Interviews arbeitet sie seit drei Monaten für ihren Verleiher bei einem großen Pharmaunternehmen als Lagerarbeiterin beziehungsweise Produktionshelferin. Zeitarbeit soll nur eine Übergangsphase bleiben, bis sie nach dem Abitur das Fachhochschulstudium der Sozialarbeit aufnehmen kann.

5.4.1.2   Die Bilanz der Susanne C.

Die Rolle des Zeitarbeitunternehmens

Ihre Erfahrungen mit Zeitarbeit bilanziert Susanne C. durchweg negativ. Immer wieder kommt sie auf das Verhalten der Disponenten des Verleihers zu sprechen. Als sehr unangenehm empfindet sie eine aufgesetzte Freundlichkeit, mit der diese die Zeitarbeitskräfte behandelten. Sie hat den Eindruck, daß speziell mit Hilfsarbeitern arrogant und abfällig umgegangen wird. Ihrer Wut über die erfahrene Umgangsweise macht sie während des Interviews wiederholt Luft.

„Es ist ein Schweinegeschäft. Wir werden behandelt wie Schweinehälften. Wir werden mal nach da und da und da geschickt. Eh, ja. Wir sind Material, ich sag' jetzt mal dieses ekelhafte Wort: Menschenmaterial." (Z. 874ff) – So „geht man nicht mit Menschen um, für die man eigentlich verantwortlich ist als Verleihfirma, das muß man anders machen, behutsamer, und nicht dieses wenn man ausgeschieden ist ist man der letzte Dreck. Das ist mir aufgefallen. Sie sollten dran denken daß sie nicht irgendwelche Rasenmäher verleihen sondern Menschen. – Daß man mit Menschen nicht so umgeht. (...) Eine gewisse Menschenverachtung ist dadrin. Aber, dieses Von-oben-herab das stört mich. Die haben so eine Arroganz. Zu den Leuten machen sie einen auf superfreundlich aber in Wirklichkeit reden die über einen wenn man weg ist in was für einem Ton." (Z. 882ff)

Ihre Arbeit werde auch nicht angemessen honoriert. „Hauptsache Leute für die sie dreißig Mark für die Verleihstunde kriegen, und denen sie dann dreizehnfünfzig brutto auszahlen." (Z. 316ff)

Eine besonders eindrückliche Situation mit der für sie zuständigen Disponentin erlebt sie, als sie trotz Krankheit gebeten wird, den Einsatz fortzuführen, weil nicht genügend Zeitarbeitskräfte an das Entleihunternehmen abgeordnet werden konnten. Tatsächlich hätten die Vorarbeiter tags zuvor aber nicht gewußt, wo sie die vielen Arbeitskräfte hätten einsetzen sollen. Susanne C. wurde auferlegt, mehrmals bei ihrem Verleiher anzurufen und ihren gesundheitlichen Status zu melden. Der Druck sei durch „Gesundheitstips", die sie schnell wieder einsatzbereit machen sollten, noch verstärkt worden.

C.s biographische Erzählung zeichnet die Entwicklung von einer Hauptschülerin zu einer angehenden Fachhochschulstudentin nach, die durch eigene Bemühungen und Anstrengungen diesen Weg geschafft haben würde. Schon in ihrer Ausbildung habe sie die Erfahrung machen müssen, daß Menschen ohne Ausbildung abwertend behandelt werden; diese Degradierung habe sie selbst wiederholt erfahren, wenn ihre Ausbildung durch erfolglose Bemühungen auf dem Arbeitsmarkt und die Praxis des Zeitarbeitunternehmens entwertet wurde.

Sie überlegt, sich gewerkschaftlich zu organisieren. „Spaßeshalber" habe sie einen Kollegen gefragt, wie er einen solchen Schritt einschätzen würde; der jedoch habe ihr davon abgeraten: „Wenn du da reingehst dann bist du..., dann... versuchen alle dich loszuwerden" (Z. 446ff). Die Verleiher sähen es nicht gerne, wenn Zeitarbeiter sich gewerkschaftlich organisieren. Von den Gewerkschaften sei zudem ihres Wissens keine für Zeitarbeitskräfte zuständig; der Kollege habe ihr keine Gewerkschaft nennen können, die sich auch an Zeitarbeitskräfte richtet. An den Betriebsrat im Entleihunternehmen wendet sie sich nicht, weil sie davon überzeugt ist, abgewiesen zu werden. „Ich bin nicht hingegangen, weil ich denke..., nicht weil ich denke: Ich bin davon überzeugt, ich *weiß*, daß die Antwort ist: ‚Wir haben mit Ihnen nichts zu tun, was wollen Sie?'" (Z. 457ff). Susanne C. fragt gar nicht erst nach und hofft, daß die für sie sehr frustrierende Situation bald ein Ende hat.

„Ich suche auch nach einer anderen Arbeit, bin halt irgendwie froh wenn das ausgestanden ist. Ich mache es halt nur weil ich Miete bezahlen muß und sonstige Kosten, sonst, eh, wäre ich nicht auf die Idee gekommen." (Z. 42ff) – „Und..., eh, ich hab' was gegen diese Abhängigkeit, ich würde wirklich sagen: Sklavenverhältnis. Eh, diesen Druck der auf einen entwickelt wird, die ganze Zeit!" (Z. 94ff)

Die Rolle des Entleihunternehmens

Ihr Bildungs-Selbstbewußtsein hemmt sie im Umgang mit Arbeitskollegen im Einsatzunternehmen. Wie von den Mitarbeitern ihres Verleihers werde sie auch dort als Hilfsarbeiterin behandelt. Ihre Vorgesetzten und Kollegen im Entleihbetrieb sehen in ihr nur das, was sie dort tatsächlich darstellt: eine ungelernte Kraft – und nicht das, was sie aufgrund ihrer Bildungsbiographie ist. Diese Situation macht ihr sehr zu schaffen.

„Die dann fragen: ‚Na junge Frau, auch keine Ausbildung abgeschlossen?' Ich sag' dann: ‚Doch, Fremdsprachenkorrespondentin.' – ‚Warum arbeiten Sie dann hier?' Ich erkläre dann immer wieder, daß die Firma nach Stuttgart gegangen ist und ich nicht so begeistert davon gewesen bin mitzugehen. Dann fallen sie zuerst mal um daß sie so jemanden treffen." (Z. 550ff) – „Ich denke mal, ich habe auch Schwierigkeiten weil ich halt irgendwie noch andere Sachen gemacht habe und mich noch mit anderen Dingen beschäftige und so noch andere Möglichkeiten sehe, das nicht irgendwie als mein Lebensende sehe Pillenpackungen einzuschweißen, bis zu meinem fünfundsechzigsten Lebensjahr. Weil ich auch noch, eh, ja halt, andere Ziele habe." (Z. 108ff)

Zeit für ihre Einarbeitung sei nicht geblieben: „Ratzfatz rein!" Sie muß einen Hubwagen bedienen und hat, „weil mir keiner gesagt hat: Du kannst da drücken, der macht das alleine" (Z. 485f), prompt Schwierigkeiten.

„Und die meinten, das klappt schon, ich würde dann mein System finden. Und so ist es dann auch gekommen. – – – Sonst war die Einweisung eher so blablabla. Oder fehlerhaft. Sie haben einem nichts gezeigt und dann halt meckern, wenn was schiefgeht." (Z. 494ff)

Da sie im Gegensatz zu vielen Festangestellten aber keine ungelernte Kraft sei und sie sich somit nach Bildungsstand und -interessen deutlich von ihren Arbeitskollegen unterscheide, grenzt sie sich während des Interviews permanent von ihnen ab und stellt die Differenzen heraus. Unterhaltungen mit ihnen lehnt sie ab, auch aus der Befürchtung heraus, in den Augen der Kollegen noch schlechter dazustehen als bisher. Die „tun so, als hätten wir nicht mehr alle Latten am Zaun, daß wir für eine Zeitarbeitsfirma arbeiten. Die sagen: Lieber arbeitslos als für solche Sklaventreiber." (Z. 72ff)

Die Rolle des Einsatzbetriebes sieht sie im großen und ganzen pragmatisch-instrumentell. Die Arbeit beschreibt sie als „sterbenslangweilig" (sie ist ihr aber auch „nicht so wichtig. Ist irgendwie Pflichtbeiprogramm"; Z. 675f), die Kontakte zur Betriebshierarchie bleiben distanziert. Übernahmen habe es gegeben; die Übernommenen verdienten jetzt mehr als zuvor im Verleihbetrieb. Dennoch stellt eine Übernahme durch das Entleihunternehmen für Susanne C. aufgrund ihres Lebensentwurfs keine Option dar. Wegen des geplanten Studiums betrachtet sie ihre Tätigkeit als Zeitarbeiterin nur als Übergangslösung, die möglichst bis zum Studienbeginn Bestand haben sollte, allerdings nicht im gewerblichen Bereich.

Kompetenzentwicklung und Erwerbsarbeitssicherung

Schon durch Erzählungen über frühere Lebensabschnitte wird immer wieder deutlich, daß Bildung und Weiterbildung in ihrem Leben einen hohen Stellenwert einnehmen. So sei schon während der Ausbildung zur Fremdsprachenkorrespondentin ihr inhaltliches Interesse durch die vorgegebenen Lerninhalte nicht gedeckt worden.

Von Weiterbildungsmöglichkeiten, die entweder der Verleih- oder der Entleihbetrieb den Zeitarbeitern anbieten würde, hat C. bislang nichts gehört. In deren Weiterbildung zu investieren, widerspräche, meint sie, auch der Funktion, die Zeitarbeitskräfte für ihre Arbeitgeber zu erfüllen hätten: Weiterbildungsangebote? „Nee, wieso? Wir sollen Geld bringen und nichts kosten!" (Z. 405f), nein, „wir sind nur billige Arbeitskräfte. Wir sollen nur unsere Arbeit machen und nicht weiter denken am besten." (Z. 437ff)

Die Einsätze in der Produktion erlebt sie als Dequalifizierung. Im Gegensatz zu vielen anderen Zeitarbeitskräften mobilisieren sie bei Susanne C. ein starkes Weiterbildungsinteresse, da sie nur durch weitere Qualifizierungsprozesse ihre Vorstellungen erreichen und die Zeitarbeit überwinden zu können glaubt. Wenn ihr auch intrinsische Interessen nicht fernstehen, spielt Bildung für sie insofern doch auch eine mehrfach instrumentelle Rolle. Neben die Erwerbssicherung tritt ein massives soziales Distinktionsbedürfnis: „Niveau"- und Bildungsdifferenzen zwischen sich und Kolleginnen und Kollegen macht sie an verschiedenen Abschnitten deutlich. Das angestrebte Fachhochschulstudium soll allen diesen Bedürfnissen Rechnung tragen: Ich „bin ganz froh, wenn die Sache im nächsten

Herbst ausgestanden ist. – – – Weil das halt etwas ist, was mich nicht ausfüllt. – – –" (Z. 15ff)

Auch die im engeren Sinne erwerbsarbeitsbezogene Bilanz fällt bei C. sehr negativ aus. Zwar habe sie auch in ihrem vorangegangen Beschäftigungsverhältnis unterhalb ihres Qualifikationsniveaus gearbeitet. Verbunden mit dem parallelen Besuch des Abendgymnasiums sei dies jedoch „die beste Zeit (gewesen), die ich bis jetzt hatte" (Z. 182). Im derzeitigen Arbeitsverhältnis übe sie hingegen eine Tätigkeit aus, die noch weiter unter ihren Qualifikationen liege und bei der sie als ungelernte Kraft angesehen und behandelt werde.

Die Anforderungen, die sie an eine Erwerbsarbeit stellt, beschreibt sie so: Zum einen soll sie ihren Lebensunterhalt sichern, da sie auf sich allein gestellt ist. Zum anderen sollte sie als subjektiv sinnvoll erlebt werden können, sie inhaltlich ansprechen und überwiegend Spaß machen. Ihre Arbeitseinsätze in dem Entleihunternehmen erfüllen dagegen nur den ökonomischen Aspekt ihres Anspruchs an Erwerbsarbeit; und dies des geringen Lohns wegen auch nur minimal.

Deshalb soll Zeitarbeit eine Episode in ihrem Erwerbsleben bleiben. Statt dessen strebt sie an, bis zu ihrem 34. Lebensjahr ihr Diplom als Sozialarbeiterin zu schaffen, um dann vielleicht für die AIDS-Hilfe zu arbeiten.

5.4.2 Nicole T., 34 Jahre, Bürokauffrau

5.4.2.1   Kurze Erwerbsbiographie der Nicole T.

Nachdem sie die Mittlere Reife im zweiten Anlauf bestanden hat, beginnt Nicole T. eine Ausbildung zur Friseurin. Die Gesellenprüfung besteht sie jedoch nicht. Wiederholen möchte sie diese Prüfung aufgrund mangelnden Interesses nicht. Sie geht als *au pair* nach Italien, da dies schon immer ihr Traum gewesen sei. Da es ihr dort sehr gut gefällt und sie in Deutschland keine Perspektive für sich sieht, verlängert sie ihre *au-pair*-Zeit auf zwei Jahre.

Nach ihrer Rückkehr arbeitet sie im Lager als Packerin. Als ihr betriebsbedingt gekündigt wird, folgt eine vom Arbeitsamt finanzierte Umschulung zur Bürokauffrau. Hochmotiviert, belegt sie zur Vorbereitung einen Fernkurs in kaufmännischem Rechnen, einen Schreibmaschinenkurs und absolviert zwei weitere im gewerblich-kaufmännischen Bereich und in Datenverarbeitung. Während der Umschulung macht sie verschiedene Praktika: das erste bei einem Meinungsforschungsinstitut, ein anderes in einem Detektivbüro und ein drittes bei einer Frauenberatungsstelle. Aus keinem der Praktika ergibt sich eine Beschäftigungsperspektive; im Anschluß an die Umschulung findet sie so zunächst nur eine für einen Monat befristete Anstellung. Sie erhält trotz ansehnlicher Zertifikate auch keine Stellenangebote vom Arbeitsamt, muß sich dort jedoch regelmäßig melden und wird in dem Gespräch mit ihrem Sachbearbeiter ermahnt, sie sei schon zu lange arbeitslos.

Da Nicole T. nicht länger arbeitslos sein möchte und keine Stelle findet, entscheidet sie sich schließlich für eine Beschäftigung in einem Zeitarbeitunternehmen. Eigentlich wollte sie diese Alternative nie in Betracht ziehen, weil sie schon vorher mit vielen negativen Kommentaren zu Zeitarbeit konfrontiert worden sei. Mit der zweiten Zeitarbeitfirma, bei der sie vorstellig wird, kommt es dann zu einem Arbeitsvertrag. Zwischen den Einsätzen bei den Entleihunternehmen arbeitet sie, auch auf ihren eigenen Wunsch hin, in der lokalen Niederlassung ihres Arbeitgebers mit.

5.4.2.2   Die Bilanz der Nicole T.

Die Rolle der Zeitarbeitunternehmen

Schon beim ersten Vorstellungsgespräch macht sie die erste schlechte Erfahrung mit einem Zeitarbeitunternehmen. Ihr Lebenslauf sei sehr negativ bewertet worden, was sie als Strategie interpretiert, den Lohn zu drücken. Sie hat den Eindruck, daß ihre Qualifikationen entwertet werden sollen, und dabei das Gefühl, daß sie sich für ihren Lebenslauf entschuldigen müsse: „Daß man also wirklich fertiggemacht wird, ne, oder irgendwie daß das so psychologisch aufgebaut wird daß man dann hinterher das Gefühl hat, daß man nichts ist, ne?" (Z. 2241ff) Dieses negative Erlebnis beim ersten Vorstellungsgespräch hat sicherlich T.s Bild von Zeitarbeit vorgeprägt.

Über eine Mitarbeiterin einer Wirtschaftsschule kommt sie in Kontakt zu einer anderen Zeitarbeitfirma. Ausschlaggebend für den Abschluß ihres Zeitarbeitsvertrags ist das Angebot eines Englischkurses, das jedem neuen Mitarbeiter unterbreitet wird; des weiteren gibt es das Angebot, sich mit Selbstlern-CD-Roms die gängigen Computerprogramme anzueignen. Die Disponenten versichern ihr zudem, daß sie nur Einsätze erhalten werde, bei denen es eine Möglichkeit zur Übernahme durch das Entleihunternehmen gibt. Trotz schlechter Bezahlung geht Nicole T. deshalb das Arbeitsverhältnis ein.

„Jetzt muß ich zu dem eh, Vorstellungsgespräch da zurückgreifen, die haben mir also wirklich richtige Versprechungen gemacht: ,Ja und wir kriegen Sie dann da unter und viele berufliche Erfahrungen und so können Sie sammeln.'" (Z. 71ff) – „Aber wie gesagt, ich hab' dann gesagt: ,Okay. Ich mach' es halt', ne, und vielleicht findest du ja innem Unternehmen wirklich mal ein Standbein, dann irgendwie, dann kannst du dann irgendwann Tschüß sagen; aber aufgrund dessen, weil mir halt wirklich..., also *kein einziges Mal* war für mich die Chance wirklich drinne, also richtig fest irgendwo unterzukommen." (Z. 696ff)

Bei ihrem vierten Einsatz, der aufgrund von Unstimmigkeiten bezüglich der Arbeitszeiten nur einen halben Tag gedauert hatte, wird T. von dem Auftrag abgezogen. Sie erhält eine Abmahnung und nimmt notgedrungen unbezahlten Urlaub. Man habe sie vor die Wahl gestellt, unbezahlten oder regulären Urlaub zu nehmen, und ihr sogar mit der Kündigung gedroht, falls sie nicht bereit sei, sich darauf einzulassen. Schließlich sei ihr ein Einsatz zugeteilt worden, den man niemand anderem zugemutet hätte, wie sie sagt: bei einem Schaufensterpuppenhersteller, in dessen Betrieb ein sehr schlechtes Arbeitsklima geherrscht habe, weshalb sie nur kurze Zeit dort geblieben sei, gekündigt und ihren Resturlaub genommen habe.

„Also den Stress tu' ich mir nicht mehr an, weil es dann wirklich nur noch das Letzte war was die mir dann aufgedrückt haben ne, also richtig nach dem Motto, eh, naja ne? Die Frau die hat eh nicht mehr irgendwas zu sagen, die schicken wir jetzt mal so zu Jobs die keiner machen will, ne?" (Z. 390ff)

Einsätze, bei denen eine Chance auf eine Übernahme bestanden hätte, so wie sie ihr im Vorstellungsgespräch versprochen wurden, habe es nicht gegeben. Sowohl sie selbst als auch ihre Kolleginnen und Kollegen hätten statt dessen regelmäßig dequalifizierende Einsätze inkauf nehmen müssen. Der zugesicherte Englischkurs sei ihr nicht ermöglicht und auch die CD-ROM-Selbstlernprogramme seien ihr nicht zugänglich gemacht worden.
   Zu der Qualifikationsentwertungsstrategie, die sie den Zeitarbeitunternehmen unterstellt, gesellt sich für Nicole T. als Komplement, daß den Entleihbetrieben Qualifikationen vorgegaukelt würden, daß sie, die Leiharbeiter, mit Qualifikationen verkauft würden, die gar nicht gegeben seien. Dadurch werde der im Binnenverhältnis gedrückte Preis ihrer Arbeitskraft in der Vermittlungssituation künstlich in die Höhe getrieben. T. findet das „nicht in Ordnung":

„Und dann haben die gesagt: ‚Man kann sich ja 'ne ganze Menge in den Unternehmen dann auch aneignen' und so. Und das, was halt teilweise, ehm, so daß eh..., daß ich praktisch auch an Firmen verkauft worden bin mit Qualifikationen, die ich überhaupt nicht hatte, das heißt, ich steh' in dem Augenblick da und weiß daß die dem gesagt haben, ich hätte das und dann eh, ist es dieses Schwarze-Peter-Weiter-Spiel ne? – ‚Die Frau T. hat gesagt, die kann das super.' Ich hab' zum Beispiel gesagt: ‚Ich kann Powerpoint.' Hab' ich mal privat gemacht, so kleine Präsentationen, eh, nur für 'nen Geburtstag, hab' ich mal gemacht, aber deswegen kann ich doch nicht sagen, daß ich, ne, in so'nem Super-Sekretariat irgend so'ne Turbo-Präsentation mit Animation und allem Möglichem dann machen kann ne? Und das sind eben solche Sachen, das ist denen, also meinem Unternehmen ist das egal gewesen ne? ‚Frau T. kann das und macht das...' und dann ist es auch teilweise so, daß man dann in so Situationen geraten..., wo Ihnen dann halt eine Arbeit aufgetragen wird, und, eh, die Sie halt nicht adäquat ausführen können aufgrund dessen ne? Nur das ist natürlich auch 'ne Bezahlungssache, wenn ich mehr kann, dann kriegen die natürlich auch mehr für mich ne? Und das sind, ich mein' das ist dann natürlich auch so'ne Stolzsache, wo ich dann auch sage: ‚Also. Das finde ich jetzt nicht in Ordnung, daß ich sagen soll...' daß ich da top drinne bin ne? Wenn es gar nicht so ist? Also wenn, dann muß man ja auch ein bißchen ehrlich bleiben dann dabei. Und das, eh, hat man dann ja auch ein bißchen anders versucht. Also ich mein', gut, ich hab' mir dann eh, Sachen dann auch aneignen können, aber man merkt das schon, daß bei den Kollegen dann so eine Art Widerwillen aufkommt ne? So daß die sagen: ‚Aber wir wollten jemand haben der das kann.' So daß es praktisch dann auf mich irgendwie zurückfällt, ich hätte damit geprahlt, obwohl ich wirklich kein Mensch bin der jetzt sagt: ‚Aber ich...' Ich hab' da schon ein relativ realistisches Verhältnis zu den Dingen die ich kann und welche ich halt nicht kann. Na ja. Also das fand ich schon ziemlich schwierig teilweise. – – – " (Z. 527ff)

Nicole T. empfindet es als sehr schwierig, sich gegen diese Vorgehensweisen, die sie ungerecht findet, zu wehren. Immer wieder beschreibt sie konfliktreiche Situationen mit den Disponenten des Verleihers, in denen sie sich vehement zur Wehr gesetzt habe. Trotz dieser häufig wiederholten Ausführungen ihrer energischen Abwehr ungerechter Behandlung stellt sich im Interview heraus, daß sie zu wenig Kraft besitzt, sich der von ihr wahrgenommenen Degradierung zu entziehen. „Also wenn ich wirklich nicht gesagt hätte: ‚Okay, vielleicht kriegt man ja, daß man da wirklich nochmal was anderes findet', dann hätte ich vielleicht auch ganz anders reagiert dann. Aber – – –" (Z. 732ff)

Vor dem Hintergrund ihrer Erfahrungen würde T. die Arbeit in einem Zeitarbeitunternehmen auf keinen Fall weiterempfehlen: „aber so unterm Strich gesehen jetzt ne? Ehm, weiß ich nicht, also ich würd's wenn... nicht nochmal machen. Also jetzt nicht mit diesen Geschäftsgebaren, die da teilweise an den Tag gelegt werden. Also, nä." (Z. 758ff)

Die Rolle der Entleihunternehmen

Der erste Einsatz der Nicole T. erfolgt in einem großen Medienunternehmen am Empfang. Ihre Arbeit beschränkt sich größtenteils auf die Annahme und Weiterleitung von Telefonaten, ab und zu hat sie Korrespondenz zu erledigen. Das Unternehmen ist an einer Übernahme interessiert; allerdings eröffnet ihr dieses Angebot keine Perspektive, weil es sich nur um eine Halbtagsstelle handelt, die zur Finanzierung ihres Lebensunterhaltes nicht ausreichen würde. Zudem fühlt sie sich von der Arbeit unterfordert.

Danach wird sie in einem Projektteam bei einem Chemiekonzern einge-setzt. Die Arbeit dort entspricht schon eher ihren Vorstellungen: Sie muß Termine koordinieren, teilweise Korrespondenz erledigen und bucht Rei-sen. Hier wird ihr jedoch schon bei ihrem Antritt gesagt, daß es keine Möglichkeit auf eine Übernahme gebe, mit der Konsequenz, daß sie mit ihrem Arbeitgeber einen neuen Einsatz vereinbart.

Bei ihrem nächsten Einsatz in einer Anwaltskanzlei hat sie in der Buch-haltung die Arbeitsstunden der Anwälte von einem Stundenzettel in eine Datenbank einzugeben. Auch hier zeichnet sich aber von vornherein kei-ne Übernahmechance ab, weshalb sie, die im Prinzip nur eine Festanstel-lung im Sinn hat, darum bittet, den Betrieb, sobald es geht, verlassen zu können.

Zentrales, wichtigstes Thema und Hauptmotiv für Zeitarbeit der Nicole T. ist eben diese Frage der Übernahme in ein festes Beschäftigungsver-hältnis. Bei ihren Direktbewerbungen ist sie bislang erfolglos geblieben, was sie auf mangelnde Berufspraxis zurückführt. Durch die Arbeitsein-sätze in den Entleihbetrieben wollte sie diese nachholen und zugleich Kontakte knüpfen, um ihre Chancen auf eine Festanstellung zu erhöhen. Im Vorstellungsgespräch wurde ihr von den Disponenten zugesagt, daß sie nur Einsätze zugeteilt bekäme, die ihren Fähigkeiten und auch ihrem Wunsch nach Übernahme entsprechen würden. Beides war nicht der Fall.

In den Entleihunternehmen setzt sich für T. fort, was in der Vermitt-lungssituation grundgelegt wurde: Dort erwartet man schließlich die ange-botenen Qualifikationen. Konflikte treten dann auf, wenn sich bei der Ar-beit herausstellt, daß das Angebot nicht erfüllt werden kann. Sie betont, daß davon nicht allein das Entleihunternehmen, sondern auch die Kolle-gen am Arbeitsplatz negativ betroffen seien – was sich dann wieder auf ihre Integrationschancen – negativ – auswirke. Forciert werde dieser Pro-zeß sozialer Ausgrenzung an den Arbeitsplätzen durch die geringe Bezah-lung der Zeitarbeitskräfte. Festangestellte Mitarbeiterinnen der Entleih-betriebe seien besser gekleidet, so daß sie sich, wie auch andere Zeitar-beitskräfte, immer von ihnen unterschied. Man werde schließlich zum Mensch zweiter Klasse – zum Mitarbeiter „zweiter Kraft", wie sie es aus-drückt –, und dies sowohl in den Augen der Kernbelegschaft des Betrie-bes als auch im Kalkül des Managements:

„Sie müssen immer bedenken: Man verdient sehr wenig. Also Urlaub oder so ist auch nicht groß drin, wenn du es machen möchtest, ehm, große Sprünge können Sie auch nicht machen." (Z. 1093ff) – „Meines Erachtens kriegt man da auch, eh, (...) in den Unternehmen wo man selber arbeitet..., ist man halt jetzt sag' ich mal, eh, ein bißchen Mitarbeiter zweiter Kraft, also es gibt ja teilweise, wenn Weih-nachtsfeiern gefeiert werden oder so, wird man nicht eingeladen – ich weiß es nicht. Oder wenn mal ein Urlaubstag dran ist, weil die Leute halt immer wieder vergessen, daß ehm, daß man ja auch schon arbeitet, wie ganz normal, wie jeder normale Mitarbeiter. Und daß man auch ab und zu mal Urlaub braucht ne?" (Z. 763ff)

Kompetenzentwicklung und Erwerbsarbeitssicherung

Nicole T. hat, wie sie immer wieder betont, ein großes Interesse an Weiterbildung. Durch die Arbeit in den Entleihunternehmen konnte sie aber kaum neue Kompetenzen erwerben – was ihr doch so wichtig gewesen wäre, um dadurch Erfahrungen nachweisen zu können, die ihr bei der Stellensuche von Nutzen sein könnten. In dem Chemiebetrieb mußte sie zum Teil sehr fachspezifische Texte schreiben und auch übersetzten. Dies bereitete ihr teilweise Schwierigkeiten, die sie nicht unter „Neues lernen" verbucht.

In dem Interview mit Nicole T. ist der Englischkurs, den der Verleiher den neuen Mitarbeitern anbot, ein zentrales Thema. Sie kommt immer wieder sehr aufgebracht darauf zu sprechen, daß sie nach dem Kurs gefragt, aber keine definitive Antwort erhalten hat. Statt dessen sei sie jedes Mal vertröstet worden.

„Wie gesagt Englischkurs immer wieder angesprochen und immer wieder: ‚Ja.' Diesen Kurs, das hab' ich von einem ausscheidenden Personaldisponenten erfahren, hat niemals irgendein Mitarbeiter gemacht." (Z. 204ff) – ‚„Wie war das mit dem, eh, mit dem Englischkurs und so?' Ja aber entschuldige mal, wenn man mit 'ner Anzeige da... damit wirbt, dann muß man doch auch damit rechnen daß die Leute das, eh, eh, beanspruchen möchten ne? Und nicht aus Jux und Dollerei, sondern es geht um diese berufliche Integration, die einem versprochen wird." (Z. 407ff)

Auch der Personal Computer, auf dem die Selbstlernkurse für die verschiedenen Office-Programme installiert waren, wurde nicht zur Verfügung gestellt. Dieser Rechner stand in dem Raum, in dem auch die Vorstellungs- und Mitarbeitergespräche geführt wurden, so daß ein ungehinderter Gebrauch gar nicht möglich war. Nicole T. hat während ihrer Zeit in der Niederlassung nicht beobachten können, daß der Computer genutzt wurde.

Trotz dieser Erfahrungen zeigt sie eine starke Erwerbsorientierung. Erwerbsarbeit soll nicht nur ihre instrumentellen, sondern auch ihre intrinsischen Funktionen erfüllen. Sie wünscht sich von ihrer nächsten Anstellung eine anspruchsvolle Aufgabe mit Entwicklungsmöglichkeiten – ein Wunsch, den sie in ihrem Zeitarbeitsverhältnis nicht realisieren konnte.

Die Zeitarbeitfirma hat T. ein sehr gutes Zeugnis geschrieben, weil sie mittlerweile von sich aus gekündigt hat und zu ihrem Freund gezogen ist, der im Süddeutschen als Ingenieur arbeitet. Für die Zukunft wünscht sie sich, dort eine passende Stelle zu finden: Sie möchte beruflich noch etwas erreichen. Sollte sie nicht Fuß fassen können, bleibt die Familiengründung als eine Option, die sie als Alternative zu ihren Berufs- und Karriereplänen aufbaut. Allerdings würde sie bedauern, ihre erworbenen Qualifikationen dann nicht mehr umsetzen zu können.

5.4.3 Rolf I., 41 Jahre, Staplerfahrer

Rolf I. ist zum Zeitpunkt des Interviews 41 Jahre alt und arbeitet seit drei Jahren als Zeitarbeitskraft, inzwischen für das dritte Zeitarbeitunternehmen. Den ersten Vertrag mit einem Verleihunternehmen hatte er unterzeichnet, nachdem er bereits ein Jahr arbeitslos war.

5.4.3.1   Kurze Erwerbsbiographie des Rolf I.

Der Start in Ausbildung und Beruf vollzog sich bei Rolf I. zunächst reibungslos. Nach der Mittleren Reife macht er eine Ausbildung als Bankkaufmann, wird anschließend von dem Ausbildungsbetrieb übernommen und als Sachbearbeiter eingesetzt. Schon während der Ausbildung merkt er, daß er sich weder mit der Unternehmenskultur und den Einstellungen seiner Kollegen, noch mit der inhaltlichen Seite seiner Tätigkeit identifizieren kann. Daß er die Ausbildung trotzdem „durchgezogen" hat, scheint eher Ausdruck internalisierter Normvorstellungen zu sein. Den „sicheren Posten" bei der Bank gibt er aus freien Stücken nach zwei Jahren wieder auf und begibt sich auf Weltreise.

„Und dann habe ich das dann aber durchgezogen weil ich dann wußte, also na gut, 'ne Bankaus..., also eine Ausbildung schon mal zumindestens abschließen. Das ist schon also unabdingbar. Und hab' das dann eben zu Ende gemacht" (Z. 696ff). – „Habe damals eben meinen Job in den Siebzigern aufgrund mangelnden Interesses, ich fühlte mich noch jung, dann quasi also drangegeben und bin so ein bißchen durch die Welt gereist." (Z. 9ff)

Nach seiner Rückkehr entwickelt er keine neuen beruflichen Pläne; überhaupt ist die Erwerbsperspektive für ihn nicht von zentraler Bedeutung. Rolf I. demonstriert eine instrumentelle Einstellung zur Arbeit; sie dient ihm praktisch nur zur Sicherung seines Lebensunterhalts. Da er, was den Lebensstandard anbelangt, eher genügsam bis bescheiden ist, reicht es ihm, wenn er Jobs wie Verkäufer bei einer Fast-Food-Kette, Kurierfahrer oder Parkplatzwächter findet, mit denen er ihn einigermaßen aufrechterhalten kann.
  Während es ihm als jüngerem Mann nicht wichtig gewesen sei, welche Tätigkeiten er übernimmt, nehmen inhaltsbezogene Ansprüche an die Arbeit ab seinem dreißigsten Lebensjahr zu; vor allem aber sucht er einen Arbeitsplatz mit Perspektive. Er findet Arbeit im Lager eines Versand-

hauses und arbeitet sich dort vom einfachen Lagerarbeiter, der Lastwagen be- und entlädt, zum Wareneingangskontrolleur und Kommissionär hoch. Die qualifiziertere Arbeit im Lager bietet ihm die Möglichkeit, seine kaufmännischen Kenntnisse einzubringen, und verstärkt sein arbeitsinhaltliches Interesse.

Dabei betont I. seine Lernbereitschaft. In diesem Berufsfeld sieht er gute Möglichkeiten, seine Ansprüche an individuelle Existenzsicherung und arbeitsinhaltliche Interessen zu realisieren. Er schildert diese Arbeit sehr ausführlich und detailreich, identifiziert sich mit ihr mehr als mit der Tätigkeit als Bankkaufmann. Er ist stolz darauf, daß er sich in diesen Bereich von Grund auf eingearbeitet hat und im Betrieb aufstiegen ist.

Nach fünfeinhalb Jahren verliert er diese Arbeit, weil der Betrieb seinen Arbeitsbereich wegrationalisiert. Er erhält eine Abfindung, meldet sich arbeitslos und ist dann ein Jahr lang ohne Erwerbsarbeit. Um zu vermeiden, daß er in die Arbeitslosenhilfe abrutscht, intensiviert er seine Arbeitssuche. Das Arbeitsamt ist ihm dabei keine Hilfe: Wegen seines Alters – er ist nun 36 Jahre alt – räumt ihm sein Arbeitsberater keine großen Beschäftigungschancen ein.

Auf Anraten eines Freundes, der dort arbeitet, bewirbt sich Rolf I. bei einem Zeitarbeitunternehmen. Durch den Freund weiß er, daß der Verdienst gering ausfällt und die Einsätze sehr unangenehm sein können; aber man sei beim Verleiher mit allen Sozialabgaben und einem regelmäßigen Einkommen fest angestellt. Dies ist der entscheidende Beweggrund für seinen Eintritt in die Zeitarbeit; einen anderen Weg aus der Arbeitslosigkeit sieht Rolf I. nicht.

5.4.3.2 Die Bilanz des Rolf I.

Die Rolle der Zeitarbeitunternehmen

Die Rolle, die die Zeitarbeitunternehmen, so wie er es erfahren hat, spielen, resümiert er dementsprechend. Die

„Zeitarbeitungsfirmen, das sind natürlich (im Gegensatz zur Arbeitsverwaltung) Profis. Die verdienen an uns, die pflegen ihre Dateien (...) und pflegen dementsprechend dann auch ihre Auftraggeber (...), weil sie ja wußten, die verdienen an uns, die kriegen ja da Prozente von." (Z. 1683ff)

Andererseits lasse die Mitarbeiterbetreuung oft zu wünschen übrig:

„(...) die Betreuung, minimal bis lausig. Es war also selten jemand da. Dann hat man dort entsprechend auch..., hatten also zu Sachen hinvermittelt, da war man dann nur ein paar Tage da. Oder es kam... Es war einmal schon der Fall, da bin ich irgendwo weit rausfahren hab' müssen und kam da hin, die wußten gar nicht, daß ich kommen sollte. Also da gab es dann irgendwelche Kommunikationsprobleme. Dann konnte ich da wieder zurückfahren. Dann hat man sich natürlich entschuldigt. Den Tag habe ich bezahlt gekriegt allerdings von der Zeitarbeitungsfirma, aber war ja eigentlich vergeblich dahin gefahren. Also das war irgendwie ein bißchen..., also mir kam es mehr fast wie..., vor wie eine schlecht geführte Briefkastenfirma oder so irgendwas." (Z. 263ff)

START hält er für ein Exempel, wie es aussehen müßte, wenn Zeitarbeitsvermittlung anders als bei der inflexiblen Bundesanstalt einerseits und den nur auf ihren Profit hinarbeitenden Zeitarbeitunternehmen andererseits an den Interessen der zu Vermittelnden ausgerichtet würde:

„Ja dann wär' eben, das habe ich schon vorhin angemerkt, dann würde ich mal zu START hingehen und mal sagen: ‚Wie sieht es bei euch aus?' Weil ich weiß... ich auch dunkel... natürlich nur über diese Information damals von Panorama oder war's Monitor oder irgend so'ne Sendung? Ich weiß nicht mehr, oder Aktuelle Stunde? Daß die eben sagten, daß man dort eben..., das ist auch eine Zeitarbeitungsfirma, Institut, aber *die* arbeiten nicht auf Gewinnmaximierung, die sagen: ‚Also das was wir einnehmen lassen wir auch wieder an unsere Leute..., also, (...) zurückfließen und decken also unsere Kosten, unser Personalbedarf und wird bezahlt. Wir machen also hier jetzt nicht Gewinnmaximierung. Also alles was wir mehr haben, das setzen wir in Weiterbildung von unseren eigenen Leuten.' Also von mir..., oder aber kriegt man eine Weitervermittlung um an lukrativere Aufträge ranzukommen. Oder so. So irgendwie hatte ich das im Hinterkopf." (Z. 1567ff)

Weil es nicht anders geht, Zeitarbeiter in aller Regel existentiell darauf verwiesen sind, akzeptiert man, was sich einem noch bietet – und sei es „Sklaven"-Arbeit:

„Und je nachdem was man eben für eine Zuverlässigkeit an den Tag legt, ist man dort natürlich en gesuchter Mann, weil man arbeitet dort natürlich unter..., unter Tarif ja. Und dementsprechend ist man natürlich eine billige Arbeitskraft, ein Sklave von denen. Und die haben halt dann irgendwo Aufträge und du hast dein Einkommen da drauf. Wenn Du damit klarkommst versuchst Du es mal." (Z. 243ff)

Daß er mit den Zeitarbeitagenturen fast durchweg negative Erfahrungen macht, ist der Grund dafür, während seiner Beschäftigung als Zeitarbeiter zweimal den Arbeitgeber zu wechseln. Einerseits verbindet er mit diesen Wechseln die Hoffnung, daß der je neue Arbeitgeber ihm Einsätze verschaffen könnte, die zu einer Übernahme führen. Andererseits erhofft er sich, nicht mehr nur für Lagertätigkeiten, sondern auch für leichtere Büro- beziehungsweise kaufmännische Arbeiten eingesetzt zu werden.

Die Rolle der Entleihunternehmen

Entsprechend seinem Interesse, einen Arbeitsplatz mit Perspektive zu finden, wird die Frage nach den Chancen einer Übernahme durch einen der Entleihbetriebe im Interview zu einem zentralen Thema des Rolf I.:

„Und das hat mich irgendwo bißchen überzeugt, also jetzt zu denken also hier ist also noch eher dann die Chance für mich wieder in den ersten Markt vielleicht reinzukommen, weil die ja auch anpreisen die haben nicht nur Lagerarbeitungstätigkeiten, sondern wir suchen eben auch im gehobeneren Personalbedarf Leute und eben kaufmännische Bereiche etcetera." (Z. 353ff)

Ursprünglich war er davon ausgegangen, daß er nur für eine kurze Zeit als Zeitarbeitskraft arbeiten würde. Eine Anstellung in einem Unternehmen hat er aber bislang nicht erreicht.

„Und hatte mir dann erhofft daß ich dann mal so über diese Zeitarbeitsfirmen (...) eine Chance krieg'. Aber das hat sich bis jetzt eigentlich nicht bewahrheitet." (Z. 45ff) – „Ich hab' bis jetzt noch nicht das Glück gehabt bei irgendeiner Firma unterzukommen die dann sagt: ‚Ja, wir können Sie eigentlich fest einstellen, gebrauchen.'" (Z. 293ff) – „(...) und der mir jetzt vielleicht sagt: ‚Wollen Sie nicht bei uns das hier weitermachen? Weil wir brauchen noch jemanden.' – – – Da hoffe ich immer noch drauf – – –" (Z. 1559ff)

Daß die Entleiher statt dessen Festanstellungen gerade vermeiden wollen, thematisiert I. fast gleichzeitig, um kurz darauf wieder auf Hoffnung zu setzen:

„Meistens sucht man halt nur Handlanger in der Hinsicht, um halt ein paar Spitzen abzubauen oder Krankheitsstände zu überwinden dementsprechend. – – – (...), die haben natürlich kein Personal auch gesucht. Ist ja jetzt schon Rezession seit einiger Zeit. Und dementsprechend ist der Personalabbau eher und dann eben... für Spitzen muß man dann eben Leute von uns oder wie uns, wir sind anscheinend billiger, oder aber man kann dann eben sagen: ‚Jetzt ist die Arbeit getan, gehen Sie zurück zur Zeitarbeitungsfirma.' – – –" (Z. 94ff) – „Ich hoffe immer noch, daß ich vielleicht irgendwo mal in den Lagerbereich reinkomme, wo ich also wieder im Wareneingangsbereich einsteigen darf, zeigen kann was ich kann und dann die Firma dann entsprechend geneigt ist, also zu sagen: ‚Kommen Sie, uns ist das halt egal. Wir wissen Sie können gründlich arbeiten, also versuchen wir es mit Ihnen erstmal.' Gut, dann müßte ich dann aus meinen Zeitarbeitungsvertrag natürlich dann aussteigen. Das ist es dann erstmal. – – –" (Z. 147ff)

Wenn ihm bei Einsätzen auffällt, daß die Organisation der Arbeit verbessert werden könnte, versucht er, dem Lagerleiter Vorschläge zu unterbreiten. Häufig muß er dann erleben, daß man diese Haltung von ihm nicht erwartet beziehungsweise Verbesserungsvorschläge nicht gewünscht werden:

„(...) jetzt natürlich immer Pakete ausladen da gibt es nicht viel zu sagen ja. Der sagt nur: ‚Jetzt kommt hier der Laster, guck daß ihr das hier auf die Paletten kriegt, dann fahrt ihr die Paletten da drüben zu dem Hubwagen hin.‘ Fertig. Das ist also so eine anspruchslose Tätigkeit, das kann also auch irgendein Affe. Aber im Moment ist halt jetzt die Tätigkeit... Ich kann sie mir ja nicht aussuchen." (Z. 1411ff)

So macht er die Erfahrung, daß sein Wunsch, einen festen und angemessen dotierten Arbeitsplatz in einem der Entleihunternehmen zu bekommen, gegen deren Interesse und deshalb nicht in Erfüllung geht.

Kompetenzentwicklung und Erwerbsarbeitssicherung

Das betrifft dann auch das Interesse des Rolf I. an seinem Arbeitsvermögen und den Inhalten seiner Arbeit. Die ihm vermittelten Arbeiten als Hilfsarbeiter im Lager beschreibt er als kognitiv verarmend und abstumpfend. Eine Einarbeitung finde bei diesen Einsätzen nicht statt. Ihm und den anderen Helfern werde lediglich erklärt, wo welche Waren abzuholen und dann zu lagern seien. Nur selten könne er seine kaufmännischen Kenntnisse und Erfahrungen mit Wareneingangskontrolle und Kommissionieren einbringen:

„Also ich habe Mittlere Reife. Ich bin also von meiner Schulbildung also her jetzt nicht ein Lagerarbeiter, den man nicht einfach irgendwie ein bißchen durch die Gegend hetzen kann und sagen kann: ‚Mach' das und das und das.‘ Wenn ich also irgendwie meine man könnte das vielleicht ein bißchen straffen oder besser machen, also dann versuche ich das kundzutun." (Z. 59ff)

Da ihm die Arbeit keine Möglichkeiten bietet, Kompetenzen zu optimieren, sie im Gegenteil die Gefahr eines Kompetenzverlustes in sich birgt, kann er für sich keine Kompetenzgewinne bilanzieren. Die einzigen Lernerfolge, die er durch die Zeitarbeit für sich verbuchen kann, sind ein paar Tricks, die man beim Heben schwerer Lasten anwenden kann, um die Arbeit erträglicher zu machen.

Weiterbildungsangebote hat man ihm während seiner bisherigen Beschäftigung als Zeitarbeitskraft noch nie gemacht. Er hat keinen Gabelstaplerführerschein, obwohl er überwiegend im Lager eingesetzt wird. Er ist bislang jedoch auch noch nicht auf die Idee gekommen, sich bei seinem Arbeitgeber zu informieren, ob er ihm diesen Führerschein finanzieren würde.

Rolf I. steht Weiterbildungsmaßnahmen im übrigen grundsätzlich skeptisch gegenüber. In der Zeit, in der er arbeitslos gewesen ist, hat ihm das

Arbeitsamt eine Umschulung im Datenverarbeitungsbereich angeboten. Diese Maßnahme lehnte er aber aus gesundheitlichen Gründen ab: Seine Augen seien für eine Tätigkeit am Bildschirm zu schlecht. Die Ablehnung gründet jedoch nicht allein in den gesundheitlichen Bedenken; er wägt vielmehr auch Kosten und erwerbsbiographischen Nutzen einer Weiterbildung ab und kommt dabei für sich zu dem Schluß, daß ihm diese Maßnahmen nicht weiterhelfen würden. Sie gingen am Markt vorbei, für potentielle Arbeitergeber seien sie nicht interessant, sein Arbeitskraftangebot werde durch die Teilnahme an einer solchen Maßnahme nicht attraktiver.

Bemerkenswert ist, daß er in seinen Ausführungen zuerst auf den Nutzen der Arbeitgeberseite verweist. Seine erfahrungsgesättigt von externer Kontrollüberzeugung geprägten Vorstellungen führen ihn zu der Schlußfolgerung, daß individuelle Anstrengungen allein nicht zum Erfolg führen: Seine berufliche Zukunft sei abhängig von der Nachfrage der Unternehmen.

„Da hatte ich natürlich irgendwie nicht so den riesen Drang zu, und danach dann erst in eine Umschulungsmaßnahme reinzukommen. Und ich wußte dann auch diese Umschulungsmaßnahmen sind dann im Endeffekt auch für die freie Wirtschaft irgendwie en bißchen am Markt vorbei. Also wenn ich in der Praxis irgendwo – drinstecke dann – oder beim richtigen Arbeitgeber dann reinkomme, dann – finde ich also einen festen Job. Und in so einer Umschulungsmaßnahme lerne ich zwar irgendwelche Tätigkeiten, aber ob die dann wirklich für meinen – Arbeitgeber von Nutzen sind – das stellt sich dann erst heraus." (Z. 503ff)

Für eine Übernahme reichten die vorhandenen Qualifikationen aus, durch weitere Qualifizierungen verspricht er sich keine verbesserten Chancen.

Durch seinen Ausstieg aus dem Bankgewerbe hatte Rolf I. früh einen Dequalifizierungsprozeß angestoßen, der sich im Laufe der Zeit als Abwärtsspirale entpuppte und seine Beschäftigungschancen stark beeinträchtigt. Entgegen seinen Hoffnungen konnte er ihn auch durch die Zeitarbeit nicht aufhalten, da seine Einsätze in der Regel nur seine Lagererfahrungen berücksichtigen, nicht aber seine Qualifikation als Kaufmann. Seine Kompetenzen und Fähigkeiten, die er sich im Lagerbereich angeeignet hat, werden jedoch nur bedingt anerkannt; auch, weil sie nicht zertifiziert sind. Er wird auf einfachste Lagerarbeiten reduziert und selbst von seinem Arbeitsvermittler als Ungelernter eingestuft.

Bislang sind alle Hoffnungen, die Rolf I. in die Zeitarbeit gesetzt hatte, enttäuscht worden: Er hat keine Festanstellung erreicht, und es wurden ihm nur Einsätze in unqualifizierten Tätigkeiten vermittelt, bei denen er keine Kompetenzen hinzugewinnen konnte. I. nimmt die Einsätze als Zeitarbeiter schließlich mit der Hoffnung in Kauf, daß ihm sein tadelloses Verhalten positiv angerechnet und er einen guten und zuverlässigen Eindruck hinterlassen werde. Der gute Eindruck, den er machen will, ist für ihn das Letzte und Einzige, das er in seiner Situation noch selbst beeinflussen kann.

Insgesamt hat I. wenig Hoffnungen, seine berufliche Situation beziehungsweise seine Beschäftigungschancen verbessern zu können. Trotzdem beziehungsweise gerade deshalb unternimmt er keine Anstrengungen, eigeninitiativ nach einer anderen Arbeit zu suchen. Einen neuen Beruf zu erlernen, kommt für ihn wegen seines Alters nicht in Frage. Er sagt von sich selbst, daß er träge geworden sei, weil er einen Job habe und deshalb nicht zwingend weitersuchen müsse. Außerdem sei er am Wochenende erschöpft von der Arbeit und habe keine Kraft, sich um eine neue Stelle zu bemühen und Bewerbungen zu schreiben. Er verhält sich defensiv und sieht sein Zeitarbeitsverhältnis, trotz enttäuschter Erwartungen und schwindender Hoffnung, nach wie vor als Übergangslösung.

„Jetzt Zukunftspläne, daß ich jetzt also sage ich mache jetzt nochmal eine Ausbildung mit einundvierzig oder so, da würde ich sagen: ‚Nä, also da mache ich dann lieber irgendwie ’nen Job ’ne Weile.‘ Und nach amerikanischen Vorbild oder Verhältnissen oder so und wenn ich keine Lust mehr habe dann suche ich mir ’nen anderen." (Z. 1920ff)

Rolf I. hat sich mit seinem Tagelöhnerdasein abgefunden. Auch Wissenschaft und Politik werden nicht weiterhelfen – im Gegenteil: Er kann sich des Verdachts nicht erwehren, daß dieses Forschungsprojekt, an dem er mit seiner Bereitschaft, über seine Erfahrungen mit Zeitarbeit zu berichten, teilgenommen hat, möglicherweise nur dazu da ist, einen Niedriglohnsektor zu legitimieren. „Ja", fragt er zum wiederholten Male nach,

„mich würde natürlich jetzt in einer gewissen Weise interessieren was jetzt hier diese Studie in der Hinsicht... in welche Bahnen die jetzt läuft. Ist das jetzt hier vom Arbeitsamt auch vom START-Programm oder ist das jetzt nur was fürs Arbeitsministerium hinlaufend als Information für den Gedanken des Zweiten Arbeitsmarktes und so, was ja heutzutage also teilweise alles so als Start-Wort kursiert, um so einen Niedrigsektor aufzubauen, um erstmal zu sagen: ‚Bevor die Leute arbeitslos sind, machen wir erstmal so einen Niedrigsektor und...‘ (...) in Konkurrenz zur Zeitarbeit. Können Sie da mal den Grund erzählen jetzt?" (Z. 1719ff)

5.4.4 Extrem negative Bilanzen: Dreiecksverhältnis als „Sklavenhandel"

Im Gegensatz zu der Fallreihe der negativen Bilanzen sind die zuletzt vorgestellten Fälle mit ihrer durch die Zeitarbeit geprägten Lebenssituation durchweg unglücklich. Dequalifizierende Einsätze, fehlende Lernmöglichkeiten und schlechte Behandlung führen zu einem insgesamt extrem negativen Urteil über Zeitarbeit. Die Interviewpartner dieser Gruppe sehen gerade *in der Zeitarbeit* die Ursache für ihre soziale Ausgrenzung, die sich während ihres Arbeitsalltags im Umgang mit Zeitarbeitfirmen, Entleihbetrieben und Kollegen manifestiert. Sie fühlen sich als „Menschen zweiter Klasse" behandelt, die durch das Merkmal Zeitarbeit stigmatisiert werden.

Nicole T. ist bereits aus der Zeitarbeit ausgestiegen, weil sie mit der für sie unzumutbar gewordenen Situation nicht mehr zurechtkam. Sie verleiht wie Rolf I. ausdrücklich ihrer Hoffnung Ausdruck, daß sich durch die Studie vielleicht einmal etwas ändere an der Situation der Zeitarbeiter,

„die dann wirklich total untergebuttert werden, und dann nichts mehr sagen und so ne? (...) daß man das auch mal ein bißchen beleuchtet und guckt, ne, weil ich hab' ja immer noch die Hoffnung, daß es vielleicht irgendwann mal was Staatliches gibt, was das ein bißchen besser dann, eh, kontrolliert und (...) daß vielleicht wirklich auch einige Leute mal da sind ne, die dann auch mal sagen was da abgeht, ne? Daß das vielleicht dann irgendwo auch geändert wird" (Z. 3028ff).

Susanne C. hat ihren Ausstieg aus der Zeitarbeit schon konkret geplant, sie führt die Tätigkeit in der Produktion nur noch so lange aus, bis ihr Studium an der Fachhochschule beginnt. Bis dahin will sie stillhalten, will sie es bei „leisem Protest" belassen. Rolf I. schließlich erhofft sich immer noch eine Stelle auf dem ersten Arbeitsmarkt, glaubt aber eigentlich nicht mehr daran und verharrt in der Zeitarbeit, da er keine andere Chance sieht, der Arbeitslosigkeit zu entgehen.

5.5 Türöffner-Funktion und Chancen für Kompetenzentwicklung im Urteil der Zeitarbeitskräfte

Die Erfahrungsberichte der Zeitarbeiter sprechen eine beredte Sprache. Sie wiedersprechen den positivierten Konnotationen des Phänomens Zeitarbeit in der einschlägigen wirtschafts- und arbeitsmarktpolitischen Öffentlichkeit unmißverständlich. So lassen sich die Ausgangsfragen dieser Untersuchung am Ende klar und deutlich beantworten: Allenfalls in Ausnahmefällen führt Zeitarbeit zu Beschäftigung im Segment des Ersten Arbeitsmarktes; im Regelfall verstetigt Zeitarbeit verunsicherte Beschäftigungsperspektiven. Und allenfalls in Ausnahmefällen, am ehesten wohl noch bei Wiedereinsteigern, kann von Kompetenzentwicklung in und durch Zeitarbeit ausgegangen werden; im Regelfall findet kontinuierliche Dequalifizierung gegebenenfalls vorhandener Qualifikationsniveaus statt. Selbst die vorgestellten Positivbilanzen stützen dieses Resümee. Die beiden Frauen haben ihr Verhältnis zur Erwerbsarbeit generell beziehungsweise bis auf weiteres instrumentalisiert; die eine hat ihre Übernahmehoffnung der erlebten Realität angepaßt, indem sie sie aufgegeben hat; die andere kann sich auf diese Weise drohenden Unterhaltsverpflichtungen entziehen. Der EDV-Spezialist Franz Y. schließlich zeigt altersbedingt und seines privilegierten Arbeitsmarkt-Status wegen keine besonderen Ambitionen mehr, in eine Festanstellung überzugehen. Für die Frauen erreichen die Zeitarbeitsverhältnisse über die Sicherung der bloßen Existenz hinaus vor allem ihrer sozialen Gratifikationen wegen einen hohen Stellenwert; das verhält sich bei dem SAP-Fachmann, wenn auch auf andere Weise, im Prinzip auch nicht anders.

Bei den ambivalenten Bilanzen spielen die negativen Begleiterscheinungen der Zeitarbeitsverhältnisse dann schon eine prägende Rolle. Für Regina E., die nach einem multiplen Fehlstart ins Erwerbsleben das Zeitarbeitsverhältnis eher als Erwerbstätigkeit „auf Probe" ansieht, ohne über große Zukunftsentwürfe zu verfügen, überwiegen zwar, gerade vor diesem ihrem Hintergrund die positiven Einschätzungen; das hält sie aber nicht davon ab, die Entleiher als „Haifische" zu beschreiben. Für alle drei vorgestellten Fälle gilt aber, was in jedem Fall gelten dürfte: Besser als die schon eingetretene oder drohende Arbeitslosigkeit ist Zeitarbeit allemal. Weitergehende Hoffnungen, soweit sie nicht schon der Resignation gewichen sind, müssen sich erst noch erfüllen; und geschieht dies nicht, dann dürfte die Waage sich zur negativen Seite neigen.

Die deutlich negativen, nur noch in ihrer Ausprägung unterscheidbaren Bilanzen sprechen für sich. Festzuhalten bliebe aber ein im Zuge der Auswertungsarbeiten doch überraschendes Moment: wie häufig den Erzählenden sehr plastische Begriffe einfielen, ihr Zeitarbeitsverhältnis zu charakterisieren – als „Schweinegeschäft" und „Haifischbecken" –, wie oft Begriffe wie „Sklavenhalter", „-handel" oder „-treiber" fielen. Es gab – sie wurden in diesem Kapitel exemplarisch vorgestellt – auch ganz andere Stimmen. Die aber waren eindeutig in der – kleinen – Minderheit.

6. Zeitarbeit – Chance für Kompetenzentwicklung und Türöffner in gesicherte Beschäftigung?

Imagewandel

Zeitarbeit, die in dem Dreiecksverhältnis der beteiligten Akteure begründete eigentümliche Konstruktion von Erwerbsarbeit, hat seit Mitte der neunziger Jahre einen bemerkenswerten Image-Wandel erfahren: Die Unternehmen, die gewerbliche Arbeitnehmerüberlassung betreiben, haben in der öffentlichen Meinung ihren bis dato dominierenden Ruf als „Sklaventreiberbranche" und „Ausbeuteragenturen" zugunsten der ihnen in letzter Zeit zugeschriebenen Funktion eines Türöffners in gesicherte Beschäftigung insbesondere für Langzeitarbeitslose abstreifen können. Selbst die ehemals schärfsten Kritiker und Gegner von Zeitarbeit – Arbeitsverwaltung und Gewerkschaften – sind zu Partnern in der Praxis geworden, wie sich an den Kooperationsprojekten zwischen Arbeitsverwaltung und Zeitarbeitunternehmen und dem spektakulären Tarifvertrag zwischen dem Bundesverband der Zeitarbeitgeber und DGB-Gewerkschaften von 2003 zeigt. Das ist um so bemerkenswerter, als sich die Bedingungen in Angebot und Ausübung dieser Erwerbsarbeitsform bis in die jüngste Zeit substantiell kaum verändert hatten.

Zeitarbeit hat sich, wie ihre Lobbyisten betonen, einen festen Platz auf den Arbeitsmärkten erkämpft. Die Branche sieht ihre gesamtwirtschaftliche Funktion hauptsächlich in der bedarfsorientierten Schaffung von Handlungsoptionen für die Flexibilisierung betrieblicher Personalplanung. Eben dieser im Verlauf der letzten zwanzig Jahre zu verzeichnende Trend zur Flexibilisierung auch der Kernbelegschaften und zur Befristung von Arbeitsverhältnissen begünstigt seinerseits den Zugang zu Zeitarbeit und somit ihre Absorptionswirkung auf dem Arbeitsmarkt. Den Zeitarbeitern andererseits eröffnen sich in den Augen der Lobbyisten neben Spielräumen individueller Lebensgestaltung deutlich größere Chancen der (Re-)Integration ins Erwerbsleben.

Profitiert hat die Branche bei diesem Imagewandel von der dauerhaft schlechten Situation auf dem Arbeitsmarkt. Indem sie sich als niedrigschwelliger Einmündungsbereich für Arbeitslose und von Arbeitslosigkeit Bedrohte anbietet, sind ihr Entlastungsfunktionen zugewachsen. Der Arbeitsverwaltung dient Zeitarbeit als Instrument der Verbesserung ihrer Eingliederungsbilanzen und der Bewältigung der Matching-Problematik im Vermittlungsprozeß. Für die Gewerkschaften bleibt Zeitarbeit zwar eine ambivalente bis suspekte Organisationsform von Erwerbsarbeit, bietet aber zugleich Minderqualifizierten immerhin eine Chance, überhaupt eine Beschäftigung zu finden – wenn sie auch aus Gewerkschaftssicht konkreterer gesetzlicher Regulierung, insbesondere der Entlohnungs- und der Befristungsmodalitäten, bedürfte als bisher.

Inkompatible Interessenlagen

Ohne die Bedeutung schmälern zu wollen, die der Zugang zu lohnabhängiger Erwerbsarbeit als Ressource für die individuelle Subsistenzsicherung aus individuell-subjektiver wie auch aus wirtschafts- und sozialpolitischer Perspektive hat – der im Sozialgesetzbuch III seit Ende 1998 offiziell kodifizierte Primat der Eingliederung in das Beschäftigungssystem („Hauptsache: Arbeit") steht einer an beruflichen Entwicklungschancen orientierten Gestaltung von Erwerbsarbeit recht anspruchslos gegenüber. Dies um so mehr, als Zeitarbeit für die darin beschäftigten Erwerbspersonen allein der oft kurzfristigen Beschäftigungszeiten in den Entleihunternehmen wegen mit einem hohen Maß an beruflicher Diskontinuität einhergeht, die weder eine zeitliche und fachlich-inhaltliche Konsistenz ihrer Erwerbsverläufe – und damit der Entwicklung ihrer Kompetenz – erwarten noch betrieblich oder sozialrechtlich relevante Senioritätsansprüche entstehen lassen.

Für die *Zeitarbeiter* wäre es, quasi kompensatorisch, von Vorteil, durch Kompetenzentwicklung ihr Arbeitsvermögen inhaltlich pflegen, profilieren, verbreitern und spezialisieren zu können, um auf diese Weise die individuellen Chancen auf dem Arbeitsmarkt mit dem Ziel zu verbessern, den Übergang in ein festes, bilaterales Beschäftigungsverhältnis zu schaffen. Der Türöffner-Funktion von Zeitarbeit sind aber, wie die Untersuchungen bei Zeitarbeitunternehmen, Entleihbetrieben und Zeitarbeitnehmern ausgewiesen haben, systematisch deutliche Grenzen gesetzt. Dagegen stehen die Verwertungsinteressen der beiden „Arbeitgeber", der Verleihunternehmen im juristischen, der Entleihunternehmen im Wortsinne.

Die *Verleiher* verfolgen das Ziel, mit möglichst wenig zusätzlichem Kostenaufwand und bei möglichst geringem Abwanderungsrisiko die Zeitarbeitskräfte möglichst lange zu einträglichen Mietpreisen zu verleihen. Qualifizierungsphasen konkurrieren dabei prinzipiell mit Verleihzeiten; sie schließen die Realisierung von Umsatz und Gewinn aus, erzeugen ihrerseits Kosten und verstärken das unternehmerische Risiko des sogenannten Klebeeffekts, daß nämlich qualifizierte Zeitarbeitskräfte tatsächlich in Entleihunternehmen verbleiben.

Weiterbildung der Zeitarbeitskräfte in den verleihfreien Zeiten stößt nicht nur an die engen Grenzen zeitlich-organisatorischer oder curricularer Voraussetzungen und betriebswirtschaftlicher Kalküle der Weiterbildungsanbieter als den potenziellen Auftragnehmern der Verleiher. Vor allem und in erster Linie widerspricht Kompetenzentwicklung von Zeitarbeitskräften dem Interesse der Zeitarbeitunternehmen, Investitionen in Qualifizierung solange zu vermeiden, wie sie die Nachfrage der Entleihunternehmen quantitativ wie qualitativ hinreichend bedienen und die kalkulierten Mietpreise für die Zeitarbeitskräfte auf dem Markt realisieren können. In der Tat hatte nur ein sehr geringer Teil der befragten Zeitarbeitunternehmen seinen zu verleihenden Arbeitskräften überhaupt irgendeine Form von Weiterbildungsmaßnahmen angeboten. Der Transferwert der Hälfte dieser Maßnahmen muß zudem als gering eingeschätzt werden, da sie sich – als Unterweisung beziehungsweise Anlernung am Arbeitsplatz – auf die Vorbereitung auf Anforderungen beschränkten, wie sie in der 1:1-Beziehung zum *jeweils* nächsten Entleihunternehmen von *dessen* Seite aus definiert werden.

Für die Beschäftigten differieren die Chancen für Kompetenzerwerb in den Zeitarbeitunternehmen schließlich eindeutig in Abhängigkeit von der Nähe oder Distanz zum betrieblichen Kern. Während Mitglieder der Kernbelegschaft in Zeitarbeitunternehmen (Disponenten etc.) überwiegend an organisierten Maßnahmen externer Bildungsanbieter beziehungsweise entsprechenden *inhouse*-Seminaren mit strategisch ausgerichteten Fach- und Führungsthemen teilnehmen, stellt sich die Repräsentanz der Zeitarbeitskräfte genau umgekehrt dar: Wo überhaupt Lernprozesse ausgewiesen werden können, dominieren Unterweisungen am Arbeitsplatz und Formen selbstgesteuerten Lernens mit überwiegend tätigkeitsbezogenen Inhalten.

Offen bleibt, ob sich Chancen in den *Entleihunternehmen* ergeben. Die Antwort auf diese Frage hängt ab von dem Motiv des Entleihers, Zeitarbeitskräfte zu beschäftigen. Dort, wo rein kapazitäre Gründe vorliegen (kurzfristige personelle Abdeckung von Auftragsspitzen, Urlaubsvertretung etc.), die innerbetrieblich nicht flexibel aufgefangen werden können, kommt es auf kurzfristige Paßgenauigkeit der Leistungsvoraussetzungen von Zeitarbeitskräften zur gegebenen Anforderungskonstellation an. Das Entleihunternehmen wird in diesem Fall zeitliche und kostenaufwendige Maßnahmen, die über die Einarbeitung am Arbeitsplatz hinausgehen, eher vermeiden, um über die relativ hohe Arbeitskraftmiete hinausgehende Transaktionskosten zu sparen. Die Bewältigung der Anforderungen, die ihnen in den Entleihunternehmen gegenübertreten, müssen sie dann durch individuelle Anpassungsprozesse in eigener Veantwortung leisten.

Die Absicht, Zeitarbeiter ins eigene Unternehmen zu übernehmen, bildet nur dort ein Entleihmotiv, wo es nicht um die Bewältigung von Flexibilitätsanforderungen geht, sondern, wie im Falle ohnehin geplanter Personaleinstellungen, über den Umweg Zeitarbeit Unsicherheiten und Risiken direkter Rekrutierungsverfahren minimiert werden sollen (Zeitarbeit als Probezeit). In diesen Fällen ist es ungleich wahrscheinlicher, daß Zeitarbeiter Zugang zu entwicklungsförderlicher Weiterbildung erhalten, die für den konkreten Betrieb rentabel erscheint. Dann würde das Entleihunternehmen – an den Interessen des Verleihers vorbei – mit den betreffenden Zeitarbeitskräften eine eigene Entwicklungsperspektive verbinden, in der auch Qualifizierung und Kompetenzentwicklung eine strategische Bedeutung erhalten könnten.

Diese Motive greifen den vorliegenden Erkenntnissen zufolge jedoch nur selten. Vornehmlich nämlich wird Zeitarbeit von den Entleihunternehmen tatsächlich zur Bewältigung zeitlich begrenzter Personalbedarfsspitzen genutzt, wobei sich die Nachfrage bislang überwiegend auf das Segment einfacher Qualifikationen konzentriert – ganz im Widerspruch zu dem sowohl von den Entleihunternehmen als auch von den beteiligten Lobbyisten prognostizierten Wachstum in den Segmenten der qualifizierten beziehungsweise hochqualifizierten Facharbeit. Die effektiv nachgefragten Qualifikationen erwarten die Entleihunternehmen am Markt „fertig" vorzufinden. Die mit dem Zeitarbeitseinsatz verbundenen Kalküle lassen die Vermittlung zusätzlicher Qualifikationen während der zeitlich oft eng begrenzten Arbeitseinsätze kaum zu; die Bereitschaft, Zeitarbeitskräften Teilnahme an Weiterbildung zu ermöglichen, die über Einarbeitung und *on-the-job*-Trainings hinausgeht, dürfte aufgrund dessen eher gegen Null tendieren.

Schließlich bieten das überwiegend niedrige Anforderungsniveau und die geringe Lernhaltigkeit der Arbeit den im Jedermannsegment eingesetzten Zeitarbeitern, Ungelernten wie Fachkräften, kaum Chancen, Stagnation oder Degression ihres Kompetenzniveaus entgegenzuwirken. Berufliche Kompetenzentwicklung gar mit ihrer Funktion einer Brücke in dauerhafte und vielleicht auch qualifizierte Beschäftigung ist unter solchen Bedingungen kaum zu realisieren; so über den Türöffner Zeitarbeit aus dem Segment der Jedermannsqualifikationen herauszufinden und in ein „normales" Arbeitsverhältnis einzumünden, ist eher unwahrscheinlich.

Vor allem für Arbeitskräfte ohne formale Ausbildung und für erwerbsarbeitsentwöhnte Langzeitarbeitslose bedeutet dies eine weitere Einschränkung ihrer beruflichen Entwicklungsmöglichkeiten. Aber auch für Höherqualifizierte erhöht sich mit ihrem Verweilen in Zeitarbeit das Risiko beruflicher Stagnation und der Einmündung in eine qualifikatorische Abwärtsspirale. Vor diesem Hintergrund ist nicht so sehr die deutliche Sprache der Angebots- und Nachfragepraxis und der (Nicht-)Qualifizierungspolitiken der Betriebe erstaunlich, als vielmehr die unter betriebswirtschaftlichen Apekten kaum nachvollziehbare Hoffnung zeitgenössischer Arbeitsmarktpolitik, über die Ausweitung von Zeitarbeitsverhältnissen Türen in feste Arbeitsverhältnisse zu öffnen.

Die in den Interviews mit Zeitarbeitskräften berichteten Erfahrungen bestätigen einerseits das dominant niedrige Anforderungsniveau, mit dem nicht nur Minderqualifizierte, sondern vielfach auch Facharbeiter auf ihren Zeitarbeitsplätzen konfrontiert sind. Qualifikationsinadäquater Einsatz und berufliche Dequalifizierung nehmen zudem mit der Häufigkeit der Zeitarbeitseinsätze eher zu. Anfängliche Erwartungen an die Türöffnerfunktion von Zeitarbeit werden meist enttäuscht: Für viele bleibt die gewünschte und in Aussicht gestellte Übernahme auf einen Arbeitsplatz im Entleihunternehmen eine immer wieder nicht erfüllte Versprechung.

Selbst die positiven unter den vorgestellten erwerbsbiographischen Bilanzen stützen dieses Resümee: So wurde das Zeitarbeitsverhältnis als intrinsisch nicht besetzte Subsistenzquelle, mit Blick auf den Nebeneffekt sozialer Gratifikationen oder mit dem Ziel instrumentalisiert, drohenden Unterhaltsverpflichtungen aus dem Weg zu gehen, und es geschahen pragmatische Realitätsanpassungen, indem zuvor gehegte Übernahmehoffnungen aufgegeben wurden. Bei den negativen Bilanzen ging es praktisch nur noch um die „Hauptsache: Arbeit". Ambitionierte Zukunftsentwürfe und Übernahmehoffnungen weichen schnell einer generalisierten Resignation und Perspektivlosigkeit. Den von den Intermediären postulierten Imagewandel bestätigen sie keineswegs: Begriffe wie „Haifische", „Schweinegeschäft" und „Sklavenhalter", „-handel" oder „-treiber" gehören nach wie vor zum alltäglichen Sprachgebrauch derer, die Zeitarbeit verrichten müssen.

Die vordergründigen Vorteile von Zeitarbeit erweisen sich so bei genauerer Betrachtung als ihre Nachteile. Denn das prinzipiell Problematische an Zeitarbeit ist und bleibt die Beschäftigungsform selbst. Zeitarbeitskräfte werden überwiegend in den traditionellen, eher schrumpfenden Wirtschaftsbereichen und -branchen eingesetzt. Das begrenzte Substitutionspotential qualifizierter Arbeit erhöht zudem die Wahrscheinlichkeit, daß sie, mit oder ohne abgeschlossene Berufsausbildung, überwiegend im Segment der Jedermannsarbeit beschäftigt werden. Für die Zeitarbeitskräfte ohne Berufsabschluß bietet dieser für sie in gewisser Weise qualifikationsadäquate Einsatz angesichts der üblicherweise eher kurzen Verweildauer in den Entleihunternehmen keinen Anknüpfungspunkt für ihre individuelle berufliche Entwicklung. Für die qualifikationsinadäquat, gewissermaßen unter Wert eingesetzten Fachkräfte wird Kompetenzentwicklung, wenn überhaupt, dann allenfalls im konkreten Arbeitsvollzug möglich, und auch (immer nur) dann, wenn Arbeitsplatz und Arbeitsplatzumgebung etwa aufgrund neuerer technischer Ausstattung Lernchancen bieten.

Wenn nun anerkannt ist, daß Minderqualifizierung einerseits die Wahrscheinlichkeit von Langzeitarbeitslosigkeit erheblich erhöht (und die Chance, ihr zu entkommen, gleichzeitg minimalisiert), dann bleibt auch die Hoffnung auf nachhaltige Integration in Beschäftigung – die, vergessen wir die offenen Worte der Experten nicht, dem Geschäftsinteresse der Zeitarbeitunternehmen existentiell widerspricht – lediglich eine vage Option. Der dem Phänomen Zeitarbeit immanente tendenzielle Widerspruch zwischen diesem Geschäftsinteresse und dem kostenträchtigen Weiterqualifizierungs- und Beschäftigungsinteresse der Zeitarbeitnehmer kann letzten Endes nur durch staatliches Handeln aufgelöst werden, das die Marktvorteile des kostensparenden Verzichts auf Kompetenzentwicklung ausgleicht.

Neue Chancen für Zeitarbeiter?

In der aktuellen arbeitspolitischen Debatte scheint sich dagegen die Ansicht breitzumachen, Persönlichkeitsdispositionen („Mitnahmementalität", „Arbeitsscheu") und individuelle Fehleinstellungen wie ein unzeitgemäßes Bestehen auf Tätigkeiten, die zu unrecht allein als zumutbar gelten, seien verantwortlich für eine kollekive Verweigerung tatsächlich gegebener Chancen. Das würde dann allerdings „Fördern und Fordern" als Therapie angemessen erscheinen lassen. Interindividuell gültige ebenso wie lediglich postulierte Wahrscheinlichkeiten des Alltagsverhaltens sollten jedoch nicht dazu verleiten, die Wirkung (etwa die Destabilisierung der Persönlichkeit in Langzeitarbeitslosigkeit) mit ihrer Ursache (alltäglicher Freisetzung) zu verwechseln, wie dies bei allen befragten Lobbyisten-Experten zu geschehen scheint – mit fatalen Auswirkungen für die Makroebene staatlichen Handelns und für die Mesoebene intermediärer Interessenrepräsentation: Aus fehlerhafter Diagnose (dem Verwechseln von Ursache und Wirkung) abgeleitete Therapie („Fördern und Fordern") wird in der Regel ins Leere laufen und die Erfahrung ausbleibender oder erfolgloser Förderung die Forderung eher als weitere Zumutung und „Gerechtigkeitslücke" erleben lassen.

Strukturell verbessern ließen sich die Bedingungen für Erhalt und Entwicklung des Arbeitskraftangebots in Zeitarbeit nach allen vorliegenden Befunden nur über den Weg stärkerer Regulierung der Arbeitnehmerüberlassung. Dieser Weg scheint unter dem unbedingten Beschäftigungsprimat mittlerweile versperrt. Dabei ginge es im Kern nicht um Lizenzfragen, nicht nur um Befristungszeiträume und auch nur vermittelt um Tarifangelegenheiten. Im Interesse an einem systematischen Schutz vor beruflichen Entwicklungsbarrieren und vor progressiver Dequalifizierung hätten die Einsatzfelder von Zeitarbeit selbst im Zugriff der Veränderungen zu stehen. Denn als problematisch erweist sich in der Mehrzahl der Fälle die häufige und wiederkehrende Vernutzung von Zeitarbeitskraft – nicht nur der sogenannten Un- und Angelernten – in Tätigkeitsfeldern auf dem Anforderungsniveau von Jedermannsqualifikationen.

Chancen der Integration in ein festes Arbeitsverhältnis können sich über Leiharbeit (als für den Arbeitgeber verlängerte Probezeit oder als [Re-]Integrationsübung für den Arbeitnehmer) in arbeitsmarktpolitisch nennenswertem Umfang nur dann ergeben, wenn regulierende Politik das Dilemma der Interessendifferenz angemessen bearbeitet, indem sie das Gleichgewicht legitimer Interessen herstellt. Regulierung – ordnende Politik, nicht: Deregulierung – schafft gleiche Ausgangsbedingungen für alle Wettbewerber auf dem Markt. So würden die Handlungsspielräume für die Schwarzen Schafe hüben und drüben sukzessive enger. Nachwirkende Phänomene früherer Leiharbeitsregimes könnten sich unter dem Topos „Imagewandel" auch über vorauseilende Selbstdisziplinierungen der Branche und über Tarifverträge normalisieren.

Man wird von einem im legalen Raum arbeitenden Zeitarbeitunternehmen jedenfalls nicht erwarten können, daß es freiwillig seine Arbeitsbasis verengt oder seine Gewinnaussichten schmälert, indem es die Übernahmechancen seiner Leiharbeitskräfte signifikant vergrößert, und angesichts seiner durchschnittlichen Wettbewerbsbedingungen vom Entleiher nicht, Arbeitskraft über Kompetenzentwicklungsprozesse zu fördern, die möglicherweise schon morgen seinem Konkurrenten zugute kommen. Und man wird davon abkommen müssen, daß Leiharbeiter ihr Arbeitskraftangebot in relativ kurzer Zeit vernutzen zu lassen, der fortschreitenden Dequalifizierung preiszugeben sich gezwungen und so schließlich systematisch ans Existenzminimum getrieben sehen, wenn Kompetenz und Beschäftigung gerade auch aus volkswirtschaftlichen Erwägungen heraus erhalten werden sollen.

Personal-Service-Agenturen?

Die definitionsgemäß von vornherein zeitlich begrenzte Nachfrage nach Zeitarbeitskräften richtet sich zum überwiegenden Teil an auf dem Arbeitsmarkt marginalisierte, im Direktverfahren nur schwer vermittelbare Erwerbspersonen, die in der sozialen und funktionalen Hierarchie der Entleihbetriebe ihren Status als Marginalisierte in einem konkurrenzträchtigen Verhältnis zur Kernbelegschaft beibehalten. Dies ist die Kern-Klientel der sogenannten Personal-Service-Agenturen (PSA), die nach den „Gesetzen für moderne Dienstleistungen am Arbeitsmarkt" in den Arbeitsamtsbezirken, den jetzt so genannten Regionalagenturen, eingerichtet werden.

Es zeichnet sich ab, daß die PSA, obwohl sie mit der Eingliederung, das heißt mit der Vermittlung der Zeitarbeitskräfte in feste Beschäftigungsverhältnisse bei den Entleihunternehmen, einen wesentlich anderen Geschäftszweck verfolgen als gewerbliche Zeitarbeitunternehmen, mit nahezu den gleichen Hypotheken an den Start gehen. Die verhaltene Resonanz[1] läßt ein Dilemma vermuten, das man bereits bei START Zeitarbeit erkennen konnte: Auch bei den integrationsorientierten Zeitarbeitsverhältnissen konkurriert der gesellschaftliche Auftrag der Eingliederung in den Ersten Arbeitsmarkt mit dem Geschäftszweck der Arbeitnehmerüberlassung und dem betriebsstrategischen Ziel einer flexiblen Personalbedarfsdeckung.

Für die PSA-Zeitarbeitskräfte ist diese Konstellation mit einigen riskanten Implikationen verbunden, die an dieser Stelle noch als Fragen an die zukünftige Entwicklung zu fassen sind:
- ob es nämlich gelingt, mithilfe der PSA das sozialpolitisch wünschenswerte Ziel der Eingliederung mit dem arbeitsmarkt- und strukturpolitischen Ziel des Qualifikationserhalts und der Kompetenzentwicklung zu verbinden, um so das Risiko qualifikatorischer Abwärtsspiralen zu vermeiden,
- ob Zielkonflikte aufgearbeitet und in konstruktive Synergieeffekte umgelenkt werden können,
- ob institutionelle Rahmenbedingungen der PSA und moderierte Interessenlagen der verschiedenen Akteursgruppen im Zeitarbeitsdreieck die Voraussetzungen für Qualifizierungschancen (Freistellung, Zugang, Qualität) bieten

und, nicht zuletzt,
- wie sich die Reduzierung der Haushaltsmittel der Bundesagentur für Arbeit[2] für Maßnahmen zur Förderung der beruflichen Weiterbildung und die für ihre Zulassung festgesetzte Verbleibsquote von siebzig Prozent auf die Angebotsinfrastruktur auswirken, die PSA-Zeitarbeitskräften für Kompetenzentwicklung in Zukunft zur Verfügung stehen wird.

Selbst die besten Rahmenbedingungen werden schließlich nicht hinreichen, wenn es keine Arbeit gibt, wenn sich Beschäftigungspolitik ausschließlich am *shareholder value* orientiert – der eben immer dann ansteigt, wenn Personalbestände *abgebaut* werden.

---

[1] Einem Bericht der „Süddeutschen Zeitung" vom 15.10.2003 zufolge standen ein Dreivierteljahr nach ihrer Einführung 879 PSA ganze 907 Vermittlungen gegenüber – also kaum mehr als eine (!) pro Agentur.

[2] Verzicht der Bundesagentur für Arbeit auf den zehnprozentigen Bundeszuschuß, Übernahme der SAM-Kosten in den Haushalt der BA, partielle Übernahme von Personalkosten für Arbeitsvermittler in den Eingliederungstitel der BA etc.

Literatur

BAUER, Frank, Hermann GROß, Eva MUNZ und Suna SAYIN, 2002: Arbeits- und Betriebszeiten 2001. Neue Formen des betrieblichen Arbeits- und Betriebszeitmanagements. Ergebnisse einer repräsentativen Betriebsbefragung (= Berichte des ISO, 67), Köln

BEHRINGER, Friederike, Axel BOLDER, Rosemarie KLEIN, Gerhard REUTTER und Andreas SEIVERTH (Hrsg.), 2004: Diskontinuierliche Erwerbsbiographien. Zur gesellschaftlichen Konstruktion und Bearbeitung eines normalen Phänomens, Hohengehren

BODE, Ingo, Hans-Georg BROSE und Stephan VOSWINKEL, 1994: Die Regulierung der Deregulierung. Zeitarbeit und Verbändestrategien in Frankreich und Deutschland, Opladen

BOLDER, Axel, und Wolfgang HENDRICH, 2000: Fremde Bildungswelten. Alternative Strategien lebenslangen Lernens, Opladen

BOLDER, Axel, Stefan NAEVECKE, Sylvia SCHULTE, Christina SCHULZ und Heike WIEMERT, 2003: Kompetenzentwicklung in Zeitarbeit. Bericht über das Forschungsprojekt an den Minister für Wirtschaft und Arbeit des Landes Nordrhein-Westfalen, Köln

BROICHER, Martin, Carola MÖLLER, Franz SCHAIBLE, Rolf WINKEL und Gerda ZILL, 1980: Leiharbeit – Formen und Auswirkungen. Betriebliche Fallstudien im Bau- und metallverarbeitenden Gewerbe, Köln (ISO)

BUNDESANSTALT FÜR ARBEIT, 1982: Arbeitsstatistik 1981 – Jahreszahlen (= Amtliche Nachrichten der Bundesanstalt für Arbeit, Sondernummer)

BUNDESANSTALT FÜR ARBEIT, 1996: Klassifikation der Wirtschaftszweige für die Statistik der Bundesanstalt für Arbeit, WZ 93/BA, Nürnberg

BUNDESANSTALT FÜR ARBEIT, 2000: Grundsätze für die Zusammenarbeit zwischen Arbeitsämtern und Verleihern (Zeitarbeitsunternehmen). Runderlaß vom 14.07.2000

DEUTSCHER BUNDESTAG, 2000a: Drucksache 14/4220: Neunter Bericht der Bundesregierung über die Erfahrungen bei der Anwendung des Arbeitnehmerüberlassungsgesetzes – AÜG – sowie über die Auswirkungen des Gesetzes zur Bekämpfung der illegalen Beschäftigung – BillBG

DEUTSCHER BUNDESTAG, 2000b: Drucksache 14/4259: Antwort der Bundesregierung auf die Kleine Anfrage der Abgeordneten Dr. Heidi Knake-Werner, Dr. Klaus Grehn, Dr. Ruth Fuchs und der Fraktion der PDS: Erwerbslose und Zeitarbeit

DGB, 2000: Zeitarbeit: Schmuddelkind wird salonfähig, in: Einblick 9/2000

FRANKE, Heinrich, 1990: Brennpunkt Arbeit. Ein Lehrbuch für politische und betriebliche Praxis, Percha

FRERICHS, Joke, Carola MÖLLER und Jürgen ULBER, 1981: Leiharbeit – ein Problembereich betrieblicher Interessenvertretung (= Berichte des ISO, 27), Köln

GALAIS, Nathalie, 2003: Anpassung bei Zeitarbeitnehmern – Eine Längsschnitt-studie zu individuellen Determinanten der Übernahme und des Wohlbefindens, Nürnberg

GÖBEL, Jürgen, 1980: Neue Arbeitsplätze für schwer vermittelbare Arbeitslose durch nicht gewerbsmäßige Arbeitnehmerüberlassung, in: Recht der Arbeit 42 (1980), 4, 204-217

HEINZ, Walter R., und Axel BOLDER, 1985: Arbeitsmarktsozialisation und Ar-beitsweltintegration in der Krise (Arbeitsbericht an die Deutsche Forschungs-gemeinschaft), Bremen

HEINZ, Walter R., und Burkart Lutz (Hrsg.), 1992: Modernisierungsprozesse von Arbeit und Leben, München

HENDRICH, Wolfgang, 2005: Implizites Wissen für lernbiographische Gestal-tungskompetenz. Zur Begründung berufspädagogischer Neuorientierungen (Ar-beitstitel) (Studien zur Erziehungswissenschaft und Bildungsforschung), Wies-baden, in Vorbereitung

HERRMANN, Gerhard, und Arnold KRATZ, o.J.: Arbeitsmarktpolitische Instrumen-te zum Beschäftigtentransfer (= G.I.B. Arbeitspapiere, 8), Bottrop

ICKING, Maria, 2004: Beschäftigungsfähigkeit als Ziel der Beschäftigungspolitik, in: Behringer u.a. 2004, 249-259

JAHN, Elke, und Helmut RUDOLPH, 2002: Auch für Arbeitslose ein Weg mit Per-spektive. Arbeitnehmerüberlassung spielt in Deutschland bereits eine wachs-ende Rolle – Weitere Deregulierungen im Gespräch (= IAB Kurzbericht 20/2002: Zeitarbeit – Teil I), Nürnberg

KOCK, Klaus, 1990: Die austauschbare Belegschaft, Düsseldorf

KVASNICKA, Michael, und Axel WERWATZ, 2003: Arbeitsbedingungen und Per-spektiven von Zeitarbeitern, in: Wochenbericht des DWI Berlin 70 (2003), 46, 717-725

MUTZ, Gert, Wolfgang LUDWIG-MAYERHOFER, Elmar J. KOENEN, Klaus EDER und Waldemar BONß, 1995: Diskontinuierliche Erwerbsverläufe. Analysen zur postindustriellen Arbeitslosigkeit, Opladen

ÖTV, 2000: http://www.oetv-nw1.de/info/infodienst/info/arbeitslos/leiharbeit.htm (recherchiert am 30.11.2000)

PIETRZYK, Ulrike, 2003: Flexible Beschäftigungsform „Zeitarbeit" auf dem Prüf-stand, in: Arbeit. Zeitschrift für Arbeitsforschung, Arbeitsgestaltung und Ar-beitspolitik 12 (2003), 2, 112-130

RIFKIN, Jeremy, 2001: Das Zeitalter des Zugangs. Ein Interview mit dem ameri-kanischen Wirtschaftskritiker Jeremy Rifkin, in: Mitbestimmung 47 (2001), 10, 52-56

SATTELBERGER, Thomas, 1998: Qualifizierungspolitik als Beitrag zum Schutz des Wissenskapitals, in: Personalführung 12, 22-28

WACKER, Michael, 2004: Beschäftigtentransfer als arbeitsmarktpolitische Reak-tion auf zunehmende Diskontinuitäten, in: Behringer u.a. 2004, 295-307

WEINKOPF, Claudia, 1996: Arbeitskräftepools: Überbetriebliche Beschäftigung im Spannungsfeld von Flexibilität, Mobilität und sozialer Sicherheit (= Arbeit und Technik, 5), München und Mering

WEINKOPF, Claudia, 2004: Personalservice-Agenturen. Kritische Zwischenbilanz eines neuen arbeitsmarktpolitischen Ansatzes, in: Jahrbuch Arbeit und Technik 2003/ 2004 (Volltext unter http://www.iatge.de/aktuell/veroeff)

WITZEL, Andreas, 1982: Verfahren der qualitativen Sozialforschung. Überblick und Alternativen, Frankfurt a.M. und New York
WITZEL, Andreas, 2000: Das problemzentrierte Interview, in: Forum Qualitative Sozialforschung 1 (2000), 1 (http://qualitative-research.net/fqs)

Anhang

Auszug aus den Regeln für die Transkription der biographischen Interviews

. Ein Punkt wird gesetzt, wenn eine Satzaussage durch Betonung oder Pause *tatsächlich* beendet wurde; unabhängig davon, ob dies den grammatikalischen Regeln entspricht.

? Entsprechend wird ein Fragezeichen gesetzt, wenn es sich von der tatsächlichen Satzmelodie her um eine Frage handelt, auch wenn sie abgebrochen wurde o.ä.

! Analoges gilt für das Ausrufezeichen.

, Auch Kommata werden nur dann gesetzt, wenn tatsächlich Satzhälften oder Worte mit einer kurzen Pause und entsprechender Betonung voneinander abgesetzt sind, auch wenn dies grammatikalisch falsch sein sollte.

: Ein Doppelpunkt steht vor angekündigter direkter Rede und vor ausdrücklich angekündigten Satzstücken oder Aufzählungen.

– Kurze Pause, die innerhalb einer Sequenz eines Neben- oder Hauptsatzes oder zwischen zwei Wörtern entsteht, die ein kurzes Überlegen, kurzes Innehalten usw. zum Ausdruck bringt. Außerdem kennzeichnet der Gedankenstrich (analog Duden) einen Themen- oder Sprecherwechsel und die Paranthese.

– – – Längere Pause, die innerhalb eines Satzes, innerhalb einer Aussage, zwischen zwei Sätzen oder zwischen zwei Interaktionen länger als „gewöhnlich" dauert, d.h. daß eine Situation entsteht, in der ein Sprechzwang, eine sogenannte „peinliche Pause", provoziert wird. In der Regel handelt es sich um Pausen, die länger als fünf Sekunden dauern.

... Abgebrochene, nicht vollendete Wörter oder Sätze.

( ) In einfache Klammer wird gesetzt, was aufgrund schlechter Tonqualität nicht transkribierbar ist, aber im nachhinein erinnert wird.

(??)	Eingeklammerte Fragezeichen markieren unverständliche, nicht rekonstruierbare Textteile, ggf. mit Angabe der Länge des verlorenen Textes in Sekunden.
Kursiv	Wird ein Wort durch *besondere* Betonung hervorgehoben, so wird dieses in *Kursiv*druck gesetzt.
<Lachen>	Deutlich vernehmbare Äußerungen wie beispielsweise Lachen, tiefes Durchatmen etc. werden in eckige Klammern < > gesetzt.
äh, ehm	Derartige Füllsel markieren im Text eine z.B. mit Nachdenken gefüllte Pause, durch die der Sprechfluß *unterbrochen* wird (d.h. sie werden nicht durchgängig, während eines durchlaufenden Sprechaktes, gesetzt).

Sozialstruktur

Peter A. Berger /
Volker H. Schmidt (Hrsg.)
**Welche Gleichheit –
welche Ungleichheit?**
Grundlagen der Ungleichheitsforschung
2004. 244 S. mit 4 Abb. Sozialstruktur-
analyse, Bd. 20. Br. EUR 26,90
ISBN 3-8100-4200-5

Matthias Drilling
Young urban poor
Abstiegsprozesse in den Zentren
der Sozialstaaten
2004. 339 S. mit 41 Abb. und 57 Tab.
Br. EUR 29,90
ISBN 3-531-14258-5

Klaus Eder / Valentin Rauer /
Oliver Schmidtke
Die Einhegung des Anderen
Türkische, polnische und russland-
deutsche Einwanderer in Deutschland
2004. 308 S. mit 35 Abb. und 8 Tab.
Br. EUR 32,90
ISBN 3-531-14302-6

Ronald Hitzler / Stefan Hornbostel /
Cornelia Mohr (Hrsg.)
Elitenmacht
2004. 351 S. Soziologie der Politik, Bd. 5.
Br. EUR 32,90
ISBN 3-8100-3195-X

Stefan Hradil
**Die Sozialstruktur Deutschlands
im internationalen Vergleich**
2004. 304 S. Br. EUR 24,90
ISBN 3-8100-4210-2

Monika Jungbauer-Gans /
Peter Kriwy (Hrsg.)
**Soziale Benachteiligung
und Gesundheit bei Kindern
und Jugendlichen**
2004. 205 S. mit 33 Abb. und 33 Tab.
Br. EUR 29,90
ISBN 3-531-14261-5

Gunnar Otte
**Sozialstrukturanalysen
mit Lebensstilen**
Eine Studie zur theoretischen
und methodischen Neuorientierung
der Lebensstilforschung
2004. 400 S. mit 35 Abb. und 50 Tab.
Sozialstrukturanalyse, Bd. 18.
Br. EUR 34,90
ISBN 3-8100-4161-0

Marc Szydlik (Hrsg.)
Generation und Ungleichheit
2004. 276 S. Sozialstrukturanalyse,
Bd. 19. Br. EUR 24,90
ISBN 3-8100-4219-6

Erhältlich im Buchhandel oder beim Verlag.
Änderungen vorbehalten. Stand: Januar 2005.

www.vs-verlag.de

VS VERLAG FÜR SOZIALWISSENSCHAFTEN

Abraham-Lincoln-Straße 46
65189 Wiesbaden
Tel. 0611.7878 - 722
Fax 0611.7878 - 400

Geschlechterforschung

Christine Bauhardt (Hrsg.)
Räume der Emanzipation
2004. 254 S. mit 15 Abb. und 15 Tab.
Br. EUR 34,90
ISBN 3-531-14368-9

Ruth Becker / Beate Kortendiek (Hrsg.)
Handbuch Frauen- und Geschlechterforschung
Theorie, Methoden, Empirie
2004. 736 S. Geschlecht und Gesellschaft, Bd. 35.
Geb. EUR 49,90
ISBN 3-531-14278-X
Br. EUR 34,90
ISBN 3-8100-3926-8

Bettina Boekle / Michael Ruf (Hrsg.)
Eine Frage des Geschlechts
Ein Gender-Reader
2004. 285 S. mit 9 Abb. Br. EUR 29,90
ISBN 3-531-14271-2

Sylvia Buchen / Cornelia Helfferich / Maja S. Maier (Hrsg.)
Gender methodologisch
Empirische Forschung in der Informationsgesellschaft vor neuen Herausforderungen
2004. 355 S. mit 2 Abb. und 11 Tab.
Br. EUR 34,90
ISBN 3-531-14291-7

Nina Degele
Sich schön machen
Zur Soziologie von Geschlecht und Schönheitshandeln
2004. 240 S. Br. EUR 27,90
ISBN 3-531-14246-1

Sigrid Metz-Göckel
Exzellenz und Elite im amerikanischen Hochschulsystem
Portrait eines Women's College
2004. 310 S. mit 20 Abb. und 18 Tab.
Geschlecht und Gesellschaft, Bd. 30.
Br. EUR 26,90
ISBN 3-8100-3711-7

Christine Weinbach
Systemtheorie und Gender
Das Geschlecht im Netz der Systeme
2004. 206 S. Br. EUR 24,90
ISBN 3-531-14178-3

Karin Zimmermann / Sigrid Metz-Göckel / Kai Huter
Grenzgänge zwischen Wissenschaft und Politik
Geschlechterkonstellationen in wissenschaftlichen Eliten
2004. 142 S. Geschlecht und Gesellschaft, Bd. 37. Br. EUR 21,90
ISBN 3-8100-4207-2

Erhältlich im Buchhandel oder beim Verlag.
Änderungen vorbehalten. Stand: Januar 2005.

www.vs-verlag.de

VS VERLAG FÜR SOZIALWISSENSCHAFTEN

Abraham-Lincoln-Straße 46
65189 Wiesbaden
Tel. 0611.7878-722
Fax 0611.7878-400